KB117760

# QUITTING

# 퀴팅

### 더 나은 인생을 위한 그만두기의 기술

줄리아 켈러 지음

박지선 옮김

QUITTING

—

애니 케이트 굿윈에게

1986~2019

딱 선을 긋고 구획을 정한 후 그쪽으로는 절대 넘어가지 않겠다 며 거부할 수는 없는 노릇이다. 때로는 실패를 성공의 디딤돌로 삼아야 하고, 희망과 절망 사이에서 적절하게 균형을 유지해야 한다. 결국 모든 게 다 균형의 문제니까.[1]

– 로힌턴 미스트리, 《적절한 균형》 저자

잘못된 길을 아무리 멀리 갔든 돌아오면 그만이다.[2]　　　– 속담

# 생각을 바꾸는 것만으로
# 인생을 바꿀 무기를 얻는다면

아무것도 하지 않으면 아무것도 바뀌지 않는다.

아무것도 바뀌지 않으면 우리는 기존 견해를 고수한다.

그것이 비록 스스로 만든 감옥일지라도.[1]

– 존 러카레이, 소설가

퀴팅Quitting(그만두기)은 사랑이다.

비상구이자 지름길이자 대담한 모험이다. 그만두기 덕분에 창의력이 급상승하고, 반항심에 벅차 주먹을 치켜들기도 하고, 최악의 상황도 면한다.

퀴팅은 재난도 될 수 있다. 하던 일을 그만둠으로써 경력이 망가지고 관계가 파탄 나는 등 엄청난 역효과로 인생을 망칠 수도 있다.

하지만 인생을 구할 수도 있다.

이 모든 사항을 고려할 때 퀴팅은 '지금은 아니야, 그래도 나중에는 어쩌면…'이라고 에두르는 방식이고, 현재의 자신과 미래의 자신에게 너그러움을 베푸는 행위다. 퀴팅을 이렇게 긍정적인 관점에서 생각하지 못했을 수도 있다. 이해한다. 나 역시 오랫동안 그랬다.

사실 이 정도 말로는 내가 웨스트버지니아주 모건타운 원룸의 지저분한 리놀륨 바닥에 책상다리로 앉아 '그만두면 앞으로 어떻게 될까?' 하고 생각한 것을 표현하기에 턱없이 부족하다.

그날 밤이 아직도 생생하게 기억난다. 당시 나는 다 던져버리고서 울고 있었다. 획기적인 변화가 필요하다고 생각했지만, 비난을 두려워하며 괴로워하기만 했다. 그때의 나는 미래를 걱정하긴커녕 당장 눈앞의 10분도 견딜 힘이 없었다.

물론 최악이었던 이 시기를 나중에는 과장해서 웃기게 회상했고, 몇 년이 지나자 농담까지 섞는 여유도 생겼다.

"상상해 봐. 바닥에 웅크리고 앉아 눈이 빠져라 우는 모습을 말이야. 휴지로는 감당이 안 돼서 큰 목욕수건에 코를 풀던 열아홉 살의 나는 비련의 드라마 주인공이 따로 없었지!"

대학원 초기에 난생처음 집을 떠나 혼자 살면서 겪었던 일을 친구들에게 이야기할 때면 나는 '비탄에 잠긴' '상실감에 빠진' 같은 과장된 말과 '바닥을 알 수 없는 절망'처럼 멜로드라마에나 나올 법한 말을 섞었다. 하지만 이런 표현을 쓰면서도 웃음이 나진 않았다. 재미있지 않았으니까.

기억을 희화화한 것은 그 순간에 느낀 날것의 고통에서 나를 분리하기 위해서였다. 실제로 나는 더러운 바닥에 주저앉은 채 엄습하는 강력한 절망에 숨 쉬기 힘들 정도로 짓눌려 커다란 수건에 대고 흐느꼈다. 웨스트버지니아대학교에서 영문학 박사학위 과정을 밟으면서 대학원생 조교로 일했고 수업도 진행하던 시기였다.

이 정도 읽었으면 감이 오겠지만, 일은 잘 풀리지 않았다. 나는 외로웠고 집이 몹시 그리웠다. 수강하는 수업은 물론 강의하는 수업도 죄다 끔찍하게 싫었다. 대학교가 싫었다. 내 원룸이 싫었다. 모건타운이 싫었다. 한마디로 모든 게 싫었다.

특히 나 자신이 싫었다.

스스로 이 상황을 해결할 수 있어야 한다고 생각했기 때문이다. 나는 여느 대학원생보다 어렸지만, 직접 몸으로 부딪치지 않고 머리로만 생각할 때는 대학원이 내게 딱 맞는 곳인 것 같았다. 하지만 현실은 완전 딴판이었다. 나는 형편없이 미숙했고, 한꺼번에 밀려드는 부정적인 감정을 막을 수 없었다. 내 선택지에 중도 포기는 없었다. 포기는 내가 낙오자고 쓸모없는 놈이며 완전히 실패한 사람임을 뜻했기 때문이다.

그날 밤, 비극적으로 축축한 수건의 밤에 나는 감정의 바닥을 찍었다. 그리고 한 차례, 두 차례, 세 차례 튀어 오르기도 했지만 그 상태에 갇혀버렸다. 결국 나는 포기하고 집에 전화를 걸었다. 아버지가 받았다.

"아빠, 나 못 하겠어요. 정말 안 될 것 같아요."

나는 흐느끼며 코를 훌쩍였다. 아버지는 당연히 이렇게 대꾸할 줄 알았다.

"어린애처럼 굴지 마. 끝까지 버텨. 그래야 성장하는 거야."

아버지는 수학과 교수이자 엄한 훈육관으로서 평소 같으면 징징대는 사람에게 일말의 동정심도 보이지 않았다. 그런 아버지조차도 그때 내게 필요한 말이 "참고 견뎌!"처럼 애정이 담긴 딱딱한 독려가 아님을 눈치챈 듯했다. 아버지는 다정한 목소리로 이렇게 답했다.

"차로 3시간 걸리니까, 내가 가마. 3시간 뒤에 보자."

그 후 나는 어릴 적부터 살던 고향 집의 내 방에서 한 달 동안 틀어박혀 있었다. 내가 돌아왔다는 사실을, 박사과정 특별연구원 자리를 포기하고서 뒤도 돌아보지 않고 도망쳤다는 사실을 친구들이 알까 봐 두려웠다. 그들이 알면 나를 그만둔 사람으로 낙인찍고 한심해하며 피할 것 같았기에 먼저 나서서 고립된 것이다.

나는 서서히, 조금씩 나아지기 시작했다. 그 결과 워싱턴 D.C.로 가서 탐사보도 전문 기자 잭 앤더슨 팀에서 인턴직으로 일하기 시작했다. 이후 작은 마을신문사에서 일했고, 더 큰 신문사로 옮길 기회도 얻었다. 마침내 나는 〈시카고 트리뷴〉에서 쓴 기사로 퓰리처상까지 받았다.

지금 와서 보면 인생의 터닝 포인트였다고 포장할 수 있을 만한 그날 밤, 끈적이는 바닥에 주저앉아 두려움에 휩싸인 채 한 손에 수건을 들고 다른 한 손으로 집에 전화를 걸어 패배를 인정해야 하나 고민하는 그 순간에도 나는 어떻게든 견뎌보고 싶었다. 그동안 한 번이라도 들어본 말 중에 힘이 될 만한 연설과 긍정적이고 희망을 주는 격언을 죄다 떠올렸다. 스스로 교관이 되어 나 자신에게 격려의 말을 힘껏 주입했다.

'넌 할 수 있어!'

하지만 난 할 수 없었다.

그래서 그만뒀다.


## '퀴팅'은 왜 죄악시되는가

이 책을 쓰게 된 계기를 하나만 콕 집어야 한다면 바로 그 '비극적으로 축축한 수건의 밤'을 고르겠다. 모건타운에서 패배의 구렁텅이에 빠진 채 바닥에 주저앉아 몸이 떨릴 정도로 흐느끼며 앞으로 난 어떻게 될까 생각했던 시간 말이다.

퀴팅은 생존 본능이다.

하지만 나는 그만두면 과연 어떨까를 생각하기보다 먼저, 강한 영향력을 행사하는 수많은 메시지를 무시해야만 했다. 그 메시지는 정서적으로나 정신적으로 공허할 때조차 '그만두는 것은 나약하고 수치스럽고 비겁하다'라고 소리 지른다.

당시 내 정신과 육체는 대학원생이 될 준비가 되지 않았다는 신호를 아주 명확하게 보내고 있었다. 박사학위는 나중에 오하이오주립대학교에서 받았다. 그날 밤 그 학교는 아니었다.

결국 좋은 시절이 오기는 했다. 다만 내가 '끽!' 하는 소리를 내며 완전히 멈추고 난 후 적절한 시간을 거쳐 약간 치유된 다음이었다.

마침내 앞으로, 아니 어쩌면 약간 비스듬하게 나아간 뒤였다.

나약한 망나니 같은 놈이라고 자책한 다음이었다.

나 자신을 온갖 방법으로 매도한 뒤였다.

'멍청이, 겁쟁이, 얼빠진 놈, 약해빠져서는.'

우두커니 침실에 앉아 거울 속 나를 보고 움츠러든 다음이었다. 그때 내 눈에 보인 건 그릿grit(끈기)이 없는 여자애였다. 끈기 없고 기대에 부응하지 못하는 여자애가 눈앞에 있었다.

훗날 나는 궁금해졌다. 왜 이런 시련을 자초했을까?

여기서 말하는 시련은 대학원에 진학한 것이 아니라, 대학원을 그만두기로 정했을 때 시작된 마음속 지옥을 말한다. 나는 왜 그토록 심한 자기혐오에 빠졌을까? 이미 상황만으로도 차고 넘칠 정도로 나빴는데.

왜 그런 감정을 느꼈는지는 나중에야 이해했다. 그만둔다는 것은 항복과 굴종의 느낌을 강하게 풍기기 때문이었다. 하지만 애당초 그런 이상한 개념이 어디서 시작되었는지 알 수 없었다.

그만두는 것은 경솔한 짓이라고 누가 말했을까?

그런 개념은 대체 언제 어디서 왜 생겼을까?

지구에서 우리와 함께 살아가는 다른 동물은 퀴팅을 죄악시하는 편견이 없다. 동물은 퀴팅으로 얻을 수 있는 보상, 바로 생존에만 관심이 있다. 어떤 활동이 효과가 없다면, 그 활동이 생명 유지에 도움이 되지 않는다면 뒤도 돌아보지 않고 그만둔다.

살기 위해서는 그래야만 한다. 쓸데없는 것을 쫓는 데 에너지를 너무 많이 쓰면 힘이 빠져서 포식자에게 취약해진다. 우리 인간은 가장 유리한 위치에서 이와 같은 행동을 할 수 있다. 즉, 아무 결과도 얻을 수 없는 전략을 재빨리 재평가하고 상황에 따라 필요한 만큼 자주 변화를 줄 수 있다.

하지만 문화는 우리에게 정반대 방향으로 가라고, '당신이 어떤 분야에 종사하든 절대 그만두지 말라'고 단호하게 명령한다. 미국 민간 설화부터 고대 그리스 신화에 이르기까지 학교에서 배우는 이야기들 때문에 그런 가르침은 더 공고해진다. 광활한 숲을 끊임없이 베어 넘겼다는 민담 속 거인 '폴 버니언'은 어떤가? 하루 반나절 동안 쉼 없이 망치질해서 기계와의 대결에서 승리한 후 거짓말처럼 심장이 멈췄다는 철도 노동자 '존 헨리'는 또 어떻고? 불쌍한 '시시포스'는 바위가 다시 굴러떨어질 것을 알면서도 계속 언덕 위로 돌을 밀어 올렸다. 젠장, 지긋지긋하게도 매번.

흡연, 마약, 과도한 음주, 탄수화물 중독 등을 비롯해 모든 사람이 나쁜 습관이라고 입을 모으는 경우를 제외하면 퀴팅은 그리 권장되지 않는다. 우리가 중학교 운동장을 떠난 지 한참 지났음에도 '포기자'라는 꼬리표는 여전히 모욕이자 비웃음이고 조롱이자 상처다.

구와 동료, 가족에게 제발 그러지 말라고 진심으로 말리는 진지한 조언을 수없이 들었음에도 삶의 변화를 추구한 다양한 사람들과 나를 연결해 주었다. 그들이 들은 삶의 조언이란 날 때부터 우리에게 주입된 '익숙한 그것들'이었다.

"계속 가! 이기는 사람은 그만두지 않고, 그만두는 사람은 이기지 못해! 하던 거 계속해! 포기하지 마! 그만두지 않는 게 이기는 거야!"

약 150명에게 퀴팅에 관해 물었는데 그중 "미안해요, 딱히 생각나는 게 없네요"라고 답한 사람은 단 한 명도 없었다. 모두 퀴팅과 관련된 사연이 있었다. 그리고 모두 그 이야기를 나누고 싶어 했다. 이들의 열의만 봐도 그만두기라는 주제가 우리 삶에 얼마나 중대한 영향을 끼치는지 알 수 있었다.

우리는 그만두었을 때 부끄러웠다고 말한다. 그렇지만 마음 깊은 곳에서는 상황을 완전히 뒤바꾸고 우리를 변하게 하고 앞으로 나아가도록 돕는 그만두기의 힘을 잘 알고 있다.

나는 퀴팅을 통해 하던 일을 중단하고 새로운 방향으로 나아갈 수 있었던 사람들의 이야기를 듣는 게 좋았다. 긍정적인 결과도, 그렇지 못한 결과도 있었다. 인생에 확고한 보장 같은 건 원래 어디에도 없으니까. 그래도 내일이 더 나으리라는 희망은 언제나 있었다.

그들에게 들은 이야기의 상당수를 이 책에 담았다. 그 과정에서 퀴팅이란 참 신기한 세계라는 생각이 들어 그 세계를 깊이 파고들었다. 우선 퀴팅에 얽힌 복잡한 수수께끼를 풀고자 하는 신경과학자와 진화생물학자, 심리학자를 인터뷰해 동물의 행동에서 미묘한 차이를 분석했다. 이들은 어떤 행동을 포기할 때 우리의 뇌에서 무슨 일이 벌어지는지 알아내고자 하는 연구자들이다.

그런 다음 퀴팅에 대해 알아낼 수 있는 모든 것을 샅샅이 찾아내고자 조사 범위를 넓혔다. 매몰비용의 오류와 기회비용에 관한 자기계발서, 유튜브 영상, 라이프 코치의 유행을 다룬 기사 등을 모조리 조사했고, 무언가를 선택해야 하는 상황에서 특정 방향으로 이끌리도록 설계하는 '선택 설계'에 관한 글까지 찾아보았다. 무엇보다 퀴팅은 선택이니 말이다.

나는 사람들이 어떤 순간에 그만두어야겠다는 확신을 얻는지 궁금했다.

우리는 왜 그렇게까지 그만두지 않으려고 열심일까?

간신히 그만두기로 결정해 놓고서는 왜 죄책감을 느낄까?

만약 그만두지 않았다면 우리는 소중한 과학 지식의 대부분을 얻지 못했을 것이다. 과학 지식은 기존의 개념을 끊임없이 버리고 그 자리를 새로 발견한 것들로 채우면서 늘어났다. 퀴팅은 지적 성장의 핵심이다. 새로운 정보 덕에 거짓으로 입증된 과거의 개념을 여전히 버리지 않겠다고 고집했다면 우리는 과연 어떻게 됐을까? 이런 말이나 하고 있지 않았을까?

"세균인지 새군인지 내 알 바 아니고, 병이라는 건 몸에 마귀가 들려서 생기는 거야. 누구 용한 퇴마사 아는 사람? 나 여기가 좀 아파."

새의 세계를 들여다본 훌륭한 책을 쓴 영국 과학자 팀 버케드
는 이렇게 언급했다.

"과학자가 다른 누군가의 발상을 다시 실험하여 그 증거가 기
존 개념과 일치한다는 사실을 알아내면 그 발상은 사라지지 않고
남는다. 하지만 다른 연구진이 그 사실을 더 잘 설명할 수 있게 되
면 과학자는 무엇이 진실인지에 관한 자기 생각을 바꿀 수 있다.
새로운 발상이나 더 나은 증거에 비추어 기존 생각을 바꾸는 것이
과학적 진보다."[2]

우리 삶에서 퀴팅은 여전히 눈살을 찌푸리게 하는 행동이자 실
패자들의 마지막 도피처라는 꼬리표가 따라다닌다. 그래도 과거
에 비하면 오늘날에는 퀴팅이 조금이나마 용인되는 듯하다. 세계
적으로 유행한 전염병 덕이라고 할 수도 있겠다. 잠시 멈춰 있는
동안 즐겁지 않은 일과 끔찍한 상사라는 문제에 의문을 품게는 되
었지만, 여전히 퀴팅은 경력에 도움이 되지 않는다고 인식하는 쪽
이 다수다. 링크드인 프로필에 '연쇄 그만두기 전문가'를 특기로
쓴 사람은 보지 못했을 것이다.

이 책의 목표는 과학의 최전선에서 얻은 퀴팅 관련 최신 정보
를 전달하는 것은 물론이고, 애당초 우리가 어쩌다가 '그릿'이라
는 개념에서 헤어 나오지 못하는지 탐구하는 것이다.

퀴팅은 언제, 어째서 실패라는 말과 동의어가 됐을까?

실제로 그만둔 사람들은 문화적 압박을 받았음에도 불구하고

어떻게 그것을 떨쳐낼 수 있었을까?

이들의 경험담을 통해 '끈기는 절대 실패하지 않는 전략'이니 꼭 붙들고 있으라 훈계하는 미디어의 위협적인 메시지와 수많은 자기계발서의 협박성 요점 정리를 차단하는 법을 배울 수 있을 것이다.

최종적으로 그만두지 않기로 정하더라도 그 결정은 '다른 사람의 눈에 비친 용기 있고 의미 있는 삶'의 요소를 바탕으로 한 것이 아니라 자기 생각을 바탕으로 내린 결정이어야 한다.


## 자본주의가 상품화한 미덕, 그릿

이 모든 것은 어디에서 시작되었을까?

그릿은 미덕이고 퀴팅은 죄악이라는 개념은 어떻게 우리를 낚았을까?

주요 원인은 '프로테스탄트 직업윤리'라고 하는 성가신 개념이다. 펜실베이니아대학교 와튼스쿨 교수이자 자기혁신 분야 저자로 수많은 책을 베스트셀러 목록에 올린 애덤 그랜트가 말했다.

"그릿을 미덕으로 여기는 것은 종교개혁의 유산입니다. 아메리칸드림의 일부이기도 하고요."[3]

미국뿐만 아니라 다른 나라에서도 끈기를 받들어야 할 덕목으로 꼽았다. 그렇지 않았다면 최근 이에 반발하는 작은 움직임이 그렇게까지 화제가 되지는 않았을 것이다. 에세이 작가 찰리 타이슨은 이 현상에 대해 다음과 같이 언급했다.

"중국을 휩쓴 탕핑躺平부터 과로사에 격렬히 항의하는 일본이나 대한민국의 움직임까지, 부유한 국가에서 비인간적인 노동 관행에 대한 분노가 점점 거세지고 있다."[4]

타이슨은 업무상 번아웃으로 고통받는 노동자의 수가 놀라울 정도로 많다고 알려진 국가에 스웨덴과 핀란드를 추가했다. 이곳 사람들은 오랫동안 그만둘 줄 몰랐고, 초인적인 참을성을 덕목으로 여겼다.

'이런 환경에서 일을 하느니 차라리 바닥에 누워 생산도 소비도 적극적으로 하지 않겠다'라는 '탕핑' 개념은 최근 더욱 격렬한 방향으로 전환되었다. 역사학자 래너 미터는 이렇게 썼다.

"중국 소셜미디어에 '탈중국'을 뜻하는 새로운 용어 '룬쉐潤学'가 등장했다. 중국 청년 노동자들은 팬데믹과 관련된 규제, 경쟁이 치열한 노동환경, 결혼은 필수요 경제적으로 성공까지 해야 한다는 사회적 압박 등 여러 이유로 좌절하고 있다."[5]

이는 그만둔 사람들이 목소리를 내기 시작했다는 방증이다. 캐서디 로젠블룸은 24시간 내내 불협화음을 내며 돌아가는 라디오 뉴스 PD로 일하던 시절부터 베란다에 앉아 고요함을 즐기던 때까지의 여정을 시간 순으로 기록한 에세이를, 2021년 〈뉴욕 타임스〉에 실어 유명해졌다.

"일은 견딜 수 없는 것이 되었다. 우리에게 휴식은 저항이다."[6]

그럴지도 모르겠다. 하지만 그렇게 간단하지는 않다.

그릿을 거부하기로 결심한 사람들의 에세이를 읽는다는 것은 그릿이 여전히 우리의 상상력을 틀어쥐고 있다는 뜻이기도 하다. 끈기를 중요시하는 움직임이 문화적으로 점점 더 큰 힘을 얻기 시작한 2016년 인지심리학자 대니얼 윌링햄은 이렇게 썼다.

"갑자기 그릿에 대한 이야기, 장기 목표에 열정을 쏟고 그 목표를 좇는 데 필요한 체력과 정신력을 과시하는 이야기가 곳곳에서 보인다."[7]

무단결근하는 노동자의 수는 일시적으로 약간 증가했지만, 그릿이라는 전통적인 가르침은 여전히 남아 있다. 그래서 우리는 그만두면 실패할 거라고 여긴다. 지난날의 속담처럼 '쉬지 않고 뼈 빠지게 일하면 보답받는다'라고 생각한다. 현실의 결말이 항상 그렇게 끝나지도 않는데 말이다.

쉴 새 없이 일했는데도 파산하는 사람이 있는가 하면, 빈둥거리는데도 돈을 긁어모으는 사람이 있다. 그래도 우리는 여전히 끈기를, 인과관계가 단순한 그 힘을 믿으려 한다.

이 책을 통해 알게 되겠지만 그릿을 미화하는 데에는 어두운 측면이 있다. 그리고 퀴팅에 반대하는 운동은 과거가 파란만장하고 역사가 복잡할 뿐만 아니라 다소 사악하기까지 하다. 퀴팅을 그렇게까지 죄악시한 데에는 나름의 이유가 있었다. 그 이유도 추적해 파헤쳤다.

끈기를 행복과 만족의 확고한 원천으로 여기며 찬양하는 흐름은 우연히 생긴 게 아니다. 이러한 숭배를 거슬러 올라가면, 이 현상이 문화와 경제가 복잡하게 뒤엉킨 곳에서 출현했음을 알 수 있다. 그릿에 찬동하는 우리의 태도는 의도적으로 만들어졌다. 그릿은 자동차나 콘플레이크, 스마트폰과 마찬가지로 우리에게 판매된 상품과 같다.

안타까운 일이다. 우리가 무언가를 그만두고 기존 운명을 다른 것으로 바꿀 때 삶은 긍정적인 쪽으로 달라질 수 있다. 상황을 바꾸어야 한다고 마음먹는다면 제일 먼저 거쳐야 할 단계가 그만두는 것이다. (전 세계적으로도 마찬가지다. 지구의 미래를 지키려면 화석연료를 포기하고, 창의적이고 혁신적인 신규 에너지 생산전략을 수용해야 함을 우리는 이미 알고 있다.)

가던 길을 멈추고 삶을 다시 생각하지 않으면 우리는 원치 않는 곳에 갇혀버릴지도 모른다. 자신을 포함해 그렇게 갇혀버린 사람을 이미 몇 알고 있을지도 모르겠다.

어쩌면 하던 일만 그만두면 문제가 해결될지도 모른다. 미국의 경우 팬데믹 때문에 우선순위를 재점검해야 할 상황에 놓이자, 전례 없는 수의 노동자들이 그만두었다. 2021년 1월부터 8월까지 3000만 명의 미국인이 사직서를 제출했는데,[8] 이는 20년 전 미국 노동부가 기록을 시작한 이래로 가장 높은 수치다.

2020년부터 누군가가 회사 신분증과 출입증을 반납하며 "잘 있어라, 머저리들아!"라고 즐겁게 외치는 것과 관련된 기사가 일주일이 멀다 하고 보도되었다. 팬데믹 덕분이다. 대공황에 빗대어 '대퇴직'이라는 표현이 등장할 정도였다. 하지만 그럼에도 퀴팅이

기삿거리가 되는 이유는, 그만두는 사람은 여전히 예외적이기 때문이다. 현실은 그대로다. 퀴팅을 바라보는 전반적인 태도는 예전과 그리 달라지지 않았다.

지금도 퀴팅은 피해야 할 무언가다. 텔레비전을 켜놓고 허벅지에 과자 부스러기를 잔뜩 흘린 채 졸고 있는 게으른 실패자의 전유물이다. 퀴팅에는 여전히 오명과 악취가 따른다. 종교 활동이나 요가 수업에 그만 나가거나 정당에서 탈당하거나 채식을 포기하거나 결혼 생활을 중단해도 여전히 비난받을 것이다. 무언가를 그만두면 친구들이 재빠르게 반응할 것이다. 어쩌면 부모의 반응이 가장 빠를지도 모른다.

"대체 무슨 생각이니? 정말 제대로 해봤어? 노력을 해보기는 한 거냐고!"

우리는 팟캐스트나 부모를 통해 그만두는 것은 성격이 나약하고 진취적이지 못하고 끝맺음을 못하는 증거라는 말을, 절대 성공할 수 없고 아무것도 이루지 못할 것이라는 말을 지금도 주기적으로 듣는다. '대안을 마련해 갈아탈 준비가 될 때까지는 직장을 그만두면 안 된다'라는 오랜 격언도 들어보았을 것이다.

이 책을 쓰기 위해 인터뷰한 많은 사람이 퇴직이나 이혼 등 수많은 길 중 하나를 택해 진로를 바꾼 이야기를 기꺼이 해주었지만, 다들 '그만두다'라는 표현에는 발끈했다. 그들은 씩씩대며 이렇게 말했다.

"그만둔 게 아니에요. 다른 상황으로 옮긴 것뿐이라고요. 아시겠어요?"

반면 그릿은 여전히 빛나는 명성을 자랑한다. 앞서 말한 팟캐스트와 동기를 부여하는 여러 연설에서, 끝없이 올라오는 유튜브의 짧은 강연과 영원한 가치를 지닌 듯 떠들어대는 테드 강연처럼 수백만 명이 보는 영상에서 끈기를 열렬히 찬양한다. 운동기구에도 끈기를 극찬하는 문구가 또렷하게 새겨져 있다.

자기계발은 세계적으로 활발한 사업 분야이고 연간 약 110억 달러를 벌어들인다. 그릿은 좋은 것이고 퀴팅은 나쁜 것이라고, 몹시 나쁜 것이라고 열변을 토하며 그릿을 권장하는 책이 베스트셀러가 된다. 이러한 선언은 미래가 순전히 우리 손에 달려 있다고 주장한다. 열심히 일하고 계획을 철저히 지키면, 무엇보다 그만두지 않으면 승리한다고 주장한다. 그만두면 실패하고 만다고, 아니 실패해 마땅하다고 말한다.

퀴팅은 극단적인 것이자 최후의 수단이고 돌이킬 수 없는 지점으로 묘사된다. 꼭 필요해서 그만두더라도 너무 여러 번 그만두면 실패자, 믿지 못할 사람, 줏대 없는 겁쟁이, 시간과 돈을 허투루 쓰는 게으름뱅이 같은 이름으로 불린다.

퀴팅으로 얻는 이점과 퀴팅의 오명 사이의 괴리는 당혹스러울 정도다. 개인적인 면에서든 집단적인 면에서든 퀴팅이 우리 마음과 정신에 상당한 공간을 차지하고, 우리 자신과 세계를 바라보는 방식에 영향을 미치는 것은 자명하다.

## '퀴팅'을 선언한 사람들

퀴팅은 속으로는 옳지만 겉으로는 틀린 것처럼 보이고, 제아무리 유명한 사람이라도 그로 인해 고통받는다. 그만둔다는 개념에서 느낀 불쾌함에는 유통기한도 없다.

스코티 피펜은 챔피언이자 NBA 스타다. 17년 선수 생활의 대부분을 시카고 불스에서 보내며 눈부신 성과를 이루었음에도 그에게는 '퀴팅 전문 피펜'이라는 몹시 불쾌한 별명이 꼬리표처럼 따라다닌다. 2021년에 출간한 회고록 《언가디드》 홍보를 위한 인터뷰에서 피펜은 30여 년 전에 있었던 사건으로 여전히 괴롭힘을 당하고 있었다.

그 사건은 1994년 NBA 플레이오프 준결승 3차전에서 벌어졌다. 상대 팀은 뉴욕 닉스였다. 1.8초를 남겨둔 동점 상황에서 피펜은 타임아웃 이후에 코트로 돌아가 뛰지 않겠다고 선언했다. 불스 감독 필 잭슨이 마지막 슛을 던질 선수로 토니 쿠코치를 지명했고 피펜에게 패스나 연결하라고 지시했기 때문이다. 감독의 처사를 모욕으로 받아들인 피펜은 부루퉁하게 앉아 있었다. 쿠코치의 슛이 성공해 경기에는 이겼지만 피펜의 기분은 나아지지 않았다. 그 후로 피펜은 최고의 선수가 아니라 그만둔 자로 알려졌다.

2022년 초 세계 최고의 테니스 선수이자 스물다섯 살에 불과한 애슐리 바티가 느닷없이 은퇴를 선언했다. 세상 사람들은 유명 운동선수의 은퇴 결정에 어느 정도 공감할 때조차 여전히 자신에게 비판할 자격이 있다고 여긴다. 칼럼니스트 엠마 켐프는 호주

선수의 이런 배짱 있는 행보를 칭찬하면서도 이렇게 언급했다.

"바티의 내면세계 밖에 있는 그 누구도 이런 일이 닥치리라고는 예상하지 못했다."[9]

인스타그램을 통해 발표된 바티의 은퇴 선언은 상대가 친 공이 네트를 채 건너기도 전에 받아칠 대비를 하고 있던 것처럼 수비가 탄탄한 느낌이었다.

"저는 그저 완전히 지쳐버렸고 육체적으로 더 선보일 것이 없다는 사실을 깨달았을 뿐입니다."

이보다 몇 달 전에도 세계 곳곳에서 '그만두겠다'는 소식이 들려왔다. 2016 리우 올림픽에서 4관왕을 차지하며 미국 여자 기계 체조 역사상 단일 올림픽에서 가장 많은 메달을 목에 건 선수로 기록에 오른 시몬 바일스가 정신 건강 문제를 이유로 2021년 올림픽에 출전하지 않겠다고 했다.

물론 X(전 트위터)나 다른 매체를 통해 많은 사람이 그녀를 지지했지만, 그런 응원 글은 곧 떠내려갔다. 신랄한 영국 TV쇼 진행자 피어스 모건을 비롯한 다른 많은 사람이 정반대의 말을 퍼부었기 때문이다. 이들은 그만두기로 한 바일스를 두고 애국심이 없어서 국가와 팀을 실망시켰고 놀라운 재능을 낭비하고 있으며 이기적이라고까지 했다.

바일스의 놀라우리만치 용감한 행보는 1장에서 다시 다룰 예정이니 지금은 완전히 은퇴하겠다는 결정이 대중적인 이미지를 어떻게 바꾸는지에 집중하자. 바일스와 바티에게 앞으로 어떤 일이 일어나든지 간에 이들은 인터뷰마다 이런 질문을 마주하게 될 것이다.

"어떻게 그렇게 훌륭한 선수가 될 수 있었습니까?"가 아니라 "왜 그만두었습니까?"라는 질문 말이다.

앤드루 럭의 사례도 이와 비슷하다. NFL 최고의 쿼터백이었던 그가 2019년 갑자기 은퇴를 발표하자 미식축구 팬들은 당황했다. 피에 굶주린 곳으로 유명한 스포츠 라디오 토크쇼에서는 이에 대해 좋지 않은 말들이 나왔다.

럭 이전에도 야구의 샌디 쿠팩스, 미식축구의 배리 샌더스, 테니스의 비에른 보리 같은 전설적인 운동선수들이 시합에 출전할 수 없을 정도로 기량이 쇠하기 훨씬 전에 은퇴했다. 이 정도로 명성을 얻고 성과를 낸 선수들에게 그만둔다는 것은 대격변과 다름없는 결심이다. 은퇴는 곧 그들이 머리끝부터 발끝까지 자신을 새로 만들어야 한다는 뜻이기 때문이다. 쿠팩스의 전기를 집필한 제인 리비는 메이저리그를 떠나기로 한 에이스 좌완 투수의 결정에 대해 이렇게 썼다.

"퀴팅은 상상력과 해방의 행위다. 퀴팅 위해서는 자기 존재를 온전하게 이해하고 그 온전한 존재가 대중에게 알려진 존재만큼 중요하다는 것을 이해하는 능력이 필요하다."[10]

오늘날 그레타 가르보는 연기를 잘하는 것으로 유명할 뿐 아니라 전성기에 할리우드를 떠난 것으로도 유명하다. 작곡가 잔 시벨리우스는 또 어떤가? 그는 황홀하리만치 아름다운 교향곡과 등

줄기에 전율이 이는 바이올린 협주곡을 작곡했지만, 사망하기 약 30년 전인 62세에 작곡을 완전히 멈췄다. 더실 해미트가 《몰타의 매》를 비롯해 여러 명작 범죄소설을 발표한 뒤에 침묵한 것은 그가 창작한 작품의 그 어떤 미스터리보다 불가사의하다. 왜 그는 펜을 영원히 놓았을까?

해리 왕자와 메건 마클이 영국 왕실 가족이 되기를 포기하고 버킹엄궁전에 작별을 고하자 대중은 즉시 격하게 분노했다.

"말이 돼? 그냥 막 그만둘 수 있는 게 아니잖아?"

그들은 그만둘 수 있었고 실제로 그만두었다.

그리고 세상은 몹시 궁금해하며 지켜보았다. 퀴팅에 흥미를 느끼며 매료되었고 약간의 집착과 미심쩍은 마음도 있었다.

퀴팅은 금단의 열매다.

퀴팅은 세상이 어떻게 돌아가는지, 자기 자신과 아끼는 이들을 위해 무엇을 원하는지, 그걸 얻기 위해 무엇을 할 수 있는지에 대한 우리의 근원적인 믿음에 도전장을 내민다. 예컨대 어떤 방식으로 자녀를 양육하는 것이 가장 좋은지에 대한 의견은 저마다 다르지만, 자녀에게 그릿을 가르칠 필요가 있는지에 대해 의문을 제기할 사람은 없다. 린지 크라우스는 2021년 〈뉴욕 타임스〉에세이에 이렇게 썼다.

"미국인은 대체로 퀴팅을 악마화하고 그릿을 가치 있는 것으로 여긴다. 지난 10년 동안 이에 관한 책이 쏟아지며 자녀에게 허상에 불과한 자질인 그릿을 주입하도록 부모를 부추겼다."[11]

퀴팅을 거부하는 것은 영웅적인 행위로 드높여진다.

"그릇은 미국인들이 가장 소중히 여기는 보편적인 가치인 듯하다."[12]

찰리 타이슨은 이렇게 언급하며 다음을 덧붙였다.

"퓨 리서치센터의 최근 설문조사에 따르면 미국인 80퍼센트가 스스로 '열심히 일한다'라고 응답하여 다른 모든 특성을 앞질렀다. 일의 질은 더 안 좋아졌지만 일에 대한 이상은 여전히 높다."

퀴팅은 성공법에 관한 지배적인 견해에 어긋난다. 지배적인 견해에서는 퀴팅을 비뚤어진 일탈이자 일반적인 범주를 약간 벗어나는 비열한 짓으로 본다. 더 나은 무언가를 꿈꾸기 위해 '영혼을 갉아먹는 형편없는 일'을 버리는 것보다 그 일에 계속 붙어 있는 편이 낫다고 보는 것이다. 왜냐하면 떠나는 순간 문을 절반도 벗어나기 전에 '그만둔 자'라는 꼬리표가 붙을 것이기 때문이다.


## 해답은 자신의 마음에 있다

우리 중 대부분은 수백만 명에게 중계될 카메라 앞에서 마루운동을 선보일 일, 뒤로 두 번 공중제비를 넘으며 공중에서 세 바퀴 회전할 일이 없을 것이다. 나는 생각만 해도 몸이 배배 꼬인다. 럭이나 피펜처럼 NFL이나 NBA에서 소속 팀을 승리로 이끌어 달라고 부름을 받을 일도, 교향곡을 작곡할 일도, 윔블던에서 우승하거나 타자 셋을 연달아 삼진아웃시킬 일도, 영국 군주제를 대표할 일도 없을 것이다.

그럼에도 우리는 퀴팅에 관한 질문, 즉 그만둘지 말지에 대한 의문에 사로잡히는 순간을 맞닥뜨린다. 독자에게 조언해 주는 칼럼을 엮어서 《에이미에게 물어봐Ask Amy》라는 책을 낸 저자 에이미 디킨슨이 말했다.

"사람들이 보낸 질문을 보면 퀴팅이라는 개념이 곳곳에 퍼져 있음을 느껴요. 결혼이든 친구 관계든 습관이든 의무적으로 해야 하는 일이든 말이에요. 물론 퀴팅의 이면에는 정리당하거나 버려지거나 무시당하는 쪽의 고통이 있겠지요. 누군가가 당신을 놓아 버렸을 때 느끼는 고통이요."13

사람들이 문제 해결에 도움을 받기 위해 그녀에게 글을 써서 보내는 첫 번째 이유에는 분명히 퀴팅이 있다고 했다. 그렇다면 왜 많은 사람이 이 딜레마를, 끊임없이 계속되는 이 수수께끼를 해결하기 위해 조언 칼럼니스트나 아빠를 비롯해 외부에 도움을 청하는지에 대한 미스터리가 풀린다. 퀴팅이라는 선택지가 도무지 성공할 것 같지 않기 때문이다.

우리는 일련의 행동이 효과가 없을 때 본능적으로 그것을 바꾸려 한다. 살아남기 위해 꼭 해야 할 일을 하고야 말겠다는 투지가 우리 마음 깊은 곳에 생기는 것이다. 여기에는 그만두고 다른 무언가를 시도하고 싶은 마음도 포함된다.

동시에 그에 반대되는 강력한 메시지도 바깥 세계에서 받는다. 사회에서 일반적으로 용인하는 방식으로 반응하도록 구성원을 훈련하는 과정인 '사회적 조건화'가 작동하기 시작하면 우리는 그 투지에, 당장 놓아버리라고 말하는 그 마음에 의문을 제기한다.

'지금 당장 여길 떠나!'라고 외치는 확고한 내면의 신념과 그에 상반되는 친한 친구들, 좋은 뜻으로 조언하는 부모님, 자기계발서 저자가 보내는 시그널 사이에는 큰 격차가 있다. 그들은 그만두면 모든 사람이 실망할 것이라고, 그중에서도 자기 자신이 가장 실망할 것이라고 말한다.

어떤 측면에서 보면 우리는 그만두는 문제를 지나치게 깊이 생각한다. 결국 그만두느냐 계속하느냐 두 선택지로 좁혀지는 문제에서 복잡한 이유를 찾는다. 또 어떤 측면에서는 심각할 정도로 얕게 생각하기도 한다. 퀴팅은 우리가 행동으로 보여주는 것인 동시에 신념이기도 한데 말이다.

퀴팅은 세상을 바라보는 창이다. 퀴팅은 자신과 타인에 대한 책임감과 관련된 신념이며 행복해지는 법에 대한 신념이자 세상이 무엇으로 구성되어 있다고 믿는지에 대한 신념이다.


## 진짜 후회는 그만둘 때를 놓쳤을 때

퀴팅이 항상 옳은 선택은 아니다. 팬데믹 동안 역사에 남을 만한 수의 사람들이 직장을 떠났고, 기록적인 수의 대학생들이 자퇴했다. 2019년 가을에 미국 4년제 대학교에 입학한 학생 중 4분의 1이 넘는 수가 이듬해에 학교로 돌아가지 않았다.[14] 이는 전년 대비 2퍼센트 증가한 수치이며 2012년 이후 가장 높은 자퇴율이다. 지역 전문대학 학생의 경우 2020년에 3.5퍼센트가 자퇴했다. 교육을 덜 받는 것이 긍정적인 현상이라고 주장할 사람은 아마도 없을 것이다.

당연하지만 그릿이 본질적으로 나쁘다는 것이 아니다. 살면서 피할 수 없는 고난과 과제를 헤쳐 나가려면 회복력이 필요하다. 하지만 딜레마와 마주할 때마다 그릿을 믿을 만한 해결책으로 삼고 그릿을 보여주지 못하는 사람을 얕본다면, 스스로 통제할 수 없는 상황에서도 자신을 탓하는 등 불행한 결과를 초래할 수 있다. 또는 타인이 통제할 수 없는 일을 두고 그들을 탓할 수도 있다.

퀴팅은 전원 스위치를 올리고 내리기만 하면 되는 단순한 문제가 아니다. 퀴팅은 지적·정서적 능력이 결합한 복합적 행위다. 그래서 우리 뇌가 어떻게 퀴팅이라는 결론에 이르는지에 대한 과학자의 궁금증이 더욱 커지고 있다.

최근 전 세계 신경과학 연구실에서 여러 획기적인 발견을 한 덕분에 우리는, 특정 행동이 유리해 보이지 않을 때 생명체가 어떻게 퀴팅이라는 결론을 내는지 이전보다 더 잘 이해하게 되었다. 이러한 연구 성과는 여러 종류의 퀴팅에 도움이 되리라 전망한다. 이를테면 약물이나 술, 폭식 등의 중독에서 벗어나는 것뿐만 아니라 강박장애나 임상적 우울증 같은 상황으로 인한 고통도 완화할 수 있다.

이 책에서 우리는 제브라피시, 꿀벌, 쥐, 핀치새, 까마귀, 바우어새 같은 유기체가 어떤 식으로 그만두는지 알아내기 위해 기발한 실험을 고안한 과학자들을 만날 것이다. 그런 다음 다시 돌아와서 인간종에 대해, 위워크나 테라노스처럼 한때 유망했던 신제품이나 사업이 실패작이 분명한데도 그만두기를 거부하여 발생하는 높은 비용에 대해서도 알아볼 것이다.

여러분이 무언가를 그만두었을 때 가족, 연인, 친구, 상사, 멘토에 이르기까지 사랑하는 사람들에게 상처 주고 그들을 실망하게 할 수 있는데, 이에 대처하는 방법도 살펴보겠다.

퀴팅이 대중문화에 얼마나 자주 등장하는 주제인지도 살펴볼 예정이다. 〈일을 구한 다음 때려치워Take This Job and Shove It〉 같은 호전적인 컨트리 발라드곡부터 《모비 딕》을 비롯한 문학작품, 〈제리 맥과이어〉를 포함한 영화, 〈나의 직장상사는 코미디언〉 같은 TV 드라마에 이르기까지 우리가 좋아하는 수많은 이야기에서 그만두는 장면이 나온다. 그런 장면들이 왜 활력소가 되는지, 그에 대한 우리의 반응을 통해 자신을 더 잘 이해하려면 어떻게 해야 하는지 생각해 보자.

우리 삶에 운과 확률이 얼마나 중요한 역할을 하는지도 깊이 들여다볼 예정이다. 우리는 삶을 스스로 지휘한다고 믿는 쪽을 선호하기 때문에 운과 확률의 역할을 인정하고 싶지 않을 수도 있지만, 기차가 탈선하고 비행기가 추락하고 건강하게 살던 사람이 중한 병에 걸리기도 한다. 이와 반대로 무작위로 선택한 번호가 복권에 당첨되기도 하고 면허증을 갱신하려고 관공서에 줄을 서 있다가 평생의 사랑을 만나기도 한다. 우리는 좋은 패를 뽑을 때도 있지만 때로는 나쁜 패를 뽑기도 한다. 성공이나 실패가 그릇이 아니라 주사위 굴림으로 결정되는 경우는 너무도 많다. 이는 순전히 운이다.

그런데 나폴리언 힐이나 노먼 빈센트 필 같은 작가들이 쓴 자기계발서들은 왜 우리의 운명이 오롯이 우리 자신에게 달려 있다고 주장할까? 이런 메시지가 왜 우리에게 유해하며, 그럼에도 이들의 책은 오랫동안 베스트셀러에 오를 정도로 유명해졌으며 아직까지도 큰 영향을 끼칠까? 그 진부한 이야기의 이면을 파헤쳐 이유를 알아보겠다. 그리고 남은 삶을 도약시켜 줄 만한 창의적인 활동을 포기하는 사람들이 어떻게 그런 결론에 이르렀는지도 살펴볼 것이다.

책 곳곳에 '퀴팅이 필요한 순간'이라는 코너를 두어, 그만두어야 할 때 이를 해낸 사람들의 이야기를 직접 들어볼 수 있도록 하였다. 이 책을 쓰는 과정에서 내게 그만둔 이야기를 해준 사람도 등장하고, 진정 원하는 것을 얻기 위해 그만둔 순간을 구체적으로 밝힌 유명인도 등장한다. 그들의 간략한 증언은 멈출 때가 되었음을, 숨을 돌리고 삶을 돌아볼 때가 되었음을, 그만둘 때가 되었음을 깨달은 바로 그 순간의 기록이다. 그중 일부는 여러분이 직면한 딜레마와 매우 비슷할지도 모른다.

이처럼 불현듯 닥친 깨달음의 순간에 대해 읽는 동안 자극을 받아 인생의 전환점을 맞이하길 바란다. 삶의 방향이 완전히 바뀌었을지 모를 그 순간을 돌아보고, 그 순간이 다시 닥쳤을 때 바로 행동할 수 있는 준비하길 바란다.

그렇게 돌아본 결과가 퀴팅일 수도 있고 아닐 수도 있다. 어떤 결정을 내리든, 거리감이 들고 추상적이며 누구에게나 적용되는 그릿이라는 이상이 아니라 각자가 처한 조건에서 여러분이 직접 내린 결정이길 바란다.

각 장의 마지막에는 '전략적 그만두기의 조언' 코너를 두어 다음 단계로 가는 방향을 제시했다. 여기에서 제시한 사항은 전략적 그만두기에 관한 지혜가 필요할 때 도움이 될 것이다. 우리 모두 언제가 됐든 그만두는 문제와 맞닥뜨릴 테니까.

그만두는 문제를 한 번도 마주한 적이 없을까 봐 이런 이야기를 하는 게 아니다. 우리 모두 그런 경험이 있다. 직장, 인간관계, 취미, 신념, 세상에 존재하는 방식 등 누구에게나 그만두어야 할 것들을 정리한 목록이 존재한다. 내 목록은 모건타운에서 극심한 고통을 맛본 순간에 시작되었지만 그것으로 끝은 아니었다.

몇 년 뒤 켄터키주 애슐랜드에서 처음으로 신문사에 취직해 일하는 동안 그 일은 또 일어났다. 업무성과 평가에서 A+를 받았음에도 내 급여가 전임 남자 직원의 4분의 1밖에 안 된다는 사실을 알게 되었을 때다. 4분의 1이라니! 내가 해명을 요구하자 편집국장은 깜짝 놀라며 이렇게 답했다.

"아니, 줄리아. 그는 가족을 부양하는 남자이고, 당신은 스물한 살 미혼 여성이잖아."

더 따질 것도 없었다. 국장은 뜻을 바꾸지 않았고, 그래서 나는 그만뒀다.

두 번째이기는 해도 전보다 아주 조금 쉬웠을 뿐이다. 나는 또다시 어두운 밤을 보내며 수건을 적시며 나 자신과 싸워야 했다.

'난 앞으로 어떻게 되는 거지? 내가 바보였어!'

'아니, 그렇지 않아.'

'맞아, 바보였다고!'

그리고 어떻게든 헤쳐 나갔다.

그 일을 그만둔 것은 재앙이 될 수도 있었다. 앞서 말했지만 반복해야 할 정도로 중요하니 다시 말하자면, 퀴팅을 삶의 전략으로 수용한다고 해서 언제나 일이 잘 풀리는 것은 아니다. 잘 풀리지 않을 수 있다. 퀴팅이 잘못된 선택일 수도 있다는 두려움과 마주하면서도, 삶을 스스로 책임지게 되었다는 것을 의미할 뿐이다.

결과적으로 잘못된 선택 같은 건 없다. 진짜 실수는 누군가가 여러분을 대신해 기꺼이 선택해 줄 것이라는 이유로 스스로 선택하지 않는 것이다.

과학자와 역사학자부터 나와 같은 평범한 사람에 이르기까지, 퀴팅에 관해 내가 인터뷰한 사람들 대부분에게 공통점을 발견했다. 대체로 사람들은 그만두었던 때보다 그만두어야 했는데 그러지 못했던 때를 더 후회했다.

## 퀴팅은 사랑이다

그렇다면 이 책이 여러분에게 어떤 도움을 줄까? 이 책을 이케 아에서 사서 집으로 가져가 손수 조립하는 '퀴팅 키트'라고 생각 해도 좋다. 다만 이 책은 삶의 질을 높여줄 작은 무언가를 꿰맞춰 조립한다는 게 다를 뿐이다.

이 책을 통해 퀴팅을 새로운 방식으로 생각할 기회를 얻을 것 이다. 가족부터 일, 건강과 행복에 이르기까지 인생의 소중한 것들 을 새로운 맥락에서 결정할 수 있을 것이다. 그리고 용기와 자신 감과 그릿을 새로운 시각에서 바라볼 것이다.

다른 건 몰라도 이 책을 읽고 나서 그릿의 유무가 삶을 재단하 는 유일한 방법이라는 인식에 의문을 갖길 바란다. 강박에 가까울 정도로 열심히 일하고 독립적이어야 한다는 생각에서 벗어날 자 유를 여러분에게 주고 싶다. 언제나 장애물을 뛰어넘어야 하는 것 은 아니라고 생각할 자유, 시작한 모든 일을 끝마쳐야 하는 것은 아니라고 생각할 자유를 주고 싶다.

그만둘 수밖에 없는 상황에서 기꺼이 그만두면 삶의 가능성은 확장될 수 있다. 이는 지금 붙잡고 있는 것을 놓더라도 자신에게 기회가 많음을 믿는다는 뜻이다. 퀴팅은 희망으로, 내일로 이어진 다. 우리는 지금의 일을 그만두는 것으로써 변화를 능동적으로 받 아들이는 능력을 얻는다.

생산적이며 기쁨으로 가득 찬 삶을 사는 비결은, 널리 알려진 끈기와 의지가 아니라 영리함과 민첩함, 유연성에 있다. 미래로 과감하게 뛰어들기 전에 지금의 짐을 덜어내는 그만두기라는 행동에 있다.

그만두어야 한다고 느꼈을 때야말로 새로운 존재 방식을 받아들일 준비가 된 순간이다. 이를 기쁘고 용감하게 받아들이자.

퀴팅은 나에 대한 사랑이며, 긍정의 태도다.

# 차례

PART 3

# 퀴팅의 기술: 다시 시작하는 법

PART 1

# 퀴팅의 과학
## : 뇌는 퀴팅을 원한다

어느 순간이 되면
인내가 능사가 아니다.[1]

- 벤저민 우드, 소설가

## chapter 1

# 새와 벌, 체조 선수가 가르쳐준 뇌의 경고

> 인간이 가질 수 있는 최악의 자질은 잘못된 방향으로의 그릿이다.[1]
>
> - 존 A. 리스트, 《스케일의 법칙》 저자

시몬 바일스와 꿀벌은 어떤 점에서 비슷할까? 수수께끼를 내는 게 아니다. 함정이 있는 질문도 아니다. 매우 진지한 이 의문의 답은 최근 주목을 받는 신경과학 분야에서 찾을 수 있다. 뇌가 그만두기에 적합한 때를 어떻게 판단하는지 신경과학이 그 비밀의 단면을 알려줄 것이다.

바일스는 세계 최고의 체조 선수로서 여러 놀라운 업적을 이루었다. 하지만 선수 생활 동안 세계를 가장 놀라게 한 것은 2021년 도쿄에서 한 은퇴 선언이다. 그런데 사상 최고의 운동선수와 날아다니는 곤충 사이에 어떤 연관이 있을까? 바일스의 이야기는 이후에 알아보기로 하고 잠시 다른 이야기를 해보자.

## 퀴팅은 생존의 무기다

"생물학적 관점에서 효과가 없는 그릿은 그 의미가 없습니다."[2]

세계 최고의 진화생물학자이자 시카고대학교 명예교수인 제리 코인의 말이다. 나는 코인 교수에게 전화해서 동물과 퀴팅에 관해 물었다.

놀랍도록 다채로운 지구의 다른 생명체는 퀴팅을 따르는데, 왜 인간은 그토록 그릿을 복음처럼 추종하는지 알고 싶었다. 그들은 의도적으로 멈추고 예기치 않게 회피하며 약삭빠르게 후퇴하기도 한다. 그뿐 아니라 한 치의 오차도 없이 다시 계산하고 영악하게 해결책을 찾으며 신중하게 재도전한다. 몸을 말거나 회전하거나 정반대로 뒤집는 것은 말할 것도 없다. 즉, 다른 동물들은 주기적으로 그만둔다. 그렇다고 그만두는 것에 집착하지도 않는다.

어느 일요일 아침 코인 교수와 통화했다. 그가 매일 두 번씩 치르는 의식을 위해 외출하기 직전, 그러니까 오리에게 모이를 주기 위해 캠퍼스 가운데 있는 보타니 연못에 가기 직전이었다.

그의 연구실에서는 연못이 내려다보였는데, 매년 봄 그곳에 스물네 마리가량의 오리가 부화한다. 코인 교수는 2015년에 공식적으로 은퇴했지만 지금도 매일 연구실로 출근해서 일한다. 코로나

19 바이러스 때문에 학교가 폐쇄됐던 2020년에는 오리에게 모이를 줄 수 있는 특별 출입증을 받기도 했다. 그는 오리에게 모이를 주는 게 즐거워서 이 습관을 계속 지키고 있다. 즐겁기로는 오리도 마찬가지일 것이다.

코인 교수의 지적에 따르면 자연에서는 그릿이 특별한 미덕이 아니다. 동물이 어떤 행동을 하는 이유는 오래 살아남아 번식을 통해 자신의 유전 형질을 다음 세대에 전하기 위해서다.

물론 근본적으로 인간도 동물이다. 그렇기에 아우디부터 대수학, 초콜릿 소스를 끼얹은 아이스크림부터 하이쿠, 현수교부터 미드 〈브리저튼〉에 이르기까지 온갖 복잡하고 놀라운 것들을 만들어냈음에도, 우리의 본능은 언제나 다른 동물과 똑같이 기본적이고 단순한 목표로 우리를 몰아간다. 계속 살아남아 우리 자신과 닮은꼴을 후대에 남긴다는 목표 말이다.

생존에 가장 좋은 방법은 생존에 도움이 되지 않는 모든 것을 포기하는 것이다. 이는 자명한 이치다. 비효율적인 일에 낭비되는 자원을 최대한 줄여야 한다. 코인 교수가 말했다.

"인간의 행동은 유리한 결과를 얻는 쪽으로 형성됐습니다."

우리는 효과적인 것을 추구하고 결과에 더 관심을 둔다. 하지만 성공 가능성이 가장 높아 보이는 길을 좇고 싶은 충동과 퀴팅이라는 단순한 행동 사이에 무언가가 끼어들어 방해하는 경우가 많다. 이는 곧 퀴팅이 성공 가능성이 높지 않은 길이라는 뜻이기도 하다. 나는 이 이해하기 힘든 수수께끼에 흥미를 느꼈다.

왜 우리는 그만두는 것이 옳은 경우에도 그만두지 못할까?

## 핀치새와 점균류가 효율을 추구하는 방식

갈라파고스제도를 생각해 보자. 이곳은 1835년 젊은 찰스 다윈의 상상력에 불을 지폈고 그 결과 자연선택설이라는 위대한 발견이 탄생한 곳이다. 이 섬에 사는 핀치새는 주로 작은 씨앗을 먹는데, 그중에는 날카로운 가시가 달린 마름이라는 잡초의 씨앗도 있다. 핀치새는 부리를 이용해 껍질 안의 씨앗을 꺼낸다. 쉽지 않은 일이다.

조너선 와이너가 퓰리처상을 수상한 저서 《핀치의 부리》에서 설명했듯이, 인내심 강한 핀치새는 불행한 결말을 맞이한다. 유독 껍질이 단단한 마름을 쪼느라 시간을 너무 오래 끌면 엄청난 곤경에 빠진다. 와이너는 이렇게 썼다.

"핀치새의 수명은 먹이를 얼마나 효율적으로 찾느냐에 달려 있다. 최소한의 에너지를 써서 더 많은 에너지를 흡수해야 하기 때문이다."[3]

포기하고 먹이가 있을지 모를 다른 마름으로 간 핀치새는 생존할 확률이 더 높다. 영양가가 적게 돌아오는 일을 하느라 자신을 소모하지 않기 때문이다. 와이너의 글에 따르면 씨앗 하나를 파내는 짜증스러운 일에 최대 6분까지 허비하는 핀치새도 있다.

"6분은 새가 고군분투하기에는 긴 시간이고 대부분은 잠시 후에 포기한다."[4]

핀치새는 처음에 성공하지 못하면 포기해야 한다는 것을 알고 있다. 지나치게 애써야 한다면 먹이를 더 많이 얻을 가능성이 있는 쪽으로 이동하는 편이 나음을 자연이 나름의 방식으로 넌지시 알려주는 것이다. 살아남는 것이 목표라면 생존을 건 내기에서 빠르게 이득을 보지 못하는 일은 포기하는 것이 최선이다. 인내와 끈기로 똘똘 뭉친, 그릿이 있는 핀치새라면 곧 죽을 수도 있다.

자연은 돌려 말하지 않는다. 자연에는 메달이나 포상이 걸려 있지 않다. 자연은 꼭 필요한 일만 벌어지는 곳이다. 불필요한 행동은 없고 적합한 행동만 있다. 그 행동에 유기체의 존재 자체가 걸려 있기 때문이다.

**퀴팅은 기술이자 생존 기법이다.** 인간의 정의와 달리 퀴팅은 도덕적 실패가 아니다. 또한 그만두고 싶은 충동에 저항하는 것이 반드시 용감하거나 고귀한 행위도 아니다. 말도 안 되는 생각이다. 자연 속 생명체는 끈기라는 추상적인 개념에 부담을 느끼지 않는다. 어떤 행동으로 얻는 것이 없거나 그 행동이 존재를 지속하는데 위험하다고 입증되면 그만둔다.

《작은 것들이 만든 거대한 세계》라는 경이로운 책에서 저자 멀린 셸드레이크는 점균류에 대한 놀라운 사실을 밝혔다.[5] 이들 유기체는 중추신경계가 없는 대신 "촉수 같은 정맥으로 만들어진 탐사 네트워크"에 의존하는데, 그런데도 "의사결정을 할 수 있다".

셸드레이크의 글에 따르면 점균류의 의사결정 방식은 멈추었다가 다른 방향으로 가는 것이다. 일본 과학자들이 배양접시에서 관찰한 바에 따르면 점균류는 "미로에서 움직일 수 있는 몇 가지 경로를 비교하여 두 지점 사이의 최단 거리를 찾아낼 수 있었다."

점균류는 밝은 빛을 좋아하지 않기 때문에 연구진이 불을 켜자 재빨리 경로를 바꾸었다. 길 하나가 맞지 않으면 그 길을 포기하고 다른 길을 선택했다. 그릿을 발휘하고자 바람직하지 않은 길을 따라가는 것은 점균류에게조차 말도 안 되는 일이었다.

코인은 《지울 수 없는 흔적》 도입부에 이렇게 썼다.

"식물과 동물은 자기 생명을 지키도록 복잡하면서도 완벽에 가깝게 설계된 것 같다. 오징어와 넙치류는 색과 무늬를 바꿔 주변 환경에 섞이면 포식자나 먹잇감에게서 모습을 감출 수 있다. 박쥐에게는 밤에 곤충을 찾아내 사냥할 수 있는 레이더가 있다. 제자리에서 맴돌다가 순식간에 위치를 바꿀 수 있는 벌새는 인간이 만든 그 어떤 헬리콥터보다 날렵하다."[6]

그리고 이들은 필요한 경우에는 그만둔다.


## 적자생존에 숨겨진 퀴팅의 기술

제니퍼 애커먼이 새로운 사실을 제시한 저서 《새들의 천재성》에는 새의 인지 능력을 알아보기 위해 맥길대학교 생물학자 루이 르페브르가 실시한 실험이 소개된다.[7]

르페브르 연구진은 카리브해 동쪽 끝에 있는 섬나라 바베이도스의 연구실에 녹색 컵과 노란색 컵을 놓고 그 안에 각각 먹을 수 있는 씨앗을 넣어 놓았다. 그리고 피리새와 찌르레기를 관찰하여 어느 새가 어느 색 컵에 끌리는지 알아보았다. 선호 색이 확인되자 연구진은 좋아하는 색의 컵에 있는 씨앗만 컵 바닥에 딱 붙였다. 그러자 새는 아무리 애를 써도 접착제로 붙어 있는 씨앗을 뗄 수 없었다.

연구진은 접착제로 붙어 있는 씨앗을 새가 포기하기까지 얼마나 시간이 걸리는지 관찰했다. 새는 뜻대로 씨앗을 먹을 수 없자 씨앗이 바닥에 붙어 있지 않은 다른 색 컵의 씨앗을 쪼았다. 새들은 상황을 제법 빨리 이해했고, 소득 없는 일에서 보상이 주어지는 일로 옮겨 갔다. 좋아하는 색을 마주하는 것은 좋았지만, 저녁 식사에 견줄 바는 아니었다. 애커먼은 이렇게 썼다.

"이 실험은 새의 '유연한 사고'를 측정하기 위해 설계되었다."

나는 이 실험으로 '퀴팅의 효용'이라는 당연한 원칙도 입증할 수 있다고 생각한다. 기본적으로 퀴팅은 '다른 행동에 착수하기 위해 어떤 행동을 중단하는 것'이다. 그렇다면 퀴팅이 새의 인지 단계라는 일련의 사고 과정에서 내부 연결고리 역할을 한다고 볼 수 있다.

새는 아무런 정보도 없는 씨앗을, 좋아하는 컵에 담겨 있고 먹을 수 있을 것처럼 보이지만 사실은 영원히 얻을 수 없는 그 씨앗을 스스로 포기하지 않으면 배가 고파진다.

새는 그릇 자체를 목표로 추구하지 않는다. 새의 목표는 필요

이상으로 뭔가를 보여주는 것이 아니라 생존이다. 그리고 이 경우에는 그만두고 다른 쪽으로 떠나는 것이 먹이를 얻을 수 있는 '유일하게 효과적인 전략'이다. 물론 동물의 세계와 인간의 세계를 지나치게 동일 선상에서 바라보거나, 동물의 행동에 인간의 생각과 감정을 지나치게 투영하는 것은 경계해야 한다. 균류 애호가 셸드레이크는 다음과 같이 썼다.

"인간이 아닌 생명체의 상호작용에도 의도가 있다고 상상하는 건 실수라고 보는 것이 과학계의 지배적인 견해다."[8]

하지만 인간 이외의 생명체가 자신에게 이익이 되면 그만두기로 정하는 것을 이미 관찰했으므로 여기저기에서 드러나는 연관성을 외면하기는 쉽지 않다.

---

### 퀴팅이 필요한 순간

내가 꿈꾸는 사직은 이렇다. 업무를 하나 더 맡아서 하느니 차라리 지구 중심부까지 흘러내리는 게 더 낫겠다는 그 익숙한 느낌이 찾아들면, 그냥 일을 놓는 것이다. 이메일에 답장도 하지 않고 담당자에게 이렇게 말할 거다.

"그거 아세요? 저, 오늘이 마지막 날이에요."

그런 다음 업무용 앱에서 로그아웃한다.

영원히.

– 케이티 히니[9]

애커먼의 글에 따르면, 뉴질랜드의 연구소에서 알렉스 테일러라는 과학자가 까마귀의 사고방식을 알아내기 위한 연구를 했다. 테일러와 연구원들은 까마귀의 놀이 공간을 마련한 다음, 까마귀가 막대기를 들어 올리면 그 막대가 고깃덩어리가 달린 줄을 잡아당기도록 만들었다. 그러면 까마귀는 고깃덩어리를 얻는다.

고깃덩어리가 다가오는 것이 보이도록 설계했을 때 까마귀는 주저하지 않고 막대기를 들어 올려 줄을 당겼다. 하지만 고깃덩어리가 보이지 않도록 설계하자 까마귀는 막대기를 들어 올리지 않았다.

그릿은 실체가 있는 보상이 보장되는지 여부와 관련이 있다. 따라서 까마귀의 행동엔 일리가 있다. 애커먼은 이렇게 설명했다.

"고깃덩어리가 점점 다가오는 시각적 신호를 멈추자 자발적으로 계속 줄을 당겨 고기를 얻은 까마귀는 열한 마리 중 한 마리뿐이었다."[10]

까마귀에게는 "행동의 결과를 알아차리는 놀라운 능력이 있다". 까마귀는 어떤 행동이 아무것도 얻지 못한다고 여겨지면 그 행동을 그만둔다. 살아 있는 모든 생물이 그러듯 까마귀 역시 생명을 유지하기 위해 확실치 않은 일에 노력을 허비할 순 없다. 까마귀는 먹이를 얻기까지의 예상 에너지 소비량과 예상 시간의 균형을 저울질한다.

'배고파. 먹이가 보여? 이 바보 같은 끈을 여러 번 잡아당기는 게 합당한 선택일 만큼? 안 보여? 됐어, 그럼.'

잠시 이 실험의 대상이 까마귀가 아니라 인간이라고 상상해 보자. 우리는 그릿을 가치 있게 여기는 문화의 영향을 받아 끝까지 버티는 사람, 노력의 대가를 보장받지 못하는 상황에서도 계속 매달리는 사람에게 환호하고 응원한다.

"힘내! 포기하지 마!"

그리고 나머지 열에게는 그만두었다는 꼬리표를 붙인다. 이처럼 열한 마리의 까마귀 중 열 마리가 선택한 방법이 실험실 밖에서는 다르게 인식된다. 잘되지 않을 수도 있는 목표를 위해 애를 쓰면서, 다른 곳에 쓰는 편이 더 나았을 자원을 고갈시킨다. 새가 인간보다 생존율은 더 낮겠지만, 그릿이 항상 최고의 전략은 아니라는 교훈은 둘 다에게 유효할 것임은 자명하다.

화려함으로 경쟁하는 수컷 바우어새가 내리는 결정에서도 이와 유사한 편익비용비benefit-cost ratio를 관찰할 수 있다. 애커먼의 글에 따르면 수컷 바우어새는 암컷 바우어새에게 "배우자로서 직접적인 이익을 전혀 제공하지 않는다"[11].

수컷 바우어새는 화려한 겉모습을 과시하여 관심을 끄는 데 집중한다. 수컷은 짝짓기 상대를 유인하기 위해 큰 소리로 울고 활발하게 뛰어다니며 현란하게 춤을 추고 광적으로 날개를 펄럭거릴 뿐이다. 구애에서 가장 눈에 띄는 부분은 공들인 집 짓기다. 수컷은 암컷에게 강한 인상을 남기기 위해 부스러기, 나뭇가지, 반짝이는 돌을 비롯해 쉽게 구할 수 있는 재료를 모두 모아 희한하게 생긴 작은 동굴을 만든다.

수컷 바우어새는 파란색 물건을 즐겨 모은다. 빨간색은 피한다. 과학자도 그 이유를 알아내지 못했다. 수컷 바우어새는 모아둔 재료에서 빨간색 물건을 발견하면 짜증을 내며 재빨리 둥지에서 빼버릴 것이다. 그래서 연구진은 바우어새의 문제 해결 능력을 측정하기 위해 나무 그늘에 빨간색 타일을 두고 새가 치우지 못하도록 바닥에 나사로 고정했다.

바우어새는 싫어하는 빨간색을 치워버리려고 타일을 찌르고 긁고 당겨본다. 하지만 소용이 없다. 어느 시점이 되자 새는 상황을 파악한다. 애커먼은 이렇게 썼다.

"영리한 수컷 바우어새는 이 상황을 해결할 새로운 전략을 빠르게 찾아냈다. 빨간색 타일을 낙엽이나 둥지를 장식한 다른 재료로 덮어버리는 것이다."[12]

아인슈타인급으로 영리한 바우어새들은 플랜 B를 실행하기 전에 꼭 필요한 한 단계를 완수해야 했다. 바로 플랜 A를 버리는 일이다. 그들은 타일을 찌르고 긁는 행동을 중단해야 했다. 효과 없는 방법을 그만두고 효과 있을 만한 방법을 찾아내야 했다. 다시 말해 그만두어야 했다. 그렇게 하지 않으면 짝짓기 상대를 유혹해 유전자를 남길 수 없기 때문이다.

자연은 모든 일에서 언제나 무자비할 정도로 효율을 추구한다. 코인은 이렇게 썼다.

"식물과 동물에 대해 알면 알수록 그들이 저마다 삶의 방식에 딱 들어맞도록 설계되었다는 사실에 더욱 감탄한다."[13]

식물과 동물은 노력 대비 최대수익률을 올려야 한다. 그렇게 하지 않으면 죽는다. 그리고 그 수익률은 몹시 가혹하다. 따라서 모든 동작과 의사결정이 생존이라는 목표에 부합해야 한다.

이제 다시 바일스와 꿀벌 이야기를 해보자.


## 그만두어야 할 때를 아는 것

2021년 도쿄 올림픽 결승전이 바일스의 첫 대회 기권은 아니었다. 2013년 미국에서 열린 대회 이외에 적어도 두 번은 더 있었고, 이는 여느 체조 선수와 비슷한 수준이었다.

바일스가 놀라운 경기력을 보이며 선수 생활을 하는 동안 스포츠 담당 기자들은 이따금 그녀가 무엇 때문에 그렇게 특별한지 설명하려 했다. 신기할 정도의 균형 감각, 뛰어난 집중력과 침착함, 놀라운 유연성, 엄청난 코어 힘은 철저하고 엄격한 훈련 덕일까? 아니면 2021년에 바일스가 〈뉴욕〉에서 직접 언급했듯이 '신이 주신 재능' 덕일까?

물론 이들 모두 중요한 자질이다. 하지만 그만두지 않는 것의 대가가 너무 클 때 전략적으로 그만두어야 하는 순간을 아는 능력이 사실은 가장 중요한 자질이라면? 이 개념은 회복력, 끝없는 투지, 강한 목표 의식 등 우리가 챔피언의 자질이라고 배운 모든 것과 사실상 배치된다.

어쩌면 회복력은 단순히 장애를 극복하는 것, 주먹을 꼭 쥔 채 고통을 외면하고 꿋꿋이 나아가는 것 이상을 의미할 수도 있다. 역설적으로 들리겠지만 회복력은 기꺼이 그만두는 것을 의미할 수도 있다.

'위험을 감수할 가치가 있는가?'

도쿄에서 바일스는 신속하고 비판적으로 평가했다.

"경기에 출전할 몸 상태가 아니었습니다."[14]

바일스는 〈뉴욕〉의 카몽네 펠릭스와 인터뷰에서 경기 5일 전 일본에 도착했을 때 평소와 다르게 자신감이 솟구치지 않았고 예선전이 진행될수록 확신이 서지 않았다고 당시를 회상했다.

바일스는 체조 선수였으므로 찰나의 순간도 어긋나서는 안 됐고 심하게 다칠 위험이 늘 도사리고 있었다. 공중에서 몸의 위치를 인식하지 못하는 '트위스티'라고 불리는 증상이 정말 무섭다고, 이보다 더 큰 위험은 없다며 "그야말로 생사가 달린 문제"라고 언급했다.

바일스처럼 어린 시절에 발탁되어 전문적이고 집중적인 교육을 받은 엘리트 운동선수의 경우 자신의 신체 능력을 이해하는 것이 모든 훈련 중 가장 중요하다. 이들은 매 순간 자신의 장단점을 아주 정확하게 인지하고 있어야 한다. 따라서 바일스처럼 자기 몸을 잘 이해하는 운동선수가 어떤 선택을 할지는 뻔했다.

체조를 통해 바일스는 만족감과 짜릿함과 기쁨을 얻었음에도, 게다가 그날 경기에 많은 것이 걸려 있었음에도 사망이나 끔찍한 부상의 위험을 감수할 정도는 아니었다. 영웅에게 어울리는 선택,

즉 회복력 있는 선택은 인내가 아닌 그만두기였다.

꿀벌과 달리 바일스는 날 수 없다. 하지만 놀라울 정도로 성장하는 데 도움을 주었을 중요한 특징을 꿀벌과 공유하고 있었다. 그것은 바로 그만두어야 할 때를 아는 것이다.


## 꿀벌이 죽음을 무릅쓰고 지킬 때와 도망칠 때

저스틴 슈미트는 잘 알려진 곤충학자이자 침을 쏘는 고약한 곤충에 관해 재미있게 풀어낸 《스팅, 자연의 따끔한 맛》의 저자다. 그는 이 책에서 생명체에게 가장 기반이 되는 두 목표, 먹는 것과 먹히지 않는 것에 대해 설명하며 진화생물학자인 코인과 비슷한 말을 했다.[15]

동물은 어떤 일이 효과가 없으면 그 일을 하지 않고 멈춘다. 이때 요란하게 소란을 떨거나 핑계를 대지 않는다. 인간은 그만두고 나서 괜히 마음 졸이며 고민하는 유일한 생명체다. 인간은 소셜미디어에 자신을 채찍질하는 글을 올리고, 친구들과 칵테일을 마시며 확신이 서지 않는다고 털어놓는다. 슬픔에 잠겨 거울 속 자신을 물끄러미 바라보며 스스로의 이름을 부르기도 한다.

꿀벌에게 생존을 향한 투지는 꿀벌 개체수를 반드시 늘려야 한다는 책무가 담겨 있다. 그래서 꿀벌은 집단을 지키기 위해 무모하게 자신을 버린다. 꿀벌은 포식자일 가능성이 있는 상대에게 달려들어 침을 쏘는데, 쏘고 나면 죽는다. 침을 쏘면서 내장이 빠져나가기 때문이다. 사망률이 100퍼센트라는 점을 고려할 때, 침을 쏘아 이익을 얻지 못한다면 어떤 정신 나간 꿀벌이 침을 쏘기로 결심하겠는가?

애리조나주 투손에 있는 연구실에서 슈미트가 해준 설명에 따르면, 때때로 꿀벌은 바로 그 이유로 물러나기도 한다. 위협이 될 수 있는 생명체가 집단에 접근할 때 꿀벌은 침을 쏘지 않을 수도 있다. 사실상 그만두는 쪽을 택하는 것이다. 다음 단계를 밟지 않기로, 보금자리를 지키기 위해 목숨을 걸고 돌진하지 않기로 정하는 것이다.

2020년에 슈미트는 꿀벌, 개미, 말벌 같은 사회성 동물을 집중적으로 다루는 국제 과학학술지 〈사회성 곤충〉에 실험 결과를 발표했다.[16] 꿀벌이 그때그때 상황에 맞게 자신의 목숨을 저울질한다는 내용이다.

꿀벌은 포식자가 위협이라고 보기에 합당할 정도로 집단에 가까이 다가갔는지, 더 나아가 집단의 번식력이 그 시점에 충분해 궁극적으로 자신이 희생하는 게 타당한지 저울질한다. 위협이 진짜이고 집단에 알이 많다는 요건이 충족되면 꿀벌은 맹렬한 전사가 되어 더 큰 이익을 위해 기꺼이 죽는다. 하지만 그렇지 않다면 죽지 않는다. 꿀벌은 상황에 개입하지 않는다. 슈미트는 설명했다.

"벌은 위험 요인과 이익을 평가하여 생사를 가르는 결정을 내려야 합니다."[17]

꿀벌은 치명적인 부상을 초래할 수 있는, 아찔하게 어려운 동작을 앞둔 체조 선수처럼 현재 처한 상황에서 다음 행동의 위험 정도를 가늠한다. 이 과정에서 성공 확률 대비 당면한 위험과 보상이 어느 정도인지 측정한다. 확률을 계산하는 것이다. 그리고 말도 안 되는 확률일 때는 그만둔다.

## 생사를 가른 그만두기의 골든타임

핀치새나 꿀벌은 그만두기로 생명을 보전한다. 올림픽에 출전한 체조 선수도 마찬가지다. 하지만 보통의 경우 개인 공간에 들어온 누군가에게 나가라고 하기 위해 꿀벌처럼 죽어야 하는 건 아니다. 껍질이 잘 벗겨지지 않는 마름을 만난 핀치새와 가장 유사한 상황이라면 치폴레 부리토를 포장한 은박지를 벗기는 일일 텐데, 그 일에 시간을 너무 많이 쓴다고 해서 목숨을 잃지도 않는다. 이런 우리에게도 그만두기가 생사를 결정하는 문제일 수 있을까?

슬프게도 그렇다.

2001년 8월 노스웨스턴대학교의 미식축구 선수 라시디 휠러가 훈련 도중에 사망했다. 같은 해에 미네소타 바이킹스 소속 코리 스트링어 역시 극심한 더위에서 격렬하게 훈련한 뒤에 사망했다. 2018년에는 메릴랜드대학교의 운동선수 조던 맥네어가 무더위에 무리하게 연습에 몰두하고 나서 열사병으로 쓰러졌고 그 후 사망했다. 2020년에는 컴벌랜즈대학교의 레슬링 선수 그랜트 브레이스가 더운 날 언덕을 뛰어 오르내리는 단체 훈련 도중에 사망

했다. 뉴스 기사에 따르면 당시 브레이스는 이렇게 말했다.[18]

"물 좀 줘. 누가 나 좀 도와줘. 죽을 것 같아."

1998년부터 2018년까지 훈련 도중 사망한 운동선수는 최소 서른네 명이다. 이 똑똑하고 능력 있는 사람들은 뭔가 잘못되었다는 것을 알아차렸어야 했다. 열사병은 어지러움, 극심한 두통, 메스꺼움, 불분명해지는 발음, 근육 경련 등 증상이 명확하다. 하지만 그들은 중단하지 않았다. 그만두라는 몸의 신호를 무시했다. 그리고 코치나 동료 선수를 비롯해 해를 입지 않은 것으로 추정되는 주변 사람들도 그만하라고 말하지 않은 듯하다. 똑똑한 사람들과 그들의 성실한 멘토가 어쩌다가 신호를 놓쳤을까?

## 퀴팅이 필요한 순간

장거리 수영 경기에 출전 중이었던 나는 포기하고 싶지 않았다. 그런데 정말 이상했다. 내 몸이 사라지는 것만 같았다. (…) 포기는 뭔가 끔찍한 기분이 든다. 하지만 나는 그냥 자신을 놓아버렸다. 얼굴을 물에 빠뜨린 채 배에 끌려가는 느낌이 들었다. 나는 그 깊은 물 위에서 숨이 막혔다. 잠시 후 사람들이 나를 배 위로 끌어 올리고 있었다. 온몸이 너무 아팠다. 의사가 엄청나게 화가 나서 나에게 소리쳤다.

"죽을 뻔했어요! 몰랐습니까?"

– 린 콕스[19]

우리 몸은 그만두어야 할 때를 알려주도록 설계되었다.[20] 몸을 극심한 스트레스 상황에 몰아넣으면 경고 수위는 더 높아진다. 몸은 우리에게 그만하라는 메시지를 보내는데, 그 메시지는 크게 사이렌을 울리고 빨간 불빛을 번쩍이는 것과 같은 수준이다.

스탠퍼드대학교 교수 로버트 새폴스키가 스트레스의 생리학에 관한 명저 《스트레스》에 썼듯이, 우리 몸은 과부하가 걸리거나 변화에 적응하지 못해 항상성을 유지할 수 없을 때 최선을 다해 알린다. 그래서 심박수, 호흡수, 혈압이 모두 치솟는다. 몸은 우리를 향해 다음과 같이 외친다.

"메이데이, 메이데이, 메이데이. 문제가 생겼다."

이런 고통이 신체에만 해당하는 것은 아니라는 점이 중요하다. 심리적 스트레스도 극심할 수 있으며, 무시하면 마찬가지로 심각한 결과를 초래할 수 있다. 베셀 반 데어 콜크는 인간에 대한 애정이 담긴 유명한 저서 《몸은 기억한다》에서 다음과 같이 언급했다.

"뇌의 가장 중요한 임무는 극도로 비참한 상황에서도 우리의 생존을 보장하는 일이다. 그 외의 다른 일은 모두 부차적이다."[21]

왠지 죽어가는 듯한 느낌이 든다면, 지금 하는 행동이 괜찮다고 느껴지지 않는다면, 우리 몸과 영혼에 제대로 영양이 공급되지 않는다면, 머릿속에 그린 가치와 기준에 따라 살고 있지 않다면, 건강과 행복 전반에 대참사가 일어난다.

그만두지 않으면 살아남을 수 없을지도 모른다.

## 퀴팅은 자신을 보호하는 방식이다

"이혼하기로 결심했을 때 친구들이 그러더군요. '왜 이혼하려는 거야?' 그래서 대꾸했죠. '내가 죽어가고 있으니까.' 제 내면이, 감정이 죽어가는 느낌이었어요. 실제로 사람들에게 이렇게 말하기도 했어요. '죽기 전에 떠나려고.'"[22]

조디 얼린은 이렇게 말했다. 그녀는 오랫동안 정신건강센터에서 일했고 콜로라도스프링스에서 다양성과 평등, 포용의 문화를 조성하고 형평성 문제를 해결하기 위한 일을 지원하는 '다양성 조정관'으로도 활동했다. 그 후에는 기업과 개인을 대상으로 하는 컨설팅 회사를 창업했고 탄탄하게 운영하고 있다.

얼린은 재미있고 똑똑하고 표현이 확실하고 호감 가는 사람이다. 배려심 있고 침착하기도 하다. 다시 말해 얼린은 무언가를 과장하는 부류의 사람이 아니다. 감정을 통제하지 않고 내버려두지도 않는다. 하지만 두 아이를 다 키운 뒤에 결혼 생활을 끝내고 삶을 완전히 뒤엎은 이유를 내게 설명할 때의 얼린은 굶주린 핀치새가 친구 하자고 할 법한, 아주 극적인 말로 마음먹은 바를 표현했다. 당장 그만두지 않으면 죽을 것 같았다고.

자신의 선택을 이런 식으로 표현한 사람은 얼린뿐만이 아니다. 수십 번의 인터뷰를 하는 동안 같은 식으로 말한 사람들이 여럿 있다. 사실 삶의 중요한 사항을 바꾸는 결심을 이야기할 때 사람들의 방식은 놀랍도록 비슷했다. 이야기의 세부적인 내용은 저마다 달랐지만 많은 이가 공통으로 사용한 문구가 있다. 바로 "사느냐 죽느냐"라는 말이다.

이들은 퀴팅을 여러 선택지 중 하나로 보지 않았다. 그들에게 퀴팅은 말 그대로 '살기 위한 선택'이었고, 단순히 좋은 아이디어가 아니라 필수적인 생명 유지 장치이자 산소였다.

"그동안 받은 교육을 통해 아주 강한 끈기를 배웠어요. 뭐든 이겨낼 수 있었죠. 힘든 일이 생기면 '이 또한 경험이지'라고 생각하곤 했어요."

얼린이 '경험'이라고 말할 때 비꼬는 느낌이 들었다.

"그런 힘든 상황에 필요 이상으로 오래 머물렀던 거예요. 엄청난 고통을 겪고 나서야 달라질 때가 되었다는 걸 알았어요."

얼린은 친구들에게 솔직하게 털어놓았지만, 그들은 그녀가 얼마나 괴로운지 이해하지 못했다.

"사람들은 늘 제게 '얼굴 좋은데!'라고 했어요. 하지만 겉으로 보이는 모습과 마음속에서 느끼는 것은 전혀 달랐어요. 결국 전 더는 못 참겠다고 생각했죠."

2021년 9월 4일 얼린은 회색 자동차에 짐을 싣고 콜로라도스프링스를 떠나 동쪽으로 향했다.

"1년 정도 낯선 곳에서 살면 어디에서 살고 싶은지 알게 되지 않을까 생각했어요. 커피숍, 서점, 도서관 등 어디든 일해야 한다면 할 생각이었고요."

그래서 어떻게 되었을까?

"정말 좋았어요. 얼마나 좋았는지 말로 다 표현할 수 없을 정도예요. 단 한 순간도 후회하지 않았어요."

얼린도 처음에는 그냥 포기하고 다시 시작한다는 생각에 익숙해지기 힘들었다고 인정했다.

"아버지는 '사람이 끈질긴 구석이 있어야지. 포기라니! 정말 모욕적인 말이야'라고 말씀하셨어요. '일단 일을 시작하면 끝낼 때까지 절대 그만두면 안 돼'라고도 하셨고요. 프로테스탄트 직업윤리와 관련된 무언가가 우리에게 스며 있어요. 모든 편견이 그런 식으로 은연중에 스며들죠."

그렇게 극적인 변화를 준 자신이 용감하다고 생각하는지 묻자 얼린은 재빨리 되물었다.

"'날 죽게 내버려두지 않겠다'라고 한 게 용기일까요? 아니, 그건 용기가 아니에요. 자신을 보호하는 행동이죠."

얼린은 무슨 뜻으로 물었는지 안다는 듯이 온화하게 웃었다.

"'알 게 뭐야. 난 이걸 할 거야'라는 생각이 드는 순간에 가장 중요한 건, 나의 모든 행동을 정당화할 필요는 없다는 거예요. 정말이지 목숨은 하나뿐이잖아요."

시카고에서 20년 동안 교편을 잡았던 교사이자 작가인 크리스틴 스니드는 2018년 5월에 자기 삶이 죄다 잘못되었다고 느끼고 나서야 문득 비슷한 깨달음을 얻었다.

"전 떠나야 했어요. 하던 일을 똑같이 계속할 순 없었어요."[23]

'하던 일'에 그동안 탄탄하게 일군 것들이 포함되어 있는데도 불구하고 스니드는 내게 이렇게 말했다. 그녀는 노스웨스턴대학교에서 글쓰기를 가르치면서 네 권의 책을 출간했고 좋은 평가도 받았다. 하지만 꽉 막힌 느낌이었다. 방향을 잃은 것 같기도 했다.

"아침에 일어나서 전날과 같은 의욕을 느낄 수 있느냐의 문제였어요. 항상 너무 피곤했어요. 제 직감을 믿어야 했죠."

그래서 스니드는 유소년 축구팀 코치인 애인 애덤과 함께 캘리포니아주 패서디나로 이사했다. 지금 스니드는 소설뿐만 아니라 영화 대본도 쓰고 있다. 그녀는 재미있다는 듯 덧붙였다.

"아무리 힘들어도 내 인생이잖아요. 내 선택을 후회하지 않아요. 이곳으로 오니 다시 시작하는 기분이 들어요. 시카고로 돌아간다면 우리가 살던 콘도 아래 골짜기를 내려다볼 때마다 내 목을 조르고 싶었을 거예요. 아니면 다른 사람 목을 조르든지요!"


## 그만두라는 신호를 무시하지 말 것

얼린과 스니드 그리고 이 책에서 만나게 될 다른 사람들은 삶에 중대한 변화가 반드시 필요하다는 확신을 점점 강하게 느꼈다. 그 확신은 스쳐 지나가는 충동이 아니었다. '으흠, 지금 말고 언젠가는…'이라는 식의 가볍고 한가한 생각이 아니었다. 지금이 아니면 안 되는 중대한 발걸음이었다. 한계점이자 새로운 세계로 향하는 문이었다.

인간의 뇌는 여느 생명체와 마찬가지로 생존이 위태로울 때 무엇을 해야 하는지 알고 있다. 바로 그만두고 다른 무언가를 하는 것이다. 얼린의 뇌는 이를 알았다. 스니드의 뇌도 알았다. 심지어 배양접시 위의 점균류도 알았다. 그런데 왜 더 많은 사람이 주기적으로 그만두지 않을까?

에밀리 나고스키와 어밀리아 나고스키는 도발적인 책《재가된 여자들》에서 "우리는 새나 다람쥐와 같은 방식으로, 이성의 영역 밖에서 고요한 직감을 통해 그만두어야 할 때를 알게 된다"라고 언급했다.[24] 우리는 '이 자리에서 할 수 있는 일은 다 했어. 이젠 앞으로 나아갈 때야'라고 말하는 내면의 소리를 듣고 따르기만 하면 된다. 하지만 우리는 그 목소리를 너무 자주 무시한다. 나고스키는 다음과 같이 썼다.

"인간, 특히 여성에게는 이 목소리를 무시하는 특별한 능력이 있다."

관계 속에서 학대당하는 여성은 친구나 가족에게서 가해자를 용서하고 다시 한 번 더 노력해 보라는, 가정을 깨지 말라는 선의의 조언을 듣곤 한다. 그들은 결혼이라는 배우자와의 약속이 그 사람이 가하는 신체적·정서적 손상을 포함한 모든 것보다 먼저라고 조언하는 것과 같다.

포기하고 벗어나는 것, 관계를 그만두는 것은 강력한 사회 규범에 도전하는 행위다. 나고스키는 이렇게 썼다.

"우리는 자제력, 끈기에 가치를 두는 문화에 살고 있다. 많은 사람이 목표 변경을 나약함과 실패로 여기도록 배운다. 목표 달성에 실패하면 우리가 뭔가 잘못되었기 때문이라고 여긴다. 충분히 열심히 노력하지 않았다고, 우리에게 믿음이 없다고 생각한다."[25]

여러분도 때로는 그 지점에 이른다. 그래서 포기하기로 결심한다. 이때 놓아야 할 대상은 직장일 수도 있고 연인일 수도 있다. 찌르레기처럼 노란색 컵 바닥의 씨앗일 수도 있다. '이건 내게 도움이 안 돼. 괜한 일에 날 소진하고 있어'라는 생각이 들면 얼린과 스니드처럼 하자. 꿀벌과 까마귀처럼 하자.

그만두는 것이다.

더 즐거울 만한 무언가를 시도할 에너지와 시간을 벌기 위해 그만두자. 그 시작은 신경세포의 경련부터다.

---

**전략적 그만두기의 조언**

누구에게나 그만두고 싶을 때가 있다. 마음 깊은 곳에서는 그만둘 때라는 걸 알고 있다. 어떤 상황이 옳지 않다고 느껴지면 몸과 마음에 귀를 기울여야 한다. 그만두고 다른 방향으로 가는 것은 여느 동물들과 마찬가지로 생존 전략이다. 포기자로 불리는 것이 두렵다고 해서 신체적·정신적 피해에서 자신을 지키지 않고 그냥 두면 안 된다. 그러니 그만두자.

## chapter 2

# 퀴팅이 밝힌
# 신경과학

의도와 의지력은 매우 과대평가되었다.
그런 것들로 이룰 수 있는 일은 거의 없다.[1]

– 허준이, 필즈상 수상자, 프린스턴대학교 수학과 교수

    토드 파커는 낌새를 알아차렸다. 불과 5년 전 그는 시카고 드
폴대학교의 종신 교수직을 포기했다. 그에게는 완벽한 직업이었
다. 아니, 적어도 그렇게 생각했다. 코넬대학교에서 영문학 박사과
정을 밟으며 꿈꾸던 일이었다. 하지만 2006년에 그는 프란치스코
회 수도사가 되고자 드폴대학교를 그만두었다. 파커는 샌프란시
스코의 무료 급식소에 파견되어 봉사했다.

    4년 뒤 익숙한 느낌이 다시 찾아왔다. 그만두고 싶어진 것이다.
길을 잘못 들었다고 확신했다. 종교인으로서의 삶은 기대했던 만

큼 영혼을 채워주지 못했기 때문이다. 이 일이 소명이라는 생각도 더 이상 들지 않았다. 그래서 파커는 두 번째로 그만뒀다.

그리고 간호 학교에 등록했다. 나고 자란 뉴멕시코주로 돌아간 그는 장애가 있는 성인에게 의료 서비스를 제공하는 시설에서 일을 시작했다. 그가 어떻게 지내는지 궁금해서 전화했을 때 그는 마침내 자기 삶을 찾았다고 호언장담했다.

"제 이야기를 듣고 용감무쌍한 변화라고 생각할 수도 있겠지요. 하지만 저에게 더 큰 자극이 된 것은 두려움이었어요. 직업적으로나 윤리적으로 제가 상상했던 내 모습과 아주 거리가 먼 무언가가 되면 어쩌나 하는 두려움, 영혼이 죽어가는 모습이 될지도 모른다는 두려움이요."[2]

파커가 그만둘 때마다, 즉 처음에는 강의실을 떠나고 그다음에는 수도원 생활을 끝냈을 때 외부로 드러난 변화는 쉽게 파악할 수 있었다. 그는 시카고에서 샌프란시스코로, 다시 뉴멕시코의 앨버커키로 이사를 갔다. 트위드 재킷을 입다가 수도복으로, 다시 수술복으로 갈아입었다.

정작 중요한 변화는 내부에서 일어나고 있었다. 거미줄처럼 얽혀 있고 금 간 거울처럼 복잡한 미로를 그리는 약 860억 개의 신경세포가 변화의 시작점이기 때문이다. 파커가 그만둬야겠다는 생각을 처음 떠올린 곳이 여기이고, 뇌세포 사이에서 전기 펄스와 화학물질이 빠르게 전달되며 그에게 언제 무엇을 하라고 지시해 퀴팅이 실제로 시작된 지점도 여기다.

## 3차원 현미경으로 관찰한 퀴팅

제브라피시, 생쥐, 집쥐를 대상으로 한 지난 몇 년 동안의 흥미로운 실험을 통해 정보를 얻은 과학자들은 퀴팅의 신경과학적 원리를 잘 알고 있다. 특수한 화학물질들이 일제히 작용하여 자극을 받은 특정 세포가 어떻게 행동을 중단하는지 말이다.

인간의 경우 그 행동은 직장을 그만두거나 배우자나 연인을 떠나는 것일 수 있다. 또는 담배를 한 개비 더 피울지 말지에 관한 것일 수도 있다. 이처럼 우리가 하는 모든 행동은 다른 길로 가기 위해 원래 길을 그만두는 행동을 수반한다. 몇 초만 생각하면 되는 사소한 행동부터 몇 개월 또는 몇 년씩 생각해야 하는, 인생을 바꿀 만큼 중대한 행동 모두 마찬가지다.

미샤 아렌스 박사가 말했다.

"인간이 어떤 행동을 중단하는 방법은 매우 다양합니다. 그중 몇 가지는 물고기와 같을지도 모르고요."[3]

버지니아주 애슈번의 하워드 휴스 의학연구소 자넬리아 연구 캠퍼스에 있는 연구실에서 아렌스 박사의 연구진은 얼마 전까지만 해도 실시간으로는 잠깐조차도 본 적 없는 현상을 주기적으로 관찰해 왔다. 살아 있는 유기체의 뇌가, 도움이 되지 않는 일을 그만두어야겠다고 결정하는 장면이었다.

신경과학자들은 유전공학과 3차원 현미경을 활용해 물고기의 뇌를 관찰해 포기하는 과정을 볼 수 있었고, 이 정보를 복잡하고 정교한 인간의 뇌에 활용할 수 있도록 연구하고 있다.

아렌스 연구진은 퀴팅과 관련된 새로운 과학에 우리 삶을 더 좋은 방향으로 이끌 수 있는 엄청난 잠재력이 있다고 생각한다. 이러한 발견은 약물과 알코올 중독에 효과적인 치료법을 찾는 데 도움이 될 수 있다. 강박장애나 다른 자기 파괴적 상태를 비롯한 정신질환 완화에 도움이 될 수도 있고 인지적 유연성을 향상하는 수단이 될 수도 있다. 인간이 하는 노력의 중심에 퀴팅이 있기 때문이다.

퀴팅은 행동이자 의사결정이고, 동기부여이자 계획이며, 선택이자 염원이다. 우울, 불안, 회복과도 이어진다. 그리고 우리가 시작하고 멈추고 다시 시작하는 이유이기도 하다.

아렌스와 동료 신경과학자들은 이 탐구 여정을 벗겨진 페인트 조각보다 더 작은 생명체의 뇌에서 시작했다.


## 급격한 변화는 어디서 시작되는가

우리는 뇌에 관해 모든 것을 아는 동시에 아무것도 모른다. 하버드대학교의 저명한 분자세포생물학 교수 플로리언 엥게르트는 이렇게 썼다.

"뇌세포의 상호 연결을 관장하는 기본적인 작동 원리조차 여전히 매우 이해하기 힘들다."[4]

우리는 어떤 사람이 커피를 어떻게 마시는지 알고 있다. 눈에 쉽게 보이기 때문이다. 그 사람은 손가락을 몇 개 굽히고 엄지손가락을 이용해 머그잔 손잡이를 잡고 커피를 한 모금 마신 다음 잔을 내려놓는다. 잔을 쥐고 들어 올려서 커피를 마시는 행동은 관심을 가지면 누구나 관찰할 수 있다. 하지만 커피 마시는 사람의 의도와 그 후에 이어질 행동 사이의 복잡한 인터페이스, 다시 말해 볼 수 없는 부분은 어떠한가? 그러니까 신경세포와 에스프레소의 관련성을 이해하고 있는가?

훨씬, 훨씬 더 어렵다.

엥게르트는 10년 전 아렌스가 직접 연구소를 꾸릴 때까지 그의 지도교수였다. 아렌스는 엥게르트의 지도를 받으며 박사후연구원으로 일하는 동안 연구진의 일원으로 혁신적인 실험에 참여해 뇌과학계를 놀라게 했다. 살아 있는 유기체인 제브라피시의 신경세포 10만여 개가 움직이는 모습을 이미지로 보여준 것이다.

이전에는 신경 활동의 극히 일부만 관찰할 수 있었다. 아렌스는 엥게르트의 연구실에서 일하던 때를 떠올리며 이렇게 말했다.

"우리는 이 동물이 어디까지 할 수 있는지 알아보려고 했습니다. 이들의 뇌는 시시때때로 달라졌지요."

아렌스는 역사에 남을 '전신 이미지 실험'을 통해 제브라피시가 맹렬히 헤엄치다가 갑자기 멈추는 과정을 관찰했다. 그는 이 실험이 "머리 한구석에 계속 남아 있었다"라고 회상했다.

"제 연구소를 열었을 때 그 실험을 다시 시작했습니다. 갑작스러운 행동 전환이 흥미로웠거든요. 뇌는 절대 고정되어 있지 않습니다. 어떻게 전혀 다른 일을 갑자기 할 수 있을까요? 뇌 안에서 뭔가가 벌어지고 있다는 뜻이지요."

아렌스는 제브라피시가 인간을 비롯한 모든 동물과 같은 행동을 하고 있음을 깨달았다. 활동을 그만두었다가 다시 시작하기를 몇 번이고 반복하는 것이다. 어떻게 그렇게 행동하는 걸까? 뇌의 어떤 신호에 반응하는 것일까?


## 제브라피시의 투명한 뇌가 보여준 놀라운 사실

20세기 후반까지만 해도 과학자들은 신경전달물질 사이에서 번쩍이는 화학물질을 확인하고 측정하는 방식으로만 뇌가 무엇을 하는지 알 수 있었다. 베셀 반 데어 콜크의 글에 따르면 이 덕분에 과학자들은 "신경 활동의 연료 역할을 하는 것이 무엇인지 볼 수 있었는데, 이는 자동차 엔진을 이해하기 위해 휘발유를 연구하는 것이나 다름없었다"[5].

그러다 국면이 전환될 요소가 등장했다. 영상 기술이 발달한 덕분에 뇌가 활동하는 순간을 포착할 수 있게 된 것이다. 아렌스는 이렇게 설명했다.

"신경 영상 덕분에 엔진 내부를 들여다볼 수 있었습니다."

아렌스나 중독 문제를 겪는 사람들을 도울 목적으로 연구를 하고 있는 워싱턴대학교의 마이클 브루카스 교수 같은 신경과학자들은 신경 영상을 통해 매 순간 시냅스 단위로 뇌가 기능하는 메커니즘을 집중적으로 연구할 수 있게 되었다.

하지만 지금까지 개발된 가장 정교한 영상장치로 무장하였음에도, 뇌가 작동하는 방식을 파악하는 것은 여전히 쉽지 않은 과제다. 첫 번째 이유는 뇌가 엄청나게 복잡한 기관이기 때문이고, 두 번째는 뇌가 가만히 있는 법이 없기 때문이다. 브루카스는 시애틀에 있는 학교 연구실에서 이렇게 말했다.

"신경세포는 유전자와 환경의 영향을 받고, 최근 밝혀진 바에 따르면 중독성 약물의 영향도 받습니다. 게다가 모양과 연결 패턴이 계속 달라집니다. 많은 요소가 변합니다."[6]

과학 저술가 아리엘 사바르는 〈스미스소니언 매거진〉에서 연속으로 이어져 있는 뇌의 본질과 넓은 범위에 걸쳐 복잡하게 서로 연결되어 있는 뇌의 특징을 이해하기 쉬운 비유로 설명했다.

"뇌세포는 전기 펄스의 형태로 메시지를 교환한다. 이 전기 펄스는 뇌의 모든 영역에 뻗어 있는 섬유질 같은 조직망을 따라 밀리초의 속도로 질주한다. 뇌에서는 거의 매 순간 중국 베이징과 핀란드 헬싱키가 전화 통화를 하면서 동시에 볼리비아 라파스와 우간다 캄팔라가 회담까지 하는 셈이다."[7]

커피를 마시는 것과 같은 아주 짧고 단순하고 일상적이며 특별하지 않은 행동을 할 때도 뇌는 복잡하고 빠르게 움직인다. 그러니 십자말풀이의 칸을 채우거나 교향곡을 작곡하거나 옆으로 재주를 넘거나 로스쿨을 그만두어야 하나 말아야 하나 결정할 때는 뇌가 어떨지 상상해 보자.

퀴팅을 할 때의 뇌의 움직임은 놀라울 만큼 복잡하다. 비록 제브라피시처럼 작은 동물이 꼬리를 움직이다가 일시적으로 멈추는 정도의 행동일지라도 말이다.

그런데 나는 궁금해졌다. 왜 신경과학 연구실에서는 제브라피시를 대상으로 실험을 할까? 왜 똑같이 생긴 제브라피시 용기가 아렌스나 엥게르트 같은 과학자의 연구실에서 호출되길 기다리며 선반에 길게 늘어서 있을까?

척박한 환경에서도 잘 사는 이 열대 피라미는 인도와 남아시아의 강에서 쉽게 찾아볼 수 있어 가격이 저렴하고 번식 속도가 빠르다. 신경세포가 바쁘게 활동할 때 초록색으로 밝게 빛나도록 유전자를 조작하기도 쉽다. 게다가 치어 단계의 제브라피시는 몸이 투명해 신경세포를 관찰하기에도 수월하다. 이에 대해 사바르는 다음과 같이 언급했다.

"제브라피시의 머릿속을 읽으려면 그저 보기만 해도 된다."[8]


## '꺼짐' 스위치가 제거된 뇌에는 무슨 일이 일어나는가

제브라피시는 본능적으로 물의 흐름을 거슬러 헤엄치는데, 속도는 느리지만 꾸준히 앞으로 나아간다. 아렌스 연구진은 가상현실 기술을 활용해 제브라피시의 힘찬 헤엄을 방해하고 이들에게 그만두고 싶어질 수준의 좌절을 안겼다.

연구진은 움직이는 막대를 비추는 화면을 수조에 설치하여 시각적 피드백을 해주었다. 그 막대는 아무리 힘차게 헤엄쳐도 앞으로 나아가지 못한다고 생각하게끔 만든다. 제브라피시는 열심히 헤엄쳐도 그 어느 곳으로도 빠르게 가지 못한다고 느낄 것이다.

아렌스의 설명에 따르면 제브라피시가 맨 처음 보인 반응은 더 열심히 헤엄치는 것이었다. 이들은 에너지를 점점 더 많이 쏟아부어 앞으로 나아가려고 애썼다. 하지만 잠시 후에는 그만두었다. 제브라피시는 아렌스가 '무의미함으로 유발된 수동성'이라고 부르는 상태에 접어들었다.

익숙한 이야기일 것이다. 1장에서 살펴보았듯이 동물은 무의미한 일에 소중한 에너지를 허비하지 않는다. 그렇게 하지 않으면 생명을 담보할 수 없기 때문이다.

아렌스 연구진은 영상 기술을 사용해 퀴팅 현상이 발생하는 순간 제브라피시의 뇌 속에서 어떤 일이 벌어지는지 추적할 수 있었고, 이를 통해 동물의 행동을 촉발하는 데 관여하는 '특정 신경세포'를 정확히 찾아낼 수 있었다. 그들은 이 신경세포를 발견함으로써 퀴팅을 과학적으로 해석하는 데 커다란 진전을 이루었다.

연구 초기에는 제브라피시 때문에 당혹스러운 일도 있었다. 아렌스가 당시를 떠올리며 해준 설명에 따르면, 제브라피시가 포기했을 때 맨 처음 작동한 것은 신경세포가 아니라 물고기와 인간을 비롯한 모든 동물에게서 찾아볼 수 있는 신경아교세포glial cell라고 하는 다른 형태의 뇌세포였다.

신경세포와 달리 신경아교세포는 전기신호를 일으키지 않는다. 도움세포라고도 불리는 이 세포는 더 중요한 신경세포만 돕는 것으로 알려졌다. F1 레이싱 등 경주용 자동차를 신속 정확하게 정비하는 팀과 비슷하다. 아렌스는 다음과 같이 말했다.

"신경세포는 최대한 빠르게 움직이도록 최적화되어 있습니다. 신경아교세포는 이보다 느리게 작동하는 것으로 알려져 있고요."

이제 과학자들은 신경아교세포가 기존에 이해했던 것보다 더 큰 역할을 하며, 기억 처리나 면역계 반응 같은 필수 기능에 결정적인 역할을 한다고 생각한다.[9] 현미경으로 본 신경아교세포는 활동을 돕는 신경세포 주변에 촉수를 이리저리 엮은 모습이 마치 별이 폭발하고 난 뒤의 너저분한 잔해처럼 보였다.

아렌스는 이렇게 말했다.

"이제까지 신경아교세포를 영상화하여 세포 내에서 활동이 일어난다는 것은 알았지만 무엇을 위한 활동이었는지는 몰랐습니다. 전 신경아교세포가 단순히 신경세포를 건강하게 유지하기 위해서만 존재한다고는 생각하지 않습니다."

아렌스는 제브라피시가 포기하는 순간 세 종류의 신경아교세포 중 방사형 별아교세포astrocytes가 활성화되었다고 덧붙였다.

2019년 〈셀〉에 발표된 실험 결과를 간략히 요약하면 이렇다. 신경아교세포는 제브라피시가 하는 노력을 추적하고 그 노력이 한계점을 넘으면 그만두라는 직설적인 메시지를 보낸다. 그 한계점이 무엇인지는 과학자들이 아직 모르지만, 특정 횟수보다 많이 시도하는 경우로 추정된다.[10]

그러니까 물고기가 좌절할 때 반응해 포기하도록 지시하는 것은 널리 알려진 신경세포가 아니라 이전에는 알려지지 않았던 별아교세포다. 이것은 신경과학계에서 엄청난 발견이었다. 아렌스는 이렇게 말했다.

"우리는 별아교세포가 이 신경 회로를 완성하는 데 꼭 필요하다는 사실을 밝혀냈습니다. 그동안 별아교세포의 역할에 대해 숱한 가설이 있었지만, 살아 있는 뇌 안에서의 역할을 명확하게 밝히지는 못했지요."

아렌스는 자신의 가설을 다시 한 번 검증하기 위해, 레이저를 이용해서 그만두는 과정에 관여하는 별아교세포가 활동하지 못하도록 했다. 그러자 혹독한 훈련을 통해 꼴찌팀을 우승까지 끌어올린 미식축구 감독 '빈스 롬바르디'를 기쁘게 할 만한 물고기가 탄생했다. '꺼짐' 스위치가 없는 물고기가 되어버린 것이다.

"별아교세포를 제거하거나 기능을 무력화하면 근본적으로 포기할 줄 모르는 물고기가 됩니다."

아렌스 연구진이 별아교세포를 조작하여 신경아교세포가 활성화되도록 하자 정반대의 결과가 나타났다. 물고기는 아주 쉽게 헤엄을 멈추며 자발적으로 그만두었다. 과학자들은 가상현실을 이용해 노력이 소용없다고 믿게끔 물고기를 속일 필요가 없었다. 별아교세포만 제대로 작동한다면 물고기는 끈기를 발휘하려는 시도조차 하지 않았다.

## 노력이 좋은 결과를 보장하진 않는다

제브라피시의 이 획기적인 실험 결과가 의미하는 바는 무엇일까? 더 행복하고 생산적인 삶을 살고자 하는 우리에게 어떤 이득이 있을까?

우리는 퀴팅이 뇌의 핵심 기능임을 알았다. 아렌스가 진행하는 기초과학 연구는 다음 단계인 응용과학과 의학의 기반을 마련하는 데 도움이 된다. 신경과학에서는 단계를 건너뛸 수 없다. 이전 단계의 결과를 바탕으로 그 위에 연구와 실험을 계속 쌓아야 통찰을 얻을 수 있다. 그렇다면 인간의 뇌 속 별아교세포에 변화를 주어 그만두거나 그만두지 않도록 하는 자극을 조절할 수 있을까?

아렌스는 답했다.

"같은 메커니즘을 활용해 수동적인 상태가 되도록 만드는 일은 가능성이 꽤 높아 보입니다. 하지만 미지의 영역이죠."

아렌스의 실험 결과가 인간에게 궁극적인 영향을 미치기까지 수년이 걸릴 수 있고, 그 과정에서 수많은 실험이 필요할 수 있다. 아렌스 연구진은 별아교세포가 어떤 식으로 맡은 역할을 하는지 계속 연구하고 있다. 그들의 의문 중에는 이런 것도 있다.

어떤 화학물질이 어떤 순서로 분비되어 물고기에게 그만두거나 계속하라고 지시하는 신경세포의 활동을 조절하는가?

아렌스가 분명하게 말할 수 있는 사실은, 인간의 뇌가 어떤 식으로 노력을 조절하는지, 그 노력이 유기체의 생존 가능성에 이바지하지 않을 때 어떤 식으로 중단하는지 이전보다 더 이해하게 되었다는 것뿐이다.

아렌스는 오랜 시간 동안 끊임없이 노력해서 놀라운 연구 성과를 얻었음에도 그릿의 가치에 의구심을 품는 내 의견에 동의했다.

"저는 '절대 포기하지 마'라는 말을 좋아하지 않습니다. 그게 항상 옳은 전략은 아닙니다. 그동안 노력을 쏟아부었다는 사실을 무시할 줄도 알아야 합니다. 노력을 많이 했다고 결과가 더 가치 있지는 않습니다."

## 도파민과 퀴팅의 상관관계

마이클 브루카스는 생각하기에 대해 깊이 생각한다. 이는 신경과학자로서 그가 하는 일의 일부다. 하지만 최근 몇 년 사이에 워싱턴대학교 연구실에서 동료 서른 명과 함께 이룬 성과를 이야기하는 그의 흥분된 목소리를 들어보니, 단순히 일 이상의 의미가 있음을 알 수 있었다. 브루카스는 힘주어 말했다.

"전 이 일에 열과 성을 다하고 있습니다."

브루카스의 공식 직함을 보면 그가 하는 일이 얼마나 광범위하고 복잡한지 알 수 있다. 그는 마취학·통증의학·약리학 교수이자 학교 부설 기관인 중독·통증·감정 신경생물학 특화센터의 생명공학 부서에서 일한다.

브루카스는 뇌가 얼마나 놀랍고 뛰어난 일을 할 수 있는지, 뇌가 어떤 식으로 작용하여 우리가 산을 오르고 목도리를 뜨고 소네트를 쓰고 수학 방정식을 풀고 달걀 거품을 내 수플레를 만들 수 있는지 알고 있다. 또한 뇌가 우리에게 끔찍한 고통을 안겨줄 수 있다는 사실도 안다. 임상적 우울증부터 조현병, 약물과 알코올 의존증, 폭식증, 불안장애, 강박장애를 비롯한 정신질환으로 괴로워하는 사람들에게 지속적으로 정서적 고통을 안길 수 있다는 것도 말이다.

브루카스는 우리가 뇌에 대해 알면 알수록 그러한 고통을 완화하기가 더 수월해지리라 생각한다. 그리고 우리가 그만두기에 대해, 뇌가 행동을 바꾸기로 정하는 순간에 대해 알면 알수록 뇌를 전반적으로 더 잘 이해하게 될 것이다.

## 퀴팅이 필요한 순간

나는 아인슈타인의 이론을 이해해 보기로 마음먹었다. 책을 한 권 찾아서 익숙하지 않은 말들을 모두 내가 이해할 수 있는 말로 옮기기로 했다. 그래서 와이드너도서관에 갔고, 이왕이면 아인슈타인이 직접 쓴 책이 좋을 것 같았다. 그는 자기 이론을 이해했을 테니까.

맨 처음 세 쪽은 꽤 잘 읽혔다. 하지만 이튿날 이해할 수 없는 방정식을 만났고, 그렇게 내 시도는 끝나고 말았다. 나는 벽에 부딪혔다. 그렇지만 그건 중요한 걸음이었다. (…) 2학년이 끝날 무렵 나는 적어도 아인슈타인과 이야기를 나누면 도움을

받을 수 있을 정도로는 상대성이론의 철학적 배경을 이해했
다고 생각했다.

- 제러미 번스타틴[11]

브루카스는 퀴팅에 관한 자신의 연구를 이렇게 설명했다.

"연구를 통해 두 집단의 사람들에게 도움을 줄 수 있습니다. 의
욕이 충분하지 않은 우울한 사람들과, 정반대로 잘못된 쪽으로 의
욕이 지나쳐서 약물을 남용하게 되는 사람들입니다. 특정 수용체
를 표적으로 삼아 특정 행동을 조절할 수 있습니다. 우리는 신경
세포의 조절을 이해하는 데 초점을 맞추고 있습니다."

브루카스는 이어서 말했다.

"뇌에는 전기신호와 화학신호가 있습니다. 우리는 조절 장치
역할을 하는 화학전달물질을 집중적으로 연구합니다. 생쥐와 집
쥐를 대상으로 실험하며 화학신호의 강도를 높이기도 하고 낮추
기도 했습니다. 이 화학신호는 수천 년에 걸쳐 진화한 수용체 무
리가 수신합니다. 우리는 무엇이 신호를 전달하는지 알아내려고
애쓰는 중입니다."

2019년 브루카스 연구진은 획기적인 발견을 보고했다. 통각
신경세포nociceptin neuron라고 부르는, 의욕에 관여하는 신경세포와
신경세포가 연결된 수용체 사이의 상호작용이 어디에서 어떻게
일어나는지 정확히 찾아냈다. 뇌 중앙에 있는 복측피개영역ventral
tegmental area, VTA이라고 하는 부위에서 이 특별한 신경세포가 노시

셉틴을 분비하여 도파민을 억제한다.[12]

오늘날 우리는 도파민을 알고 있다. 뇌의 파티플래너 역할을 해 즐겁게 지내도록 해준다고 널리 알려졌기 때문이다. 도파민은 우리가 음식, 음악, 섹스 같은 것을 통해 느끼는 즐거운 감정을 담당한다. 본질적으로 신경세포 사이를 오가는 전달물질인 도파민은 즐거운 시간뿐만 아니라 의욕과도 관련이 있다. 노시셉틴 분자가 하는 일 중 하나가 도파민을 억제하는 것인데, 그렇게 되면 퀴팅에 성공할 수 있다.

브루카스 연구진은 쥐가 충분히 먹었다고 판단하고 먹기를 멈추는 바로 그 순간에 통각신경세포가 더 활성화된다는 사실을 실험으로 알아냈다. 브루카스의 설명에 따르면 노시셉틴이 수용체에 결합하여 도파민 흡수를 차단하는 단백질을 분비하면 도파민이 억제된다. 그러면 도파민이 주는 만족감을 느끼지 못한 쥐는 낙담해서 그만두게 된다.

그렇다면 통각신경세포가 퀴팅을 유발하는 것일까? 아니면 그만두기가 통각신경세포의 활동을 촉발하는 것일까?

브루카스는 "그건 아직 모릅니다"라고 인정했다. 브루카스 연구진은 이에 대한 답을 열심히 찾고 있다. 답을 찾으면 향후 강박성 도박을 비롯한 중독 문제로 고생하는 사람들의 증상을 완화할 장기적 방안을 더욱 구체화할 수 있다.

"슬롯머신 앞에 있는 사람을 떠올려 보십시오. 그들은 몇 번이고 돈을 넣습니다. 계속 그럴 겁니다. 하지만 어느 시점에 한계가 오면 그만둡니다."

브루카스 연구진은 실험실에서 이 시나리오를 똑같이 따라 했다. 생쥐가 코로 버튼을 누르면 사료 알갱이를 받도록 한 것이다.

"먹이를 또 먹고 싶으면 두 번, 그다음에는 네 번, 열여섯 번을 누르도록 했습니다. 눌러야 하는 횟수가 기하급수적으로 증가하도록 설계했지요. 결국 생쥐가 '100번씩 누르지는 않을래'라고 생각할 정도로요. 한계점에 도달하는 겁니다."

우리 모두 그게 어떤 느낌인지 알고 있다. 할 만큼 했을 때 드는 그 느낌 말이다. 뭔가가 안에서 툭 끊어진다. 그걸 잔을 넘치게 하는 마지막 한 방울이라고 부를 수도 있다. 그렇게 신물 난 우리는 멈춰버린다.

그 순간을 '아니, 난 그만할래' 순간이라고 부르자. 부르카스의 말에 따르면, 동물의 뇌를 관찰하여 이 순간에 통각신경세포가 갑자기 증가하는 현상을 알아낸 것은 중대한 발견이다. 그의 바람은 향후 몇몇 제약회사의 연구개발 부서에서 VTA 활동을 조절할 수 있는 약물을 만들어 중독에서 벗어나는 데 도움을 주는 것이다. 동시에 그는 조심스러운 입장도 취했다.

"까다로운 문제입니다. 다른 뇌세포에서는 무슨 일이 일어나는지 모르거든요. 한 가지를 차단하되 다른 세포의 활동에 지장을 주면 안 됩니다. 그래서 우리는 언제나 자문합니다. '뇌의 저 부위는 왜 존재하는 걸까? 왜 그런 식으로 설계되었을까?'하고 말입니다. 끈기는 뇌에서 자연히 조절되는데, 그 조절 경로는 다양할 수 있습니다."

## 퀴팅은 뇌의 에어로빅이다

인간의 뇌에서 퀴팅은 그리 단순하지 않다. 퀴팅은 우리가 뇌에 요구하는 가장 어려운 작업이라고 밴더빌트대학교에서 심리학과와 컴퓨터공학과 부교수로 재직 중인 틸로 보멜스도르프 박사는 말한다. 그만두려면 인지적 유연성이라는 능력이 필요한데, 과학자들이 인지적 유연성의 범위와 복잡함을 이제 겨우 이해하기 시작했기 때문이다.

뇌에 한 번도 해본 적 없는 새로운 일을 하라고, 다시 말해 기존에 하던 것을 그만두고 새로운 방향으로 가라고 자주 요구할수록 다행히도 뇌는 그 일을 더 잘하게 된다. 뇌는 활동할수록 행복하다. 퀴팅은 뇌에 있어서 에어로빅 같은 것이다.

보멜스도르프의 말에 따르면, 최근 실험에서 연구진은 뇌가 현재 상태를 유지할지 아니면 다른 상태로 옮겨 갈지 결정하는 것을 무척 어려워한다는 사실을 발견했다. 보멜스도르프는 이를 '갈까 말까' 결정이라고 부른다.

"뇌가 방침을 바꾸어 새로운 무언가를 해야 할지 말아야 할지 판단하려면 가능한 선택지를 모두 고려해야 합니다. '이것 말고 또 뭐가 있지? 이미 받은 보상은 어느 정도지? 앞으로 또 얼마나 받게 되지?' 같은 것들입니다. 갈까 말까 결정하는 데 필요한 자료를 얻으려면 뇌의 여러 영역이 연결되어 있어야 합니다."[13]

보멜스도르프가 내슈빌의 연구실에서 설명한 바에 따르면, 우리 뇌에는 유연성을 발휘해 경로를 바꾸도록 결정하는 데 특화된 영역이 있는 것으로 추정된다. 물론 현재 상황이 변화 이후에 맞이하게 될 상황보다 더 낫다고 판단되면 경로를 바꾸지 않기로 결정을 내릴 수도 있다.

2020년 〈미국 국립과학원 회보〉에 발표한 보고서에서 보멜스도르프는 같은 학교의 공학과, 정보과학과 및 밴더빌트 뇌 연구소 동료들과 함께 이 영역의 위치와 기능을 보여주는 실험 결과를 논의했다.

"뇌에서 이러한 기능을 담당한다고 파악한 영역이 몇 군데 있습니다."

가능성이 높은 영역 중 하나는 기저핵의 외투막 아래다. 이 영역에는 피아노 연주 같은 활동에 필요한 소근육 운동을 능숙하게 해주는 신경세포가 모여 있다. 보멜스도르프와 동료들은 피아노 건반에서 손을 힘껏 펼쳐 한 옥타브를 치는 것과 같은 신체 유연성이, 여러 선택지와 전략과 그에 따른 잠재적 결과를 고심하여 결정을 내리는 뇌의 유연성에도 도움을 준다고 추측한다.

보멜스도르프 연구진은 토론토 요크대학교의 비전 리서치센터와 합동으로, 뇌가 여러 가능성 중 하나를 선택하는 까다로운 임무를 수행하는 동안 뇌세포 활동을 측정하는 실험을 진행했다.

뇌는 매우 활발하게 반응했고 어려운 문제를 만났을 때 특히 더 활발해졌다. 과제에 숙달되고 나면, 다시 말해 뇌가 결과를 확신하게 되면 신경세포의 활동은 감소했다. 하지만 새로운 문제를 마주하자 뇌세포 활동은 즉시 증가했다. 익숙함은 뇌에서 현실 안주로 이어졌다. 다시 말해 뇌는 어려운 일에 도전할 때 진정한 쾌감을 느낀다. 보멜스도르프 연구진 소속이자 보고서 제1 저자인 키아누슈 바나이 보루제니는 연구 결과를 다음과 같이 요약했다.

"이들 신경세포는 뇌 회로가 과거에 의미 있었던 정보와 빈약했던 연결고리를 재구성하고 전환해 의미 있는 새로운 정보에 주목하도록 도와주는 것으로 보인다."[14]

뇌 가소성은 이제 널리 알려져 있다. 살아가는 내내 변화하며 새로운 상황에 적응하는 뇌의 능력, 즉 필요할 때 스스로 연결을 재정비하는 능력을 뇌 가소성이라 한다. 과거의 과학자들은 사실상 기능은 알지만 작동 원리를 이해할 수 없는 복잡한 장치로 뇌를 봤다. 그래서 사람은 태어날 때의 신경세포 수로 평생을 살아간다고 생각했다.

지금은 그때보다 더 잘 알게 되었다. 뇌 가소성 덕분에 우리는 70대가 되어도 바순 연주법이나 탱고를 배울 수 있다. 문학 교수였던 토드 파커가 전혀 다른 여러 기술과 방대한 분량의 새로운 정보를 익혀서 정식 간호사가 될 수 있었던 이유이기도 하다.

뇌가 이런 일들을 할 수 없다면 어떻게 될까? 때로는 선천적·후천적으로 뇌가 제대로 기능할 수 없게 되어 인지 작용에 지장이 생길 수 있다. 보멜스도르프의 말에 따르면, 인지적 유연성을 담당하는 신경세포가 제대로 작동하지 않으면 사람들은 한 가지 일에서 다른 일로 주의를 전환할 수 없을지도 모른다. 꼼짝없이 갇혀 새로운 환경에 적응하지 못하는 것이다. 이와 반대로 너무 쉽게 주의를 전환하면 정반대의 문제에 봉착한다. 그런 사람들은 "아무리 짧은 시간이라도 중요한 정보에 집중할 수 없다".

보멜스도르프는 자신의 연구가 강박장애를 비롯해 이와 유사한 문제로 고통받는 사람들에게 언젠가는 도움이 될 수 있기를 바란다. 그 단계에 이르면 보멜스도르프는 밴더빌트대학교의 다른 학과 동료들과 함께 조현병과 알츠하이머병처럼 정신을 쇠퇴시키는 질병의 치료제를 개발하고 있을 것이다. 그는 뇌가 활동 중일 때 그 안에서 어떤 일이 일어나는지, 그 일이 어디에서 어떻게 일어나는지 더 많이 알게 될수록 앞서 말한 목표에 도움이 될 것이라고 말한다.

보멜스도르프는 지금 우리가 아는 지식을 전부 동원해 봤자 인지적 유연성의 기초가 되는 신경세포망을 완전히 이해하는 문턱에 간신히 도달한 정도라며 주의를 준다. 신경세포는 우리가 포기할지 아니면 계속할지를 결정할 수 있도록 해주는 '매우 빠른 전환과 변화'에 관여한다.

"뇌에는 어떤 행동을 그만두어야 할 때 다른 신경세포를 억제하는 신경세포가 있습니다. 이 과정에서 우리가 하고 싶어 하는 일에는 제약이 사라집니다. 이렇게 신경세포에서 벌어지는 일들 덕분에 우리는 한 가지를 그만두고 다른 것을 할 수 있는 겁니다."

실제로 '하던 것을 그만두고 다른 무언가를 시도하게 하는 회로'가 있을지도 모른다. 보멜스도르프가 하는 연구의 종합적인 목표는 손가락을 까딱하는 정도로 단순한 동시에 놀라우리만치 복잡하다. 바로 '그 회로를 찾는 것'이다.

## 생물학적 그만두기와 상반된 문화적 그만두기

뇌는 어려운 일에 부딪히면 더욱 활발하게 활동한다. 과학자들이 다양한 실험을 통해 증명했듯, 어떤 활동을 그만두고 다른 활동을 시작하면 새로운 활동 수행에 뇌가 몰입하여 문제 해결 능력이 강화되고 성과가 높아진다. 이런 면에서 우리는 다른 동물과 많이 닮았다.

우리의 뇌는 제대로 기능하면 주기적이고 전략적으로 그만두도록 설계된 듯하다.

한 가지 결정적인 면에서 우리는 다른 동물과 완전히 다르다. 그 차이 때문에 우리가 퀴팅에 상충하는 태도를 보이는지도 모른다. 그만두는 것이 영리한 선택인 상황에서도 무언가가 퀴팅을 방해할 수 있다.

새폴스키는 《행동: 인간의 최선의 행동과 최악의 행동에 관한 모든 것》에 이렇게 썼다.

"우리는 때로 다른 동물과 정말 똑같다."[15]

과학자들은 우리를 다른 생명체와 함께 묶어 우리가 하는 행동과 그 이유를 폭넓게 일반화할 수 있다. 하지만 새폴스키는 늘 그렇지는 않다며 덧붙였다.

"때로 우리가 인간으로서 지니는 특성을 이해하는 유일한 방법은 오직 인간만 고려하는 것이다. 인간이 하는 일은 유일무이하기 때문이다. (…) 우리는 삶의 본질에 관한 믿음을 전제로 문화를 구축하고 그 믿음을 여러 세대에 걸쳐 전달할 수 있다."

우리가 아무리 독립적으로 생각하고 스스로 결정한다고 믿고 싶어도, 우리는 결국 더 큰 사회의 일부다. 그 세계에서 벗어날 수는 없다. 우리의 뇌는 순수하게 생각만 하는, 꼼꼼하게 봉인된 엔진이 아니다. 반 데어 콜크는 "사회 환경과 뇌의 화학작용은 서로 영향을 미친다"라고 일깨워주었다.[16] 그리고 동식물 연구가 베른트 하인리히는 저서 《생명에서 생명으로》에서 이에 대해 다음과 같이 언급했다.

"문화란 지난 시대의 유기체가 우리 발밑에 만들어놓은 백악이나 석회암 같은 것이다. 문화는 오랜 세월 동안 축적된 우리의 지식, 기이한 버릇, 열망이 남긴 유산이다. 문화는 식물이 뿌리를 통해 영양분을 흡수하듯 우리가 눈과 귀를 거쳐 뇌로 흡수하는, 물리적 실체가 없는 생명력이다."[17]

우리는 노래, 시, 소설, 영화, TV 시리즈, 비디오게임, X의 트윗, 인스타그램 포스팅, 광고, 옥외광고판, 슬로건, 밈 등 아이디어를 예술적으로 표현한 것들에 파묻혀 살아간다. 이런 것들이 욕망을 만들어내고 태도와 행동에 영향을 미쳐 우리를 형성한다.

이들은 우리에게 다르게 작용하기도 한다. 그만두기를 어떻게 생각해야 하는지 알려주는 것이다.

> 뇌를 민첩하고 유연하게 유지하려면 어떻게 해야 할까? 뇌는 몸과 같아서 움직임과 변화를 간절히 원한다. 그러니 방법과 목표를 지속해서 재검토하는 것은 충분히 가치 있는 일이다. 삶에서 대안이 될 가능성을 깊이 생각해 보자. 먼저 그만두기로 마음먹는 것을 항복으로 받아들이지 말아야 한다. 퀴팅을 뇌의 에어로빅이라고 생각하고, 편안한 마음으로 그만두자.

## chapter 3

# 제니퍼 애니스턴이 퇴사하는 법
# : 멋지게 작별을 고하는 기술

혼란스럽겠지만 받아들이세요. 복잡하겠지만 그 와중에도 기뻐하세요.

그리고 두려워하지 마세요. 마음은 언제든 바꿀 수 있어요.

제가 잘 알죠. 직업 넷과 남편 셋을 거쳤거든요.[1]

- 노라 에프런, 〈해리가 셀리를 만났을 때〉 각본가

컬트적 인기를 자랑하는 영화 〈뛰는 백수, 나는 건달〉(1999)의 한 장면을 살펴보자. 제니퍼 애니스턴이 연기한 조애나는 안경쟁이 상사 스탠과 그가 억지로 입힌 유치한 배지가 주렁주렁 달린 종업원 유니폼에 넌더리가 났다. 상사가 그녀에게 '센스'가 없다며 반복해서 지적질을 하자 조애나는 폭발하고 만다. 할 만큼 했기 때문이다. 이제 끝이다. 그녀는 참을 만큼 참았다.

공감이 가지 않는가?

그다음에 일어나는 일을 보여주는 유튜브 영상은 조회수가 160만 회가 넘는다. 이 영상은 태초부터 영혼을 빨아먹는 모든 직장에서 모든 멍청한 상사가 정한 모든 바보 같은 규칙에 반항하는 것을 상징하는 밈이 되었다. 조애나는 그 장면에서 이렇게 외친다.

"난 이 일이 지긋지긋해. 이 빌어먹을 일이 싫다고. 이딴 일은 필요 없어!"

그리고 가운뎃손가락을 과장되게 내밀어 보이며 나가버린다. 이 장면이 이렇게 인기 있는 것만 봐도 그만두는 행위가 사람들에게 얼마나 깊은 반향을 일으키는지 알 수 있다. 퀴팅의 시작은 뇌일지 모르지만, 그 뇌가 살고 있는 곳은 현실 세계이기 때문이다. 문화적 세계이자 〈뛰는 백수, 나는 건달〉의 세계이자 창의적으로 퀴팅을 실천한 세계이기도 하다.

조애나의 행동을 무자비한 기업에 대항해 투쟁하며 노동자의 권리를 위해 한 방 날린 것으로 보든, 아니면 순간 흥분해서 욱하는 감정을 분출한 것으로 보든, 마음의 요동 없이 중립적인 태도를 취할 사람은 많지 않을 것이다.

이와 유사한 예로 미국 드라마 〈나의 직장상사는 코미디언〉 시즌2 17화에서 매니저 지미가 기획사를 갑자기 그만두는 장면을 무덤덤하게 본 사람도 거의 없을 것이다. 손뼉을 치며 환호하거나 눈앞의 일밖에 보지 못하는 그의 어리석음에 몹시 당황하거나 둘 중 하나였을 것이다.

그만두는 장면에 보이는 반응에는 중간이 없다. 그래서 이런 장면을 보고 어떤 반응을 보이는지 살펴보면 실제로 스스로가 그만두기에 대해 어떻게 느끼는지 가늠할 수 있다. 지미와 조애나가 본인의 의견을 명확하게 밝히는 장면을 보고, 다음에 상사에게 핀잔을 들으면 똑같이 하고 싶다는 생각이 더 커지지 않았는가? 아니면 정반대일 수도 있다. 성급한 성격에 무모한 행동을 잘하는 사람이 누군가가 충동적으로 그만두는 장면을 보고 나는 좀 더 인내하고 참겠다고 다짐할 수도 있다.

매슈 스펙터는 로스앤젤레스를 회고하며 쓴 책《늘 같은 차에 부딪혔어Always Crashing in the Same Car》에서 현실에서 우리가 누구인지 일깨워 주는 것이 영화의 역할이라고 했다. 그는 "우리는 예술을 통해 자신을 발견한다"[2]라고 썼고 "나는 예술과 삶이 서로를 쫓는 관계라고 생각한다"[3]라고 덧붙였다.

영화나 음악 등의 오락이 반드시 교훈을 주어야 하는 것은 아니다. 단지 직접 행동으로 옮기기 전에 영화나 TV 쇼, 소설 속 등장인물을 통해 그만두는 기분을 대신 느낄 수 있다. 그런 식으로 그만두는 것을 보고 어떤 기분이 드는지, 우쭐하고 해방된 기분인지 아니면 위축되고 후회스러운 기분인지를 살펴보는 것이다.

"이런 장면들이 유행하는 밈이 된 데는 이유가 있습니다. 프레임 하나에 아주 많은 의미가 담겨 있거든요."[4]

런던에서 활동하는 예능 방송작가 에밀리 젬러가 말했다. 그녀는 미국 드라마 〈매드맨〉에서 페기가 그만두고 담배를 문 채 짐을 챙긴 상자를 들고 복도를 걸어가는 장면을 예로 들었다. 젬러는 우리가 그런 장면에 끌리는 이유를 다음과 같이 설명했다.

"그 장면이 우리의 욕망을 대변하기 때문입니다. 구체적으로 말하자면 스스로 실천할 기회가 없을지 모를 욕망이지요. 퀴팅은 배짱이 두둑해야 할 수 있는 행동이자 매우 위험한 행보입니다. 짜증 나게 구는 상사에게 한마디 하고 싶지 않은 사람, 자질구레한 일만 시키면서 센스 운운하는 직장을 떠나고 싶지 않은 사람이 있을까요? 다들 꿈은 꾸지만 실제로 이룰 수 있는 사람은 극히 일부이지요."

퀴팅이 나오는 장면들은 대체로 문화적 규범을 벗어난다. 그래서 사회질서를 뒤엎는 데 대한 대리만족을 느끼는지도 모르겠다.

오랜 세월 퀴팅은 우리가 할 수 있는 최악의 판단이자 게으른 겁쟁이의 종착지로 묘사된 적이 많았다. 고전 영화 속 영웅들도 남녀를 가리지 않고 포기할 줄 모른다. 〈하이 눈〉(1952)에서 게리 쿠퍼가 연기한 윌 케인은 마을 사람들이 겁에 질리자 악당에 홀로 맞섰다. 〈진정한 용기〉(1969)에서 루스터 콕번(존 웨인)은 정의를 향한 탐색을 포기하지 않았고, 〈실크우드〉(1983)에서 캐런 실크우드(메릴 스트립)는 자신의 생명이 위태로웠음에도 진실을 폭로하기로 마음먹었다.

이런 상징적인 영화들은 퀴팅이 겁쟁이의 탈출구라는 개념을 확고히 하는 데 일조했다. 사회심리학자이자 《게으르다는 착각》의 저자 데번 프라이스는 다음과 같이 말했다.

"사람들은 우리를 둘러싼 미디어가 얼마나 깊은 영향을 미치는지 과소평가합니다. 그렇기에 수십 년 동안 감당 못 할 정도로 밀려든, 굳세고 투지 넘치고 독립심 강한 영웅의 이미지가 우리에게 강한 영향을 미쳤다는 것은 조금도 놀랍지 않습니다. 우리는 아주 어린 나이부터 미디어 속 비유에 둘러싸여 있습니다. 그런 메시지를 꼬치꼬치 따져 묻거나 그에 의문을 제기하도록 배우지도 않았고요. 우리는 아주 어린 시절부터 TV 프로그램, 광고, 영화, 이제는 소셜미디어 영상에까지 포격당하고 있습니다. 그래서 이런 것들을 통해 세상이 어떻게 돌아가는지, 그 세상에 있는 우리는 누구인지, 우리가 어떻게 행동해야 할지를 논리적으로 추론하려고 합니다. 이런 현상이 인간의 행동에 다방면으로 광범위한 영향을 미친다는 것이 입증되었습니다."[5]

프라이스는 문화적 이미지가 교묘하면서도 매우 효과적으로 영향을 미친다고 생각한다.

"우리는 피곤하거나 외롭거나 탈출구를 찾고 싶거나 아니면 우리가 받아들이는 것에 의문을 제기할 생각이 없을 때 수동적으로 미디어를 소비하는 경향이 있습니다. 그래서 시간이 흐르면 미디어가 매우 쉽게 우리의 기대와 견해를 형성하게 됩니다."

프라이스는 바로 이런 식으로, 우리가 온전히 인식하기도 전에 그릿이라는 신화가 비열한 짓을 할 수 있었다고 말한다.

"그릿이라는 신화는 미국이 어떤 나라인지에 대한 신화, 프로테스탄트 직업윤리, 종교적·문화적 프로그래밍과도 깊이 연관되어 있습니다. 그릿은 이러한 조건 형성을 심화하는 역할을 할 뿐입니다.”

조애나가 멍청한 샌님 매니저에게 가운뎃손가락을 들었을 때 우리 대부분이 춤이라도 추고 싶다고 느낀 것은 당연하다. 나이가 많고 인기가 떨어졌다는 이유로 데버라(진 스마트)를 고객 명단에서 빼버리라는 상사의 명령을 거역하고 매니저 지미가 그만두었을 때도 마찬가지다. 그 장면에서는 마치 크림전쟁에서 무모하게 돌격한 기병 여단을 보는 것 같은 용기와 희생이 느껴진다.

문화는 우리의 일상 구석구석에 스며들어 있다. 에즈라 클라인은 2021년 6월 18일 팬데믹 이후의 경제에 대해 다룬 팟캐스트를 〈뉴욕 타임스〉에 업로드할 때 붙일 제목을 고민하고 있었다. 그는 연방준비제도나 주택저당증권 같은 것에서 제목을 찾지 않고, 1978년에 데이비드 앨런 코가 쓰고 조니 페이첵이 부른 유명 컨트리 발라드를 참고하여 ‘일을 구한 다음 때려치우는 경제’라고 제목을 달았다.

고전문학에도 퀴팅이라는 주제가 널리 퍼져 있다. 얼마나 오래 전에 쓰였는지와 상관없이 소설과 희곡에는 여러분이 바로 지금 직면한 딜레마를 똑같이 반영했을지 모를 긴박한 상황이 가득하다. 예컨대 헨리 제임스의 《여인의 초상》 속 이저벨 아처나 헨리크 입센의 《인형의 집》 속 노라를 보며, 그저 그런 관계를 끊고 자유로워질 것이냐 아니면 관습에 따라 계속 이대로 지낼 것이냐를 두고 선택할 수 있다. 《모비 딕》의 에이허브처럼 간절히 그만두고 싶은 건강하지 못한 집착과 씨름할 수도 있다.

혹시라도 그만두는 장면이 누군가가 최후통첩을 날리고 휘몰아치듯 나가버리는 식으로 비슷비슷하다고 생각한다면, 이런 장면이 유발하는 감정이 사실상 모두 같다고 생각한다면 더 자세히 들여다볼 필요가 있다.

퀴팅은 그렇게 간단하지 않다.


## 퀴팅을 대하는 우리의 양면성

1982년에 상영된 인기 영화 〈사관과 신사〉에서 마요(리처드 기어)는 해군 조종사가 되기를 간절히 원했다. 하지만 그가 교관의 심기를 너무 많이 건드리자 교관은 혹독한 체력 훈련을 명하는 등 마요를 못살게 굴어 중퇴시키려 한다. 고통과 탈진으로 벼랑 끝에 몰려서도 마요는 이렇게 외친다.

"절 여기서 쫓아낼 수 있을지는 몰라도 제가 자진해서 그만두지는 않을 겁니다!"

이 장면에서 우리는 조애나가 갑자기 그만뒀을 때 느낀 감정과는 정반대로 마요가 포기할까 봐 마음 졸인다. 〈뛰는 백수, 나는 건달〉에서 퀴팅은 자유를 의미한다. 우리는 조애나가 일을 그만두고 떠나기를 응원한다. 하지만 〈사관과 신사〉에서는 퀴팅이 정서적 파괴를 의미한다. 마요는 그만두면 전우와 소속감과 자신의 정체성을 잃을 위기에 빠진다. 마요가 그렇게 되면 관객의 마음이 아프고 슬플 것이다.

이러한 순간들은 우리 자신에 대해, 퀴팅을 대하는 우리의 양면성에 대해, 압박에 무릎 꿇고 물러나는 것에 대한 우리의 애증에 대해 많은 것을 말해준다. 〈브리짓 존스의 일기〉(2001)에서 브리짓 존스가 옹졸한 상사(휴 그랜트)에게 다음과 같이 멋진 마지막 한마디를 남기고 회사에서 나가는 장면이 있다.

"여기 남아 있는 게 당신과 9미터 이내에서 일한다는 뜻이라면, 차라리 사담 후세인 엉덩이나 닦겠어."

〈제리 맥과이어〉(1996)에서 톰 크루즈가 연기한 주인공이 동료들에게 자신과 같이 나가자고 권하며 당당하게 그만두지만 도로시(러네이 젤위거)만 따라 나가는, 고통스럽지만 재미있는 장면은 또 어떤가? 친구의 죽음을 계기로 교외에서 차분하게 살던 생활을 버리고 미지의 대상을 향해 나아가는 이야기를 다룬 시트콤 〈피보팅 Pivoting〉(2022)도 있다. 이 시트콤에서 관습을 깨는 가장 중요한 순간은 세라(매기 큐)가 외상 외과의사 일을 그만두고 식료품점에서 최저임금을 받으며 일하면서도 난생처음 행복해하는 장면이다.

이런 설정이 지나치게 허황되다고 생각할지 모르지만, 응급실 담당의인 내 친구는 모든 TV 프로그램 중 이 장면이 가장 좋다고, 세라를 따라 이직하기를 꿈꾼다고, 일주일 동안 밤샘 근무를 하고 나면 특히 더 그렇다고 했다.

하지만 퀴팅은 부정적으로 비치는 경우가 훨씬 많다. 시트콤 〈애봇 초등학교〉(2021) 시작 부분에서 이름 모를 선생님 한 명이 자, 연필, 머그잔 같은 소지품을 쑤셔 넣은 작은 종이 상자를 움켜

쥐고 학교 정문을 박차고 나온다. 그녀는 온갖 군상이 모인 도심의 학교를 향해 가운뎃손가락을 들어 올린다.

애니스턴이 그만두는 장면과 달리 이 장면은 엉뚱하게 느껴진다. 선생님은 아이들이 감당하기 버거워서 학교를 그만뒀다. 사람들은 이런 식의 퀴팅이 부도덕하다고, 터무니없고 이기적이라고 생각한다.

젬러는 이런 장면을 보는 것이 치료 효과가 있다는 이론을 제시한다.

"좋아하는 등장인물이 그만두면 우리는 그들의 집념과 용기를 본인의 감정처럼 느낍니다. 그 감정에 자극받은 시청자는 실제로 중요한 변화를 시도할 수 있습니다. 꿈도 희망도 없는 무의미한 일을 그만두고 싶어 하는 사람이 혼자가 아니라는 생각에 위안을 얻기도 하지요."

## 퀴팅에 불안이 따르는 이유

〈뛰는 백수, 나는 건달〉에서 애니스턴이 상스럽게 작별을 고했듯, 그만두는 장면은 대체로 웃기게 시작되고 너무 과장되게 포기를 선언한다. 하지만 잠시 후에는 킬킬대던 웃음이 사라지고 뭔가 더 심각한 일이 벌어지고 있다는, 앞으로 일어날 모든 것이 미지의 영역이고 어쩌면 약간 불안정할 수도 있다는 느낌이 든다.

이들 영화에는 문득 치고 들어오는 불안이, 무모함과 두려움이 주는 전율이 흐른다. 사회인, 자녀, 배우자, 어른으로서 책임져야 할 일을 비롯해 두고 떠나려는 모든 것이, 아무것도 모르는 곳으로 뛰어내리기 전에 마지막으로 밟는 단단한 땅처럼 갑자기 안정감 있게 느껴진다. 무질서한 상태가 재미는 있겠지만 그 재미는 잠시뿐이라는 생각도 든다.

> ### 퀴팅이 필요한 순간
>
> 인기 드라마 시리즈인 〈다이너스티〉의 스핀오프 〈더 콜비스〉에서 저는 콘스턴스 콜비 패터슨 역할이었어요. (…) 몇 회가 지나도 제가 계속 같은 말만 하는 것 같아서 시즌1이 끝나고 드라마에서 하차했죠. 사람들이 회차마다 제 연기가 무엇이 다른지 찾아보려 해도 달라진 것은 의상뿐인 것만 같았어요. (…) 콘스턴스는 앞으로 나아가지 않았지만 저는 나아가고 싶었어요. 그래서 그만뒀어요!
>
> – 바버라 스탠윅[6]

그만두는 순간은 엉뚱하고 유쾌하며 멋있어 보일 수 있지만, 시간이 지나 현실이 보이면 정신이 번쩍 들기도 한다. 관객들은 한순간에 충동적으로 모든 것을 내던진 등장인물처럼 "이제 어쩌지?"라고 생각한다. 〈졸업〉(1967)의 그 유명한 마지막 장면에서 일레인(캐서린 로스)은 벤저민(더스틴 호프먼)과 함께 도망치려고 약혼자를 남겨둔 채 갑자기 식장을 떠난다. 버스에 올라타 나란히 앉은 두 사람은 잔뜩 들뜬 표정에서 모호하고 확신이 없는 표정으로 바뀐다. 그들의 얼굴은 '대체 우리가 무슨 짓을 한 거지?'라고 말하는 듯하다. 그만두는 데는 항상 대가가 따른다.

〈타미〉(2014)는 해고된 지 얼마 안 돼서 힘들어하는 여성 타미(멀리사 매카시)를 따라간다. 그녀는 세상을 향해 꺼지라고 외치고 혈기 왕성한 할머니(수전 서랜던)와 함께 길을 떠난다. 영화는 떠들썩하고 즐겁게 시작하지만 시간이 지나면서 일이 연달아 어긋나자 차츰 소름 끼치는 공포가 엄습한다. 안전한 것도 예측할 수 있는 것도 없고 모든 것이 이상하고 불안하다. 〈에디 앤드 크루져〉(1983)는 인기를 얻고 있을 때 사라진 록 스타의 이야기인데, 그가 왜 그만두었는지에 대한 의문은 끝까지 풀리지 않는다. 이들 영화 속 그만두기는 신선하지도 웃기지도 않다. 될 대로 되라는 식이라 불안하고 위험하다.

퀴팅은 우리가 좋아하는 이야기에 반복해서 등장하는데, 이는 퀴팅이 인간 경험의 중심에 있다는 증거다. 시트콤에서 그만두는 장면을 보며 나도 모르게 웃거나 관련된 노래를 따라 부르거나 깊이 감동할 때, 포기하는 행위가 얼마나 중대하고 큰 변화인지 새삼 깨닫는다.

죽어가는 아버지에게 죽음에 저항하라고, "사라지는 빛에 분노"하라고 촉구하는 딜런 토머스의 〈어두운 밤을 순순히 받아들이지 마세요Do Not Go Gentle into That Good Night〉 같은 시를 읽고 마음에 동요가 일어날 수 있지만, 이 작품은 전혀 다른 두 의미로 해석될 수 있다.

살기 위해 마지막 순간까지 싸우는 것이 중요하니 절대 포기하지 말라고 간결한 글로 힘주어 말하는 거라며 몹시 강렬하고 눈을 뗄 수 없는 시라고 생각하는 사람이 있다. 반면 피할 수 없는 죽음을 받아들이지 않으려는 시로 보는 사람도 있다. 여러분은 어느 쪽인가? 퀴팅이라는 문제는(이 시의 경우 삶을 그만두는 문제는) 우리가 언젠가는 떠나야 하는 여행을 어떤 태도로 받아들이는지 알아보는 일종의 로르샤흐 심리검사 같은 것이다.

## 새 출발을 위한 퀴팅

데이나 스피오타의 소설 《웨이워드Wayward》(2021)에는 단순하지만 대격변을 일으키는 퀴팅이 중심 사건으로 등장한다. 작품 속 서술자는 다음과 같이 생각했다.

"그녀가 이 형태의 삶에 '예스'라고 말하는 것은 다른 형태의 삶에 '노'라고 말하는 의미일 것이다. 과거의 그녀가 어떤 존재였든, 지구에서 이 몸으로 살아온 53년이 합쳐져 어떤 존재가 되었든 앞으로 살아갈 존재로는 부족했다. 분명 그녀에게는 변화가 필요했다."[7]

여기에서 '그녀'는 소설에서 서맨사 레이먼드라는 이름의 수면 문제를 겪는 중상류층 여성이다. 사실 그녀는 부부 관계부터 자녀

양육까지 여러 문제를 겪고 있다. 남편은 그녀를 이해하지 못하고, 10대 딸은 그녀를 무시하고, 어머니는 죽어가고 있다. 서맨사는 막막한 상황이다. 그래서 어떻게 했을까? 혼자서 낡은 집으로 이사를 갔다.

서맨사는 기존의 삶을 포기하고 무엇을 얻었을까? 그것이 바로 퀴팅의 위험 요인이다. 때로는 실행하기 전까지 어떤 위험이 있는지 모를 수 있고, 위험 요인을 파악하고 나면 되돌리기가 너무 늦을 수 있다.

"퀴팅은 부정적인 말입니다. 하지만 다른 무언가를 하려면 우선 그만두어야 하지요. 그 집이 서맨사에게 말을 건넸습니다. 그녀는 다른 삶을 살 수 있을지도 모른다는 가능성에 기꺼이 유혹당했고요. 다른 곳으로 이사를 가면 새로운 자신이 될 수 있다고 생각했어요."[8]

시러큐스대학교 연구실에서 만난 스피오타가 말했다. 그녀는 문예창작을 가르친다.

## 퀴팅이 필요한 순간

대학교 2학년 때 자퇴했어요. 작가가 되기 위해서요. 꽤 큰 변화였어요. 게다가 이혼도 했고요. 지금 처한 상황에 시간과 에너지를 쏟을 수도 있지만 그러면 타성에 젖기 쉬워요. 그 안에서 빠져나오기 전까지는 꼼짝없이 갇혀 있었다는 걸 깨달지 못해요. 그만두려면 높이 뛰어올라야 해요.

- 데이나 스피오타

스피오타는 《웨이워드》를 쓰면서 '과거를 잊고 앞으로 나아갈 수 있는가?'라는 질문의 답을 찾으려 애썼다.

"아마 그러진 못할 거예요. 새 출발을 하고 행복해지려고 노력할 순 있겠죠. 하지만 직장을 그만두거나 이혼했을 때 비판적인 사회적 시선이 존재한다는 걸 느낄 거예요."

스피오타의 말에 따르면 그만두기는 극적이고 복잡하기 때문에 작품의 플롯 장치로 활용하기에 아주 좋다.

"무언가를 하고 있을 때는 내가 그 일에서 도망치고 있는지, 아니면 그 일을 향해 가고 있는지 알기 어려워요."

그만두기라는 대담한 행동을 통해 자신을 재창조하는 플롯은 스피오타의 소설 이외에 고전문학에서도 찾아볼 수 있다. 허클베리 핀과 짐이 뗏목을 타고 강을 내려가는 마크 트웨인의 《허클베리 핀의 모험》(1884)부터 과거에서 도망치고자 하는 제이 개츠비가 주인공인 F. 스콧 피츠제럴드의 《위대한 개츠비》(1925)까지 다양하다. 그만두기는 작품 속 주인공에게 중대한 영향을 미쳤다.

이러한 소설들을 읽고 난 여러분의 반응을 보면, 그러니까 주인공의 행동에 '공감이 가!' 또는 '왜 이래? 미쳤어?' 중 어떤 생각을 했느냐를 보면, 궁극적으로 개인이 자기 삶을 어느 정도까지 통제할 수 있어야 하는지에 대한 생각을 엿볼 수 있다.

여러분은 개츠비처럼 가족과 절연하고 맨땅에서 다시 시작할 수 있는가? 문명사회를 포기하고 강에서 뗏목을 탈 정도로 삶을 바꿀 수 있는가? 아니면 그냥 빙빙 돌다가 결국 원래의 자기 모습으로 돌아갈 것인가?

2022년 〈런던 리뷰 오브 북스〉에 실린 애덤 필립스의 에세이 〈포기에 관하여〉에 따르면, 퀴팅은 프란츠 카프카가 쓴 여러 이야기, 셰익스피어의 희곡 중 특히 《맥베스》와 《리어왕》, 지그문트 프로이트의 에세이에 원동력을 제공했다. 심리치료사인 필립스는 다음과 같이 썼다.

"우리의 퀴팅의 역사는, 다시 말해 우리가 포기를 대하는 태도, 그에 대한 집착, 그 중요성에 대한 부정은 어쩌면 (…) 우리 스스로 조직한 신념 또는 형벌의 실마리일지도 모른다."[9]

필립스는 비극적 영웅들에 대해 "그들은 포기할 줄 몰라서 파멸에 이른 본보기다"라며 독창적으로 정의한다. 이는 리어, 햄릿, 맥베스, 오셀로 같은 인물을 바라보는 새로운 방식이다. 이 영웅들은 총을 겨누는 악당보다 그들을 더 확실하게 틀어쥐고 있는 심리 상태, 즉 복수 또는 야망이나 질투처럼 스스로는 제거하기 힘든 강박에 사로잡혀 있다.

필립스는 그만둘지 말지 사이에 긴장감이 있으므로 극의 주제로는 이상적이라고 썼다.

"대부분 용기가 부족해서 포기한다고 생각한다. 포기하지 않고 끝까지 해내는 것을 가치 있게 여기고, 더 나아가 이상적으로 생각하기까지 한다. 퀴팅은 완료와 다른 방식으로 정당화되어야 한다. 대개 우리는 퀴팅을 선택한 것에 대해 자랑스러워하지 않는다. 우리가 선호하는 자아의 모습에 미치지 못하기 때문이다."

하지만 허먼 멜빌의 《모비 딕》에서 흰고래 모비 딕을 맹렬히 쫓는 인물인 에이허브 선장에게 퀴팅은 정반대의 의미다. 그에게 퀴팅은 잘하고 싶지만 할 수 없는 일이자 이룰 수 없는 목표다. 기나긴 여정을 그만두지 못하는 것은 그에게 고통의 원인이었다. 1851년에 초판이 발행된 이 고전소설에서 에이허브 선장은 스타벅에게 다음과 같이 울부짖으며 신음한다.

"이건 뭐지? 형언할 수 없고 헤아릴 수 없는, 이 세상에 속하지 않은 듯 불가사의한 이것은 뭐지? 숨어서 날 속이는 주인, 잔인하고 무자비한 황제가 자연스러운 사랑과 열망을 등지고 계속 앞으로 나아가라고 명령하는구나. 그래서 나는 줄곧 자신을 떠밀고 꼼짝도 못 하게 만들었지…."[10]


## 문학은 왜 퀴팅을 사랑하는가

모차르트의 〈돈 조반니〉는 〈일을 구한 다음 때려치워〉와 거리가 먼 음악 장르지만, 그만둔다는 개념을 음악에 담았다는 점에서는 같다. 〈돈 조반니〉에서 돈나 엘비라는 주인공에게 바람둥이 짓좀 그만하라고 애원한다. 도박도 그만두라고 한다. 하지만 그런 변화는 절대 일어나지 않으리라는 것을 깨닫자 체념한다. 돈 조반니는 음란한 행실에 엄청난 대가를 치르고 (설마 지옥으로 끌려가는 것이 인생의 황금기를 보내는 이상적인 방법이라고 생각하는 사람은 없을 것이다) 돈나 엘비라는 수녀원에 들어간다.

이는 시카고 리릭 오페라단에서 약 25년 동안 각색에 몸담은 로저 파인스가 요약한 내용이다. 유명한 오페라 중에 그만두기를 주제로 삼은 작품이 있는지 묻자 그는 주저하지 않았다. 중간 휴식시간이 끝나 조명이 어두워질 때 여러분이 음료수를 마시는 속도보다 더 빠르게 긴 목록을 줄줄 내놓았다. 몇 가지 눈에 띄는 예를 살펴보자.

베르디의 〈라 트라비아타〉에서 비올레타는 고급 매춘부의 삶을 버린 뒤 알프레도와 행복하게 지내고 싶다는 희망마저 포기한다. 자크 오펜바흐의 〈라 페리콜〉에서 페리콜은 피퀴요와 함께하는 거리 생활을 접는다. 바그너의 〈라인의 황금〉에서는 알베리히가 직접 만든 반지를 어쩔 수 없이 포기한다. 파인스는 이렇게 설명했다.

"알베리히가 반지를 저주하고 나서 모든 문제가 시작되고 이는 세 편이 넘는 오페라에서 이어집니다. 그만두는 대상이 사랑이든 행복이든 삶 자체든, 퀴팅은 오페라의 핵심입니다."[11]

## 퀴팅이 필요한 순간

열여덟 살 때 '이제 그만'이라고 생각했어요. 클라리넷에 열정을 쏟았고 정말 좋아했는데 말이에요. '내 클라리넷 연주는 정말 끝내줘!'라고 생각한 적도 있어요. 하지만 돈벌이가 되는 일을 직업으로 삼아야겠다고 생각했죠. 그리고 완벽주의를 추구하던 전 그만두는 일을 끔찍이도 못했어요. (…) 지난주에 클라리넷을 집어 들었어요. 40년 만에 처음으로요! 그러자 음악 관련 지식이 전부 되살아났어요.

- 다이앤 케이시[12]

1853년에 출간된 멜빌의 매혹적인 소설 《필경사 바틀비》에는 그만두기의 그림자가 책 전체에 드리워져 있다. 이 책에서 묘사한 포기는 《모비 딕》의 포기와 정반대다. 에이허브는 그만두고 싶지만 그럴 수 없다. 하지만 바틀비는 그만두는 횟수가 점점 늘어나 마침내 그만두는 것 말고는 아무것도 하지 않는 지경에 이른다.

"조용하고 수수께끼 같은" 남자 바틀비는 월스트리트의 사무실에서 문서 복사 업무를 한다. 처음에는 그럭저럭 괜찮았다. 비록 진지한 표정으로 "하고 싶지 않습니다"라고 말하며 거절한 일도 있었지만 말이다.

거절 횟수가 점점 늘었고 결국 바틀비는 아무 일도 하지 않게 되었다. 작품 속 화자는 "내가 다그치자 마침내 그는 복사 일을 영원히 그만두겠다고 통보했다"[13]라고 기억을 떠올린다. 결국 바틀비는 사무실에서 쫓겨났다.

바틀비는 감옥에서 "벽 밑에 누워 무릎을 끌어안고 몸을 웅크린 채 차가운 돌바닥에 머리를 대고" 사망한다. 그만두기라는 삶의 방식은 결국 죽음의 방식이 되었다.

바틀비의 계속 그만두는 습관에 공감하기 힘들다면 (여러분 자신의 행복을 위해 다른 본보기를 찾길 바란다) 존 업다이크의 단편소설 〈A&P〉에서 아주 무용한 몸짓을 하며 그만두는 화자에게 끌릴지도 모르겠다. 이 씁쓸하면서도 달콤한 이야기는 1961년 〈뉴요커〉에 처음 공개된 뒤로 꾸준히 단편선집에 실렸다, 그만두기를 다룬 이야기가 계속 회자되고 있다는 또 다른 증거다.

〈A&P〉는 작은 마트에서 일하는 19세 소년이 화자다. 어느 여름 오후 수영복을 입은 소녀 셋이 가게에 들어왔고, 나이 많고 신경질적인 매니저가 예의 없는 차림이라며 소녀들에게 창피를 준다. 소년은 이에 항의하고자 용기를 내서 자발적으로 그만둔다.

"뒤쪽에 있는 내 앞치마의 매듭을 당겼다." 그리고 "어깨에서 끈을 빼내 벗어버렸다."[14]

결국 소년은 일자리를 잃었다. 소녀들을 다시 볼 일이 없으리라는 것도 알았다. 그는 침울하게 생각에 잠긴다.

"마음속에서 쿵 하는 느낌이 들었다. 앞으로 세상이 얼마나 힘들어질지 알았기 때문이다."


## 퀴팅과 그릿의 이미지는 만들어졌다

"우리는 단순히 유전자의 산물이 아니다. 신념의 산물이기도 하다. 신념은 우리에게 오래 지속되는 영향을 미친다."[15]

생물학자 하인리히는 문화가 중요하다고 일깨워 준다. 하지만 늘 긍정적인 영향만 주지는 않는다. 그릿의 이미지와 관련된 영역에서는 더 그렇다. 프라이스는 이렇게 경고한다.

"허레이쇼 앨저의 과거 소설들과 매우 유사하게, 오늘날의 대중매체 역시 근면을 숭배하고 나태를 경시하라고 가르친다."[16]

인스타그램 인플루언서나 유명 유튜버가 '그만두지만 않으면 여러분도 나처럼 돈 많고 유명해질 수 있다'라고 말한다면 상황은 더 안 좋아진다. 프라이스는 다음과 같이 썼다.

"엄청나게 성공한 스타들이 자신의 행운을 순전히 열심히 노력한 덕분이라고 한다면, 사람들은 성공할 확률과 미국에서 실제로 부를 얻는 방법에 대해 말도 안 되는 기대를 하게 된다."[17]

우리가 화면에서 나오는 블루라이트를 흠뻑 쬐며 퀴팅의 위험성과 그릿의 훌륭함을 전파하는 문화적 메시지를 흡수하는 동안, 우리 뇌는 열심히 일해서 그 이미지와 개념을 내 것으로 소화한다. 만약 음모에 빠진 느낌이 든다면 실제로도 그렇기 때문이다.

재미있는 슈퍼히어로 영화가 모두 그렇듯 끈기에도 기원이 되는 이야기, 출발이 있다. 무슨 수를 써서라도 버텨야 하며, 포기하는 것은 언제나 옳지 않다는 개념은 만들어진 것이다. 특정한 목적을 위해 개발되고 육성되었다. 의도적으로 이상적인 신화로 변화되었다.

그렇다면 어디에서, 누가, 왜 시작했을까?

전략적
그만두기의
조언

여러분은 〈런어웨이 브라이드〉를 수없이 보았을 것이고 〈브리짓 존스의 일기〉에서 러네이 젤위거가 휴 그랜트에게 쏘아붙일 때 주먹을 쥐며 환호했을 것이다. 그만두는 장면을 보면 대담하고 씩씩해진 기분이 들고 삶을 변화시킬 준비가 된 것만 같은 느낌을 받을 것이다. 물론 그렇지 않을 수도 있다. 초조하고 불안해질 수도 있다. 여러분이 좋아하는 그만두기 장면을 다시 보자. 그걸 보고 어떤 반응이 나타나는지 살펴보면 자신이 변화를 얼마나 퀴팅을 편안하게 받아들일 수 있는지를 비롯해 많은 것을 알 수 있다. 본인의 반응을 이해한 후 그만두자.

# QUITTING

PART 2

# 만들어진 그릿의 신화
## : "이제 그만할래"는 어떻게 모욕적인 말이 되었는가

열심히 노력하는 것을 성공의 비결로 떠받들면,
세상은 언제나 정의롭다고 믿으며
불평등을 합리화하게 된다.[1]

— 애덤 그랜트, 《오리지널스》 저자, 와튼스쿨 조직심리학 교수

## chapter 4

# 그릿을 성공의 필수 덕목으로 만든 비밀

'이기는 사람은 그만두지 못하고 그만두는 사람은 이기지 못한다'라는
말이 있다. 이에 팟캐스트 '프릭코노믹스 라디오'는 이렇게 말한다.
"과연 그럴까? 때로는 그만두기가 전략이자 실현할 수 있는
최선의 계획일 수 있다."[1]

– 스티븐 J. 더브너, 《괴짜 경제학》 저자

헤더 스톤과 대화를 하면 켄터키주 출신 특유의 마찰음을 어렴풋하게 느낄 수 있다. 산들바람이 불어 특정 음절을 흩트려 놓는 듯한, 온화하면서도 쾌활한 남부 억양이다. 그런데 그녀의 말은 대체로 시카고 토박이처럼 들린다. 높낮이가 없고 굳이 에둘러 말할 필요 있겠느냐는 듯 무뚝뚝한, 산전수전 다 겪고 속사정을 거리낌

없이 털어놓는 여성의 말투다.

"무턱대고 뛰어들었죠. 모든 게 잘될 줄 알았어요. 음, 잘되긴 했어요. 생각과 달랐지만요. 정말 눈앞이 캄캄한 시기였어요. 전 완전히 실패한 기분이었고요. 하지만 뒤돌아보지 않기로 했죠. 이미 결정을 내렸으니까요. 그냥 해나갈 수밖에 없었어요."[2]

어느 여름 일요일 오후에 전 직장동료 스톤과 전화로 근황을 나누었다. 미시간호 근처에서 씩씩하게 겨울을 이겨내며 20년을 지낸 그녀는 얼마 전에 플로리다주 중부의 새집으로 이사하여 배우자 카이와 함께 살고 있다. 엄청난 변화임을 그녀도 인정했다.

"창밖으로 스페인 이끼와 야자나무가 보이는 거예요. 높은 건물은 하나도 안 보이고."

스톤은 그릴드 치즈 샌드위치를 만들면서, 그렇게 좋아하던 일을 그만둔 것부터 아직 정해지지 않은 앞으로의 일까지 우여곡절이 얽힌 긴 이야기를 해주었다. 그녀는 〈시카고 트리뷴〉에서 사진 전문 기자로 일하며 뉴스를 쫓아 에티오피아, 이집트, 일본, 폴란드, 프랑스를 비롯한 세계 각지를 바삐 오갔다. 이랬던 그녀가 지금 확신할 수 있는 부분은 앞으로 사진과 관련된 일은 하지 않겠다는 것뿐이었다.

"지나고 보니까 전부 다 일어날 수밖에 없었던 일이더라고요. 그렇지만 정말 힘든 시간이었어요."

2008년에 스톤은 12년 동안 일한 〈시카고 트리뷴〉을 그만두고 시카고에서 사진 관련 사업을 시작했다. 그녀는 당시를 떠올리며 이렇게 말했다.

"전 정점에서 그만뒀어요. 인생이 장밋빛이었죠. 그걸 믿고 뛰어들었고요."

같은 도시, 같은 직업군에 있었으니 그리 멀리 점프를 한 것은 아니다. 하지만 가족에게는 그 정도의 움직임도 큰 모험이었다. 가족의 반응은 이랬다.

"뭐? 더할 나위 없이 좋은 직장이었잖아! 그런데 그만뒀다고?"

사업은 그럭저럭 굴러가는 정도였고, 스톤에게는 도무지 대책이 서지 않는 거액의 주택담보대출이 있었다. 스톤은 점점 신경이 곤두섰다. 은행도 마찬가지였다.

결국 그녀는 〈시카고 트리뷴〉으로 돌아갔다. 사진 전문 기자가 아니라 예전 급여의 절반만 받고 사진 현상실에서 인화 업무를 맡았다. 프랑스나 이집트 출장도 없었다. 스톤이 솔직하게 말했다.

"겸손을 갈고닦는 시간이었어요."

재정 문제를 해결했고, 이는 곧 다시 그만둘 수 있게 되었다는 뜻이다. 스톤은 마찬가지로 사진작가였던 카이를 바라보며 둘이 같은 생각을 하고 있음을 깨달았다. 떠날 때가 온 것이다.

중서부에서 오랫동안 칙칙하고 혹독한 겨울을 보낸지라 플로리다라는 말에 솔깃해졌다. 스톤은 확신에 차서 말했다.

"또 다른 전환을 맞이하기에 적절한 시점이었고 실행에 옮겼어요. 20년 동안 시카고에 살면서 그곳은 충분히 경험했고요. 다른 무언가를 할 때가 된 거예요."

원래 두 사람은 집을 임대해서 지낼 계획이었는데 매매하기에 딱 좋은 집을 찾았다. 카이는 결혼식 영상 촬영 일을 꾸준히 하고 있고, 스톤은 앞으로 무슨 일을 하게 될지 확신이 들진 않지만 카메라와 관련된 일만은 하고 싶지 않다고 했다. 그녀는 웃음을 터뜨리며 말했다.

"여기 남부에서 저를 완전히 다른 인간으로 바꿔놓을 생각이에요. 다시 학교에 갈 수도 있겠죠. 뭔가에 뛰어들 겁니다. 닥치는 대로 하면서 이 엉망진창인 상황을 꾸려가는 중이에요. 그냥 우주의 흐름에 몸을 맡기려고요."


## 《자조론》은 우리를 어떻게 계발시켰나

스톤의 장대한 개인적 경험담을 새뮤얼 스마일스가 듣는다면 그리 달가워하지 않을 것이다. 혹시라도 '시공간 연속체'에 균열이 생겨 빅토리아시대 중반의 런던으로 돌아가 스마일스에게 스톤의 이야기를 하면, 그는 고개를 저을 것이다. 인상을 쓸 수도 있다. 그러고는 "안 돼, 안 될 일이지"라고 중얼거릴 것이다. 어쩌면 너무 당황스럽고 어이가 없어서, 당시 신사들이 즐겨 입던 더블버튼 프록코트를 입은 채 식은땀을 흘릴지도 모른다.

"직장을 그만뒀다고? 그것도 세 번이나? 전혀 다른 쪽의 일을 하려고 한다고? '우주의 흐름에 몸을 맡긴다'라는 생각은 또 뭐야? 어떻게 미쳐야 그런 생각이 드는 거지?"

1859년에 스마일스는 《자조론》이라는 책을 출간했다. 도중에 진로를 바꾸기로 한 스톤의 결심은 스마일스가 책에서 열과 성을 다해 훈계한 내용과 완전히 반대되는 일이다.

《자조론》은 희망을 주는 우화와 열의를 불러일으키는 격려의 말로 용기를 북돋우는 책으로, 수리 기술자부터 도예가, 지질학자, 선장에 이르기까지 독자에게 자극을 주는 성공한 사람들의 자전적인 이야기가 가득하다.

'그릿'이라는 자질이 없으면 행복하고 성공한 인생을 바랄 수 없다는 견해를 널리 알리고자 한 이 책은 큰 화제가 되었다. 독자들은 기대에 부풀어 책을 덥석 샀고, 술집에서는 열띤 토론이 벌어졌으며 집마다 거실에서 책의 구절을 인용했다.

어쩌다가 우리가 이 지경에 이르렀는지 이해하려면, 다시 말해 어쩌다가 21세기에 들어 그만두는 것이 실패와 동의어가 되었으며 왜 '포기'라는 말에 우리 대부분이 창피해하며 움츠러드는지를 이해하려면, 19세기 중반 무렵으로 돌아가야 한다.

영업사원이 집집이 돌아다니며 통풍과 가슴 두근거림을 치료한다는 신묘한 만병통치약을 성가시게 권하듯, 당시 스마일스는 그릿을 전파하기 시작했다. 1812년 스코틀랜드에서 태어난 스마일스는 한번 정한 진로를 고수해야 한다고 생각했다. 방향을 바꾸어서는 안 되고 후퇴는 비웃음의 대상이어야 했다. 방해물은 깨부수고 나아가야 했다. 열심히 일해야 했고 절대, 절대 그만두지 않는 것이 매우 중요했다.

"스마일스는 적절한 시기에 자기계발 시장을 개척했습니다."[3]

앨버타대학교에서 영어를 가르치는 피터 신네마 교수의 말이다. 그는 옥스퍼드 월드클래식에서 출판한 《자조론》의 서문을 썼으니 그릿의 역사를 잘 아는 전문가라고 할 수 있다.

신네마는 19세기 영국의 문화적 상황을 속속들이 알고 있었다. 당시 산업혁명을 맞이한 영국은 모든 면에서 달라지고 있었는데, 소수가 막대한 부를 일으키고 나머지 대부분은 끝을 모를 극심한 가난이라는 시련 속에서 살고 있었다. 책을 즐기는 사람 중에 생각이 깊고 민감한 사람들은 이러한 극심한 빈부격차를 해소할 방법이 필요하다고 생각했다.

신네마의 말에 따르면, 스마일스는 특유의 천재성으로 독자들이 시시한 도덕적 교훈을 원치 않음을 인지했다. 사람들은 성공한 이들이 어떻게 힘든 일을 견뎌서 앞서 나가게 되었는지를 상세히 알려주는 생동감 있는 이야기를 훨씬 좋아했다.

"스마일스는 인간의 욕망이라는 영역에, 인간이 무엇을 원하는지 알고 있는 그 마음에 틈새시장을 개척했습니다. 그는 새로운 것을 만들어냈습니다. 독자에게 자극을 주는 형태의 자서전을 만든 셈이지요. 당시 부상하던 시장경제라는 무자비한 세계에서는 자신을 이끌고 나아가는 것이 중요했습니다. '다른 사람이 할 수 있는 일이라면 나도 할 수 있어'라는 식이었어요. 즉, 열정을 충분히 쏟아부으면 성공할 수 있다고 생각했습니다."

물론 이 개념은 반대의 경우에도 적용되었다. 즉, 성공하지 못한 사람은 노력을 충분히 기울이지 않은 것이 분명하다고 생각했다. 성공하지 못한 사람은 주저하고 방황했다고, 변덕스럽고 결단력이 없다고 보았다. 그중 최악은 그만두는 것이었다.

《자조론》이 등장한 그해에 찰스 다윈은 마침내 《종의 기원》을 출간했다. 신네마는 이에 대해 다음과 같이 평했다.

"세상에서 인류의 위치를 인식하는 데 도움을 주는 자료가 풍성하게 쏟아지던 시기였습니다."

다윈의 개념이 자연계에 한 일, 즉 오랫동안 확실하다고 믿던 것들을 토네이도 같은 힘으로 날려버린 일을 스마일스가 문화계에 했다. 그의 책은 '노력과 끈기만이 가치 있는 삶을 선사한다'라고 주장하면서 뜻밖의 행운이나 집안의 재력 같은 요소는 철저히 배제했다.

그 후 40년 동안 스마일스는 《인격론》(1871)과 《검약론》(1875) 같은 시리즈를 잇달아 출간했다. 이 책들도 세상을 어떻게 살아갈지는 자신에게 달려 있다고 주장했고, 모두 인기가 있었다. 비틀대다가 멈추면 자기 책임이었다. 다른 누구의 탓이 아니었다. 정부 정책이나 법원의 잘못도 아니었다. 스마일스는 《자조론》에 다음과 같이 꾸짖듯이 썼다.

"아무리 엄격한 법일지라도 게으른 사람을 부지런하게, 낭비하는 사람을 절약하게 술에 취한 사람의 정신을 맑게 만들 수는 없다. 이러한 혁신은 개인의 행동과 절약, 자기 부정을 통해서만, 권리의 개선이 아닌 습관의 개선을 통해서만 가능하다."

《자조론》 속 이야기는 강조하는 바가 모두 같다. 자신의 운명은 오직 자신의 손에 달려 있다는 것이다. 지금 부자가 아니라면, 권력이 없다면, 무언가를 이루지 못했다면 이는 여러분이 스마일스의 책에 등장하는 사람들이 한 행동을 하지 않았기 때문이다. 그들처럼 깊이 파고들며 땀 흘리고 희생하지 않았기 때문이다. 자기 운명은 스스로 하기 나름이다. 그러니 남 탓을 하면 안 된다.

벤저민 프랭클린은 '자조계의 수호성인'이라는 별명으로 불린다. 《벤저민 프랭클린》에서 월터 아이작슨도 그를 이렇게 칭했다.[4] 사실 《벤저민 프랭클린, 가난한 리처드의 달력》이 먼저 나왔다. 프랭클린은 《자조론》의 등장보다 100년도 더 전인 1732년에 이 책을 출간했다. 아이작슨에 따르면 《벤저민 프랭클린, 가난한 리처드의 달력》 덕에 일과 삶에서 성공하는 방법에 대한 단순한 규칙과 비결을 담은 책들이 대유행했고, 이는 오늘날까지도 이어진다.

매우 잘 팔린 프랭클린의 책에는 '도덕에 관한 다정한 격언'과 조리법, 소소한 정보, 소문 같은 것들이 사이사이에 수록되어 있다. 하지만 《자조론》은 전혀 다르다. 이 책은 간단하고 유쾌한 인생 조언 목록이 아니라 어떻게 하면 잘살고 이길 수 있는지에 대한 체계적이고 매우 상세한 청사진을 제시한다. 설교나 고전적인 경구를 늘어놓지도 않았고 《벤저민 프랭클린, 가난한 리처드의 달력》처럼 재미있는 부분이 많지도 않다.

스마일스가 썼듯이 이 책의 목적은 즐거움을 주는 것이 아니라 "포기할 줄 모르는 근면함과 응용력을 발휘해 상당한 성공을 스스로 일구어낸 유명 발명가, 예술가, 사상가 그리고 모든 분야의 노동자" 이야기를 통해 자극을 주고 동기부여를 하는 것이다.

빈부격차는 전적으로 가난한 사람의 잘못이라는 스마일스의 개념은 영향력을 얻었고, 19세기 말과 20세기를 지나며 더욱 널리 퍼졌다. 하지만 빈부격차가 지배층의 탐욕과 부패 그리고 사회적 양심 결여 때문이 아니라고 확신할 수 있을까? 《자조론》 덕분에 부자들은 책임을 면하게 되었다. 21세기인 지금도 이 책은 여전히 우리의 상상력에 강하게 영향을 끼치고 있다.


## 삶은 스스로 일구는 것이라는 강한 믿음

이쯤 되면 '음, 그래… 흥미롭네. 근데 이 스마일스라는 사람과 내가 지금 하는 일을 싫어한다는 사실이 무슨 관계가 있다는 거지? 게다가 난 그만둘 용기를 내려고 노력 중인데?'라고 생각할지도 모르겠다. 한마디로 정리하면, 모든 면에서 관계가 있다.

《자조론》이 이토록 오래 영향을 미치지 않았더라면 여러분은 전혀 망설이지 않았을지도 모르기 때문이다. 진작 사무실 동료에게 작별을 고하고 라마 농장에 계약금을 쳤을지도 모른다. 지금 여러분은 스마일스의 시대 이후로 그 영향력을 계속 키우며 문화적 지형까지 뒤흔든 개념과 싸우는 중이다.

《자조론》 때문에 퀴팅은 단순한 선택지가 아닌 도덕적 공황 상태가 되었고, 사람들이 삶을 바라보는 방식에도 중대한 변화가 생겼다. 예전 사람들은 운명이란 여러 복합적인 요인이 모여 만들어 낸 결과라고 생각했다. 그 요인에는 조상의 사회적 지위와 소득 수준, 타고난 신체적·지적 능력 같은 것도 포함되었다. 하지만 사람들은 《자조론》 이후로 운명의 원천은 단 하나이며 단순하다고 믿게 되었다. 그것은 바로 개인이 노력하느냐 하지 않느냐.

지금도 우리는 스마일스가 남긴 철학적 유산의 영향 속에서 살고 있다. 그래서 더 앞으로 나아가지 못하면 좌절하고, 자기 길에서 벗어나면 자책한다. 스마일스라는 이름은 더 이상 유명하지 않을지 모르지만, 그가 주장한 자조 원칙은 '행복하고 의미 있는 삶'에 대한 우리의 기대를 여전히 지배하고 있다. 삶은 스스로 일구는 것이라는 강한 믿음 말이다.

급증하고 있는 라이프코치의 활동을 살펴보면 《자조론》 워크북을 그대로 활용한 것만 같다. 스마일스가 지금 살아 있고 프록코트와 깃을 빳빳하게 세운 셔츠 대신 요가 바지와 편안한 티셔츠를 입을 의향만 있다면 직접 라이프코치로 활동해도 될 판이다. 물론 추종자를 모으기 위해 치열한 경쟁을 벌여야 하겠지만.

2007년 〈가디언〉은 브룩 카스티요라는 여성을 '라이프코칭계를 통치하는 여왕'으로 임명했다.[5] 카스티요는 자기 역량 강화라는 개념을 활용해 팟캐스트와 책 그리고 더 많은 라이프코치를 꾸준히 배출하는 온라인 강좌로 구성된 수익성 좋은 제국을 만들었다. 신문 보도에 따르면 2017년부터 2019년 사이에 그녀의 수익은 네 배 늘어났으며, 2020년 기준 카스티요의 라이프코치 스쿨은

총수입이 3700만 달러에 달했다. 레이철 먼로 기자의 보도에 따르면, 카스티요는 고객들에게 "당신의 문제는 나쁜 상사나 까다로운 시어머니 같은 외부 환경 때문이 아니라 자기 생각을 관리하지 못했기 때문에 발생한 것"이라고 말했다.

하지만 완전무결해질 수 있다는 이 고매한 개념에는 어두운 면이 있다. 이 개념 때문에 우리는 기쁨과 순자산이라는 자의적인 기준에 삶이 부합하지 않을 때 스스로 부족하고 부끄럽다고 느끼기도 한다. '더 열심히 노력할 수 없었어? 진짜? 에이, 그러지 말고 솔직하게 인정해'라고 생각하기 때문이다.

정서적으로 황폐한 시기에는 더욱 교묘하게 나쁜 영향을 끼친다. 슬픔 전문 상담사 줄리아 새뮤얼은《사랑하는 사람의 죽음이 내게 알려준 것들》에 다음과 같이 썼다.

"우리 문화에는 무엇이든 고치고 개선할 수 있다는 믿음이 가득하다. 슬픔은 이 믿음을 거스른다. 슬픔은 피할 수 없고 인내가 필요하다. 이 세상에 고칠 수 없는 것도 있다는 사실을 우리는 받아들여야만 한다."[6]

끝없이 완벽을 추구해야 한다는 목표가 머릿속 깊숙이 자리 잡은 문화에서는 이것을 인정하기는 힘들다. 특히 미국인의 경우 이 목표를 머릿속에서 완전히 지워버리기가 어렵다. 활력, 추진력, 지칠 줄 모르는 낙관주의 같은 것들을 건국이념으로 삼은 땅에 살고 있기 때문이다.

미국 서부에서 이민자들이 경험한 고난과 위험을 다룬 윌라 캐

더의 소설 《나의 안토니아》 신판 서문에 샤론 오브라이언은 이렇게 썼다.

"우리는 미래에 사로잡혀 앞만 바라보는 사람들이다. 이러한 믿음은 새로워지고 싶은 욕망을 자극하는 광고에서 더 조잡하고 기회주의적으로 조작된다. 화장품부터 운동화, 다이어트 제품, 발모제, 심지어 주방용품 광고까지도 달라지고 보완된 나의 모습을 약속한다."[7]

## 완벽한 사람이 되기 위한 끝없는 여정

브래드 스털버그는 흠잡을 데 없는 사람이 되려고 하는 끝없는 여정의 부정적인 결과를 직접 보았다. 헬스트레이너이자 작가인 스털버그는 최근 저서 《나는 단단하게 살기로 했다》에서 그가 지도한 사람 중 성취가 높은 사람 대다수가 겪는 고충을 설명했다.

그들은 지치고 스트레스를 받았다. 매일 빠르게 달리는데도 앞으로 나아간다고 느끼지 못했다. 더 많이 이룰수록 더 공허해했다. 하지만 스털버그의 말에 따르면 그들은 그만두고 싶어 하지 않았고 진로를 바꾸는 것조차 원치 않았다. 그러면 동력을 잃고 뒤처질 거라 여겼기 때문이다. 스털버그는 이렇게 말한다.

"이러한 현상을 초래한 범인은 '영웅적 개인주의'다. 이는 더 나아져야 한다고, 기분이 더 좋아져야 한다고, 더 긍정적으로 생각하고 더 많이 가져야 한다고 끊임없이 주입하는 문화 때문에 지속

된다. 남성들은 이 문화에 대해 '총알을 맞아도 끄떡없는 천하무적이 되어야 하는 무거운 부담'이라고 설명하고, 여성들은 '언제나 무엇이든 해내야 하며 그 과정에서 불가능한 기대를 끊임없이 저버리는 것'이라고 말한다."[8]

> ### 퀴팅이 필요한 순간
>
> 2007년 4월 6일 아침 나는 피가 흥건하게 고인 내 홈 오피스 바닥에 누워 있었다. 쓰러지면서 책상 모서리에 머리를 부딪히는 바람에 눈가가 찢어지고 광대뼈가 함몰되었다. 기진맥진한 데다 잠을 못 자서 쓰러진 것이다. 그 일을 겪은 후에 나는 자신에게 물었다. '과연 이게 성공일까? 이게 내가 원하던 삶일까?' 뭔가 근본적인 변화가 필요하다는 걸 느꼈다.
>
> - 아리아나 허핑턴[9]

초인적인 성취를 거두어야 한다는 압박은 그 역사가 길다. 스털버그는 다음과 같이 언급했다.

"오늘날 이것은 포장지만 바뀌었을 뿐이다. 열심히 노력하고 야망을 갖는 것은 좋지만 그 노력과 야망은 자신과 공동체를 배려하는 가치에 바탕을 두어야 한다. 그렇지 않으면 매우 파괴적인 결과를 낳는다. 야망을 향해 노력하는 과정에서 자신이 비참해지고 세상이 망가진다면 결승선에 도달하는 것은 의미가 없다. 멍청한 짓일 뿐이다."

하지만 퀴팅은 용납할 수 없는 짓이라는 메시지를 우리는 매일 받는다. 스틸버그는 그 메시지를 무시하고 전략적으로 퀴팅을 선택하는 것을 영웅적 저항 행위로 생각하라고 권한다.

"살다 보면 외부에서 나를 조종하는 온갖 계기판이 있습니다. 그러니 내면에 나를 조종하는 계기판을 두는 것도 도움이 됩니다. '남들이 좋다고 여길 만한 일'을 하다가 그만둔 사람들은 대부분 외부 계기판을 망가뜨립니다. 그러면 결국 내면의 계기판만 남습니다. 이런 상황에서 내면의 계기판에 우선순위를 두려면 많은 용기가 필요합니다."[10]

그만두기.

물러서기.

재정비하기.

이 단어들은 모두 기본적으로 같은 전략을 뜻한다. 세상을 승자와 패자로 구분되는 제로섬게임이 벌어지는 곳이 아니라 때로는 누구나 승자도 패자도 될 수 있는 곳으로 바라보려는 노력이다. 삶을 혼자 올라가야 하는 산으로 여기지 않고, 나와 같은 의심과 슬픔을 품고 분투하는 다른 동료들과 함께하는 여정으로 여기는 것이다.

이에 대해 소설가 매슈 스펙터는 2021년 인터넷 서평지 〈더 밀리언즈〉와의 인터뷰에서 다음과 같이 말했다.

"삶은 실패의 온상입니다. 목표는 이루지 못하고 인간관계는 무너지고 직장을 잃기도 합니다. 친구나 자녀에게 실망을 안기기도 하고요. 병을 앓거나 누군가를 잃는 경험도 합니다. 이건 그냥 일어나는 일들이에요. 누구에게나 일어나는 일이죠. 하지만 운이 조금이라도 따라준다면 가끔은 성공할 수 있습니다. 그리고 우리 모두 실망을 마음에 새기듯이 그 성공 중 일부를 효과적으로 내면화하면 좀 더 유연한 사람이 되겠지요. 그러면 실패하더라도 이전만큼 괴롭지 않을 테고, 성공하더라도 머릿속이 엉망으로 복잡해지지는 않을 겁니다."[11]

하지만 유연성은 스마일스가 중요하게 여긴 자질이 아니다. 그는 정반대로 완고함을 권장했다. 흔들려서도 안 되고 타협해서도 안 되며 특히 그만두면 안 된다고 했다. 그는 "인간은 자신의 건강과 행복을 일구는 능동적 주체가 되어야 한다"라고 썼고,[12] "행복한 인간이 되는 길은 끊임없는 노력이라는 오래된 고속도로를 따라가는 것이다"라고 덧붙였다.[13]

스마일스의 개념은 장관·교수·권위자·내과의사·영양학자·운동선수·판매원·유명인·신비주의자 같은 사람들이 내놓는 책, 기사, 온라인 세미나, 팟캐스트 같은 형태로 오늘날에도 존재한다. 이들은 무슨 일을 하든 그만두지 말라는 똑같은 메시지를 다양한 형태로 전달한다.

## 59쪽에서 그만둔 사람

내 앞의 사람은 59쪽에서 그만두었다. 나는 그 사람이 누구인지, 어디 사는지, 무슨 일을 하는지 모른다. 머리카락 색도, 어떤 차를 모는지도 모른다. 하지만 이건 알고 있다. 그의 희망이 어느 대목에서 사라졌는지 정확히 알고 있다. 그 이후로는 밑줄이 없기 때문이다.

사회적 기업 굿윌스토어에서 25센트에 중고로 구매한 릭 워런의 《목적이 이끄는 삶》의 전 주인은 59쪽까지는 끌리는 문구와 강조하고 싶은 문장에 주황색 형광펜으로 열심히 밑줄을 그어놓았다. 한 단락 전체를 크게 동그라미 친 부분도 있다. 읽는 사람이 잔뜩 흥분해서 외치는 말이 음성지원으로 들리는 것만 같았다.

"그래! 이거지!"

각 장과 쪽의 여백에는 느낌표가 적혀 있었다. 어떤 곳에는 '완전 공감!'이라고 힘주어 외치는 것만 같은 체크 표시가 있었다. 정체를 알 수 없는 독자는 영감을 받았는지, 이따금 페이지 아랫부분에 글의 주제를 휘리릭 써놓기도 했다.

삶이란 무엇일까. 삶의 이유를 찾아보자.

그런데 이 모든 것이 갑자기 중단되었다. 7장 끝부분인 59쪽에서 그 사람은 장의 마지막 문장 아래에 이렇게 휘갈겨 놓았다.

그분의 목적을 위해 쓰이도록 자신을 내어드리기.

8장이 시작되고 그 이후에는….

없었다.

더 이상 느낌표는 없었다. 체크 표시도, 큰 동그라미도 없었다. 수많은 글머리 기호 옆 여백에 정리해서 적어둔 간결한 문장도 없었다. 나머지 페이지에는 손도 대지 않은 것 같았다. 자국, 얼룩, 선, 점, 짧은 메모 어느 하나 없었다. 흘린 커피가 마른 자국이나 우연히 떨어진 속눈썹 같은 것조차 없었다.

나는 이 독자에게 무슨 일이 일어났는지 짐작할 수 있었다. 그 사람은 그만둔 것이다. 물론 사망했을 수도 있지만 가장 가능성이 높은 쪽을 보자.

그렇다면 원대한 희망과 찬란한 기대로 무장하고 코스트코에서 묶음으로 구매했을 법한, 코를 찌르는 향이 나고 끝이 뾰족한 주황색 형광펜까지 준비해서《목적이 이끄는 삶》을 펼친 이 불쌍한 영혼은 실패에 어떻게 대처했을까?

우선 증거를 처분했다.

그 사람은 재활용 센터에 책을 기증하여 눈에 보이지 않는 곳으로 치워버렸다. 나는 그만두기에 대해 뭐라고들 하는지 알아보기 위해 신간이든 구간이든 가리지 않고 자기계발서를 이것저것 구매했는데, 구매처는 주로 중고 상점이었다. 굿윌스토어를 뒤지고 헌책방을 돌아다녔으며 마당에서 물건을 파는 집이나 교회가 눈에 띌 때마다 차를 세웠다.

지금에서야 할 수 있는 말이지만, 중고 상점에서 자기계발서의 수는 다른 모든 분야의 책보다 많았다. 역사, 자서전, 과학소설 분야는 가볍게 뛰어넘었고 로맨스, 종교, 공포, 심지어 요리책까지도 쉽게 눌렀다. 우리가 더 나은 사람이 되고 싶다고, 바꿔야 할 것을 바꾸고 더 행복해지고 더 많이 사랑하고 싶다고 (그리고 날씬해지고 싶다고) 얼마나 끊임없이 열망하는지, 이 사실만으로도 뼈아프게 증명된 셈이었다.

동시에 이는 수많은 자기계발서가 얼마나 부족한지, 먹기 전보다 우리를 훨씬 배고프게 하는 불량 식품 같은 책이 얼마나 많은지를 뜻하기도 했다. 그래서 우리는 계속 검색하고 찾고 읽고 인용하고 때로는 읽기를 포기하기도 한 다음, 다시 나가서 더 많이 찾아보는 것이다.

한 가지 짚고 넘어가야 할 부분은, 이전에는 그다지 자기계발서에 관심이 없던 내가 흥미롭고 생각을 많이 하게 하며 유익한 낙관주의를 핵심으로 하는 자기계발서가 많다는 사실을 인지하게 되었다는 것이다. 더 나은 사람이 되고 싶고 일을 더 잘하고 싶은 사람이라면 반박하기 힘들 만한 내용이었다.

자기계발 분야를 연구하는 학자인 애나 카타리나 섀프너는 이렇게 썼다.

"자기계발을 비판하는 사람들은 우리의 문제를 모두 개인적인 것으로 만들고 실패를 의지나 회복력이 부족한 탓으로 본다고 불평한다. 하지만 장점도 있다. 자신을 성장시키고 싶은 마음은 자기 자신을 이해하고 무엇이든 능숙하게 해내고 변화하고 싶은 욕망과 맞물려 있다. 이는 시대를 초월한 욕망이며 우리를 인간으로 만드는 본질이다."[14]

웬디 카미너도 이에 동의한다. 카미너는 개인의 변화를 촉구하는 운동을 재치 있게 비판한 책《우리 모두 고장 난 사람들I'm Dysfunctional, You're Dysfunctional》을 썼음에도, 자기계발을 장려하는 책에 유혹을 느낀다.

"사람들은 혼란스럽고 불안한 상태로 다닙니다. 이건 인간으로서 처할 수밖에 없는 상황이죠. 그러니 '그렇게 혼란스럽고 불안해할 필요 없어. 내게 이런 약이 있거든'이라고 말하는 자칭 전문가에게 끌리는 걸 어렵지 않게 이해할 수 있습니다."[15]

그 약의 핵심 성분은 단순하다.

그만두지 말라는 것이다.


## 성공을 파는 사람들

소망하는 바를 종이에 적거나 그림으로 그리거나 확언하거나 명상하는 등 좋은 결과를 상상하는 것을 20세기 초반에는 신사고 운동new thought movement이라 불렀고, 요즘은 매니페스팅manifesting이라고 부른다.

이 매니페스팅을 아주 잘 뽑아냈고 퀴팅을 열렬히 비난한 책 두 권은 아직도 우리 주변에서 흔하게 볼 수 있다. 이 책들은 판촉 행사 같은 곳에서 판매되어 이모들이 좋은 뜻으로 크리스마스 선물 양말에 슬쩍 집어넣거나 졸업 선물로 주기도 한다.

그 책은 바로《생각하라 그리고 부자가 되어라》와《긍정적 사고방식》이다. 당신이 실물은 보지 못했을지라도 한 번쯤 제목은 들어보았을 것이다. 제목만으로도 미국 지식사에서 한자리를 꿰차고 있는 책들이다. 오늘날 라이프코치의 계보를 거슬러 올라가면 이 두 책의 저자를 만나게 된다. 나폴리언 힐과 노먼 빈센트 필이다.

필은 목사였고 힐은 판매원이자 배우 지망생이었는데, 둘 다 대중을 상대하는 일에 소질이 있음을 발견하고서 자기계발 사업에 뛰어들었다.

두 책에 담긴 개념과 이론은 같다. 원하는 것을 시각화하면 그걸 얻게 된다는 것이다. 오늘날 힘을 북돋아 주려는 포스터나 눈 덮인 산봉우리가 나오는 화면보호기에 등장하는 문구로도 자주 볼 수 있다.

'꿈꿀 수 있다면 이룰 수도 있다.'

여러분의 앞길을 가로막는 것은 자기 자신이고, 앞날은 그만두고 싶은 충동을 얼마나 잘 억누르는지에 달려 있으니 정신 차리라는 것이다.

힐의 책은 1937년에 초판이 발행되었고 그 후 수없이 많은 재판이 찍었다. 그는 퀴팅에 대해 다음과 같이 말했다.

"현실적으로 꿈꾸는 사람은 그만두지 않는다!"[16]

그는 서문에서 철강왕 앤드루 카네기에게서 '막대한 부를 얻고 계속 행복하게 사는 비결'을 배웠다고 주장했으나 힐이 카네기를 만났다는 증거가 단 하나도 없는 점,《생각하라 그리고 부자가 되어라》는 1919년에 83세로 사망한 카네기의 가까운 지인들마저 대부분 사망한 1937년에 출간된 점은 신경 쓰지 말자. 그리고 이 책에는 부자가 되는 생각을 아주아주 열심히 했다는 이유만으로 수백만 달러를 벌어들인 보통 사람들에 대한 출처 없는 이야기가 가득하다는 점도 신경 쓰지 말자.

힐이 주장한 전략 중에는 다음과 같은 것이 있다.

"생각에는 어떤 종류든 감정과 섞이면 비슷하거나 관련된 다른 생각을 끌어당기는 '자석 같은' 힘이 있다."[17]

포기하지만 않으면 무엇이든 이겨낼 수 있다며 이렇게 썼다.

"마음속에서 스스로 그만두지 않는 한 그 누구도 채찍질 당하지 않는다."[18]

'끈기'라는 제목의 장에는 이렇게 썼다.

"대다수는 반대나 불행의 조짐이 조금만 보여도 목적과 목표를 내동댕이치고 포기할 준비가 되어 있다. 끈기 부족은 실패의 주요 원인이다."[19]

대공황이나 주택시장 붕괴, 걷잡을 수 없는 인플레이션이 실패 원인이 아니라니! 시대적 흐름과 상관없이 가족 구성원이 다쳐서 몸이 상하거나 의료보험 혜택이 충분하지 않아서 실패할 수도 있다. 하지만 힐은 다음과 같이 설교한다.

"끈기가 없는 사람은 어떤 소명을 받더라도 눈에 띄는 성공을 거둘 수 없다."[20]

힐은 '끈기 목록'이라고 이름 붙인 것을 내놓았고, 독자들에게 열여섯 가지의 자기파괴적 행동 중 익숙한 것이 있는지 물었다. 주로 "반대에 부딪혔을 때 그에 맞서 싸우기보다 쉽게 타협하려는 태도로 나타나는 무관심" 또는 "패배의 조짐이 조금이라도 보이면 기꺼이, 더 나아가 열성적으로 그만두려고 하는 마음" 같은 것이었다.[21]

《생각하라 그리고 부자가 되어라》가 행사장에서 큰 소리로 약삭빠르게 손님을 끄는 것 같은 느낌이라면, 필의 책 《긍정적 사고방식》은 이보다 더 다정하고 차분하다. 전하는 메시지는 힐의 책과 거의 같지만 친절하고 할아버지 같은 말투 때문에 힐의 책만큼이 책을 싫어하기는 힘들다.

필의 책은 기쁨과 성공으로 가는 길, 힘이 되는 친구들과 사랑하는 가족을 얻는 길은 스스로 생각해 낼 수 있다고 말한다. 그냥 벌어지는 일은 없으며 모두 자신이 불러들였기 때문에 존재한다는 뜻이고, 자기 생각의 질과 방향에 따라 어떤 일을 삶에 불러들이게 된다는 뜻이다.

즉, 생각이 곧 운명이다. 그러니 그만둔다는 생각조차 하면 안 된다.

《긍정적 사고방식》은 강렬한 문구로 시작한다.

"자신을 믿어라! 자기 능력을 믿어라!"[22]

이 책에는 희망을 주고 마음을 뒤흔드는 비슷비슷한 내용의 행동 처방이 가득하다.

필은 이렇게 조언한다.

"앞으로 24시간 동안 직업, 건강, 미래를 비롯해 무엇이든 일부러 긍정적으로 말하라."

내가 산 중고 책의 이전 주인은 한쪽 여백에 단 한 줄만 써 놓았다. 59쪽까지 형광 주황색으로 미친 듯이 의견을 남긴 《목적이 이끄는 삶》의 이전 주인과는 달랐다. 이번에는 더 조용한 반응이었다.

밑줄 친 부분을 발견하자 나는 어느새 1952년에 반짝이는 새 책을 산 이전 주인을 떠올리며 뒷이야기를 마음대로 상상하고 있었다. 어쩌면 감정적으로 몹시 힘든 일을 겪은 다음 날 자정이 넘은 주방에서, 약속은 산산이 깨지고 마지막 기회도 날아가 버린 상황에서 밑줄을 친 게 아닐까?

이전 책 주인은 상심한 채 필의 다음 말에 밑줄을 그었다.

"마음 깊이 기대하는 것을 얻게 된다는 것은 명확하고 참된 원칙이다. 기대가 간절하다는 것은 그것을 실제로 원한다는 뜻이므로 이 원칙은 참일 수 있다."

이 문구 왼쪽 여백에는 작게 별표를 그리고 이렇게 써놓았다.

"나는 에디가 떠나길 원하는가?"

나는 이 사람이 에디가 돌아오기를 원했기를, 그가 사랑받을 만한 사람이기를, 결국 돌아왔기를 바랐다.

## 낡은 사다리를 걷어차고
## 좋은 사다리로 갈아타는 법

폴 피터슨은 어떤 자기계발서든 단 한 번도 밑줄을 그어본 적이 없다. 통찰력 있는 부분에 동그라미를 쳐본 적도 없다. 나중에 다시 보려고 책장 귀퉁이를 접은 적도 없다. 사실 자기계발서를 펼쳐본 적이 거의 없다. 그는 자기계발서를 매우 싫어하는데, 읽을 필요가 있을 것 같다며 사람들이 건네주는 그런 종류의 글을 특히 싫어했다. 그것은 마치 부탁하지도 않았는데 건네받은 다이어트 책 같다. 그런 책을 받고 나면 남은 하루 내내 복도 거울에 엉덩이를 비춰보며 근심하게 된다.

행복한 삶을 위한 소소한 조언이 담긴 책을 좋아하지 않는 피터슨조차도 사람들이 왜 그런 책을 사는지는 이해한다.

"규칙은 좋은 거죠. 사람들에게는 전략이 필요해요."

피터슨은 나쁜 상사를 여럿 겪었다. 아니, 피터슨이 한 말을 똑같이 쓰자면 손아귀를 벗어나기 전까지 그의 삶을 생지옥으로 만드는 '자기중심적인 개새끼'를 여럿 겪었다. 그중에서도 캘리포니아주 머데스토에서 만난 사람이 한 비열한 짓은 절대 잊지 못할 것이라고 했다. 그 사람은 피터슨에게 자기계발서를 건넸다.

"쓰레기 같았어요. 그 사람 뒤쪽 책장을 본 적이 있는데 온갖 자기계발서와 오디오북을 가지고 있더군요."[23]

피터슨이 심드렁하게 말했다. 그가 분노하는 것은 당연했다. 그는 조언을 듣지 않고도 잘 해내고 있었다. 재능 있고 똑똑했을

만 아니라 퀴팅의 전략적인 힘을 아주 잘 알고 있었기 때문이다.

　35년 동안 몇몇 라디오 방송국에서 방송하며 출연료를 더 많이 주는 큰 시장으로 차츰 옮겨 갔고, 더 좋은 제안을 받을 때마다 기존의 일을 즉시 그만두었다. 피터슨은 계속 나아갔다. 그리고 더 잘됐다. 그가 웃음을 터뜨리며 말했다.

　"전 자신에 대한 비현실적인 믿음이 있었어요. 그렇지만 제가 정말 하고 싶은 일이 무엇인지는 도무지 확신할 수 없었죠."

　애리조나주 메사에서 나고 자란 피터슨은 어린 시절에 두 가지를 좋아했다. 라디오에서 야구 중계를 듣는 것과 역시 라디오에서 록 음악을 듣는 것이었다. 그래서 라디오라는 공통분모가 그의 평생직업이 되었다.

　"라디오가 정말 좋았어요. 아주 짜릿했죠."

　피터슨이 확신에 차 말했다. 지금 그는 피닉스에 살고 있다. 그는 1980년 12월 8일 밤이 가장 기억에 남는다고 했다.

　"존 레넌이 암살된 날 밤, 방송에 출연 중이었어요. 전 세계가 정신이 나갔죠. 사람들이 방송국으로 전화를 걸어서 울었어요."

　날카로운 재치 덕에 피터슨은 방송계에서 빠르게 존재감을 드러냈다. 그는 피닉스의 방송국에서 일한 다음 캘리포니아주로 갔고 시카고를 비롯한 중서부 여러 도시에서 일했다.

　"전 먹이사슬 위쪽으로 빠르게 올라갔어요. 그 과정에서 제 경력에 대해 아주 실용적으로 생각하게 되었고요."

　피터슨은 대체로 자기계발 분야를 싫어하지만 아이러니하게도 가족 중에는 이 분야에서 사업을 한 사람이 있다.

"고모부가 자기계발 쪽에서 아주 유명한 분이었어요."

피터슨의 고모는 얼 나이팅게일의 첫 번째 부인이었다. 그는 1960~1970년대에 활동한 인기 라디오 진행자로, 외주 제작 쇼에서 굵직하고 듣기 좋은 바리톤으로 상투적인 격려의 말을 전했다. 1989년에 사망한 나이팅게일은 《생각하라 그리고 부자가 되어라》의 개념에서 아이디어를 얻어 자기계발 사업에 뛰어들었고, 책과 오디오북까지 사업 영역을 확장했다.

피터슨은 그동안 자신이 한 모든 퀴팅을 고모부가 알았다면 엄하게 꾸짖을 것이라고 확신했다. 하지만 피터슨은 퀴팅이 성공에 꼭 필요했다고 말한다. 퀴팅은 사다리를 오르는 또 다른 도구이자 길이었다.

"저는 인생에서 큰 무언가를 원했어요. 방송은 그걸 이루기에 완벽했죠. 제 목소리는 차분하지도 조용하지도 않고, 크니까요."

그는 킬킬대며 말을 맺었다.

## 퀴팅이 필요한 순간

어느 날 상사가 저를 호출하더니 제 원고를 욕하기 시작했어요. 학대라고 느껴질 정도로 잔인한 말을 들었죠. 전 머리끝까지 화가 나서 "내가 하는 걸 당신은 못 하잖아"라고 말했어요. 그러고는 상사의 사무실 바깥에 있던 사람들을 가리키며 "저기 있는 사람들 누구도 내가 하는 걸 못 해"라고 했고요. 저는 기운이 솟아서 제 말이 옳다는 걸 보여주려고 벌떡 일어났어요. 수문이 열린 것 같았죠. 제 자리로 돌아가 그날 근무를 마쳤어요. 그리고 집에 가서 딱 한 문장만 써서 이메일을 보냈어요. "돌아가지 않겠습니다"라고요.

- 폴 피터슨

## 나에게 맞는 일을 찾기 위한 퀴팅 전략

론과 릭은 한 번도 만난 적 없고 앞으로도 그럴 것이다. 그들은 약 1600킬로미터 떨어져서 산다. 그들의 접점은 삶의 방향을 바꾼 일을 각자 내게 여러 번 이야기했다는 것뿐이다. 이 둘은 퀴팅이 삶에 미치는 영향을 매우 다른 관점에서 바라보았다. 한 사람은 퀴팅을 닻으로 보았고, 다른 한 사람은 돛으로 보았다.

론 로덴은 자칭 탐색자다. 중서부 지방 어느 소도시의 외곽에서 아내와 반려견 두 마리와 함께 산다. 집에는 자기계발서가 가득 꽂힌 책장이 몇 개 있다. 그는 그 책들의 내용을 인용하는 데도 막힘이 없었다. 스마트폰으로 유튜브 영상도 자주 보고, 자기계발서 저자들이 제작한 팟캐스트도 종종 듣는다. 그는 이렇게 말했다.

"제 평생은 영혼을 찾는 과정이었습니다. 언제나 영혼을 찾고 싶다고 갈망했고 그걸 이루려고 노력했어요. 하지만 이루지 못했어요. 왜 그렇게 여러 번 직장을 그만두었는지 묻는다면, 그 일들이 영혼을 찾고 싶은 갈망을 채워주지 못했기 때문이라고 답하겠습니다."[24]

로덴은 내가 퀴팅에 대해 이야기하고 싶어 한다는 걸 알고서 예전 이력서를 몇 장 꺼내 보였다.

"1986년부터 일을 했습니다. 제가 이렇게 여러 일을 했다는 걸 잊고 있었어요."

그 목록 중 일부를 소개하겠다. 로덴은 놀이공원과 월마트에서 사진사로 일했다. 맥도날드에서 조리를 담당하다가 그 후에는 작은 식당에서 요리했다. 공장 노동자, 전기기사, 사교댄스 강사, 마사지사, 컴퓨터 회사 접수대 담당자, 사무실 생수 배달원, 바텐더, 장거리 화물차 운전사, 부동산 판매인, 경매사로도 일했다. 사업도 몇 번 했는데, 카누와 커피 탁자를 만들어서 판매했다.

"초반에 했던 일 중 몇 가지는 계속했더라면 어땠을까 싶어요. 그랬다면 지금 더 나은 위치에 있을 것 같거든요."

## 퀴팅이 필요한 순간

왜 그렇게 자주 일을 그만두었는지 생각하다가 제가 남들이 하는 일을 원치 않았다는 사실을 깨닫고 놀랐습니다. 그게 일을 그만두게 한 원동력이었어요. 남들과 달라지고 싶었던 거요. 평범한 사람이 되는 일에는 조금도 흥미가 없었습니다.

– 론 로렌

로덴의 기술과 경험은 놀라울 정도로 폭이 넓었다. 그는 제자리에만 머물다 실패하지 않았고, 그만두고 다른 곳으로 옮겨 가기로 정했다. 고용주들은 떠나는 그를 보며 안타까워했다. 그를 금세 다시 데려가려 하기도 했다. 하지만 수많은 자기계발서와 영상은 로덴이 여러 직업을 전전했기 때문에 현재에 만족하지 못한다고 탓할 것이다.

그만두기가 정말 경력을 망칠까? 다양한 일을 하는 것이 그 정도로 나쁠까? 2021년 〈Inc.〉 기사에 따르면 절대 그렇지 않다. 해당 기사에서는 어느 임원 코칭 전문가의 말을 인용했다.

"이상적인 직업을 찾기 위해 그렇게 서두를 필요는 없습니다. 일을 시작한 초기에는 다양한 직업을 시험해 보아야 합니다."[25]

더 나은 무언가 또는 단순히 다른 무언가를 위해 그만두는 것은 일탈이 아닌 표준이 되어야 한다.

〈Inc.〉 기사에 따르면, 스무 살의 자신에게 어떤 조언을 해주겠느냐는 링크드인의 조사에서 "같은 조언이 반복해서 등장했다." 그 조언을 요약하자면 "계속 시도해라" "실수하고 계속 배워라" "탐험을 두려워하지 마라" 등이다. 이 기사에서 조언한 내용의 핵심은 '어떤 진로를 선택해야 할지 파악하는 데 가장 좋은 방법은 직접 해보는 것이다'였다.

어쩌면 우리가 피해야 할 대상은 퀴팅이 아니라, 사회가 고집하는 퀴팅에 대한 부정적인 연상인지도 모른다.

## 변화를 받아들이는 힘

릭 맥베이도 직장을 여러 번 옮겼지만 그는 희망을 좇는 과정이 괴롭지 않았다. 오히려 기뻤다고 했다.

"삶의 그 시점에서는 일을 그만두는 것이 매번 옳은 결정이었습니다. 전 변화를 아주 좋아합니다."[26]

맥베이는 최근 일리노이주 리버포레스트에서 앨라배마주 모빌로 이사했다.

"가장 친한 친구가 뉴올리언스에 살아요. 1년에 몇 번 그곳에 가서 친구와 함께 자동차 여행을 떠나죠. 모빌에도 그때 갔는데 계속 다시 가게 되더라고요. 갈 때마다 더 좋아졌지요."

펜실베이니아주 랭커스터에서 태어난 맥베이는 아버지가 일하는 캐터필러 트랙터 공장이 있는 인근 도시 요크에서 자랐다. 고등학교 졸업반 때 들어간 맥베이의 첫 직장도 그곳이었다. 회사는 그를 경영 훈련 프로그램에 등록한 다음 클리블랜드로 보냈다.

그 후 오랫동안 여러 직장과 도시와 모험이 이어졌다. 맥베이는 더 유망한 무언가가 다가왔을 때 그것을 잡았다. 잠시 남성복 판매점을 운영한 적이 있는데, 직원 한 사람이 간호학교에 가겠다고 하자 맥베이는 '간호학교라. 흠…'이라고 생각했다.

결국 마흔 살에 간호학교를 졸업한 그는 3년 동안 응급실 간호사로 일했다. 그런 다음 루이빌로 가서 새로운 에이즈 치료법 임상시험을 도왔고, 그 후 일리노이주의 여러 도시에 잠깐씩 머물며 심혈관 부서에서 일했다. 제약회사 영업 사원으로 일하기도 했는데, 그 덕분에 며칠마다 새로운 도시에 가보았다. 맥베이는 당시를 회상했다.

"정말 좋았어요. 월요일에는 마이애미, 수요일에는 샌디에이고. 이런 식이었죠."

하지만 그 일을 할 만큼 하고 나자 또다시 '흠…' 하는 순간이 찾아왔고 그는 게스트하우스를 인수할지 생각했다.

"그런데 일이 너무 많을 것 같았어요."

대신 맥베이는 가까운 시카고의 링컨파크에 있는 꽃가게를 샀고, 5년 동안 운영했다.

"밥 딜런, 셰릴 크로, 미셸 오바마, 비너스와 세리나 윌리엄스 자매를 비롯해 대단한 손님들이 왔죠."

맥베이는 20년 동안 사귄 애인과 원만하게 관계를 끝맺었다.

"전 애인이 그런 말을 하더라고요. 완전히 다른 도시로 이사 가자마자 완벽히 적응해서 잘 사는 제가 대단해 보였다고요."

맥베이가 주기적으로 그만두는 것은 직장뿐만이 아니었다. 그는 한동안 장로교 신자였고 교회에서 집사로 임명되기도 했다. 그러다가 가톨릭 신자가 될지 곰곰이 생각했지만 결국 성공회 신자가 되기로 했다. 지금은 자신을 유대교 신자로 소개한다.

"개종하기 전에 18주 동안 교리 교육을 받았어요."

모빌로 이사한 것은 원래 은퇴 계획 때문이었으나 지금 그는 부동산 중개사 자격증을 딸지 생각 중이다. 이는 곧 앞으로 '흠…' 하는 순간이 또 올지도 모른다는 뜻이다.

"다음에 도전할 걸 찾아봐야죠."

사람들이 그에게 너무 자주 그만둔다고 말한 적이 있을까? 없었다.

"사람들에게 제 이야기를 하면 자극받더라고요. 가끔 사람들이 '나이 드는 게 정말 싫어'라고 말하면 전 그들에게 '왜? 이보다 더 좋을 순 없는데!'라고 말해요."

맥베이는 퀴팅이 '자유롭게 하는 힘'이자 잎채소를 많이 먹고 아침에 명상하는 것에 견줄 만큼 '건강한 습관'이라고 생각한다. 퀴팅은 그가 몸과 마음과 영혼을 더 유연하게 유지하는 데 도움이 되었다.

"살면서 지금처럼 행복하고 만족스러웠던 적이 없어요."

전략적
그만두기의
조언

여러분은 어려서부터 끈기가 성공의 열쇠라고 들었다. 그만두기는 나쁘다고 주장하는 책을 읽고 팟캐스트를 듣고 유튜브 영상을 보기도 했다. 하지만 다른 각도에서 보면 그만두기의 모습은 더 복잡하다. 결국 퀴팅은 새롭게 시작하는 방법이자 자신이 누구인지와 어떤 사람이 되고 싶은지 사이에 선을 긋는 일이다. 집중력이 부족해서가 아니라 무한한 가능성을 감지했기 때문에 그만두는 것이다. 그러니 필요하다면 언제든 그만두자.

## chapter 5

# 운과 내려놓기
# : 어떤 일은 이유 없이 그냥 일어난다

우리는 근본적으로 무작위성을 견디지 못한다. 제아무리 허울뿐인 명분일지라도 그 명분을 찾아 위안을 얻고 나서야 포기한다. 그런데 이제 갑자기 양자물리학에서 모든 일은 아무 이유 없이 일어난다고 한다. 아인슈타인은 이것 때문에 혼란스러워했다. 그는 우리에게 무작위성이 있다면, 물리학자 말고 카지노 일이나 하겠다고 외쳤을지도 모른다.[1]

– 안톤 차일링거, 노벨 물리학상 수상자

샤론 하비는 자기가 한 일이 별로 없다고 했다. 퀴팅이라는 대담하고 겁 없는 행동으로 수없이 많은 떠돌이 개와 길고양이의 생명은 물론 그녀의 삶도 더 나은 쪽으로 영원히 바뀌었지만, 이건 그녀가 한 일이 아니라고 힘주어 말하며 강력하고 신비로운 두 요인 덕분이라고 했다.

첫 번째는 행운이고, 두 번째는 반려견 휴다.

행운에 대해서는 잠시 후에 살펴보기로 하고, 먼저 휴가 한 여성의 삶을 휴가 어떻게 바꾸어놓았는지 알아보자. 하비는 세계적으로 유명한 의료시설인 클리블랜드 클리닉의 혈관의학과에서 2003년까지 거의 20년 동안 관리자로서 좋은 평판과 높은 급여를 받으며 막중한 책임을 져왔다. 어느 날 하비는 클리블랜드 교외에 있는 집 근처 보호소에서 자원봉사를 하기로 결심했다.

"전 2000년 이전에는 동물보호소에 가본 적도 없었어요."[2]

맨 처음 맡은 일은 휴라는 이름의 개를 훈련하는 일이었다.

"휴는 대형 쓰레기통 옆에서 처참한 모습으로 발견되었어요. 정말 많이 아팠고요. 하지만 녀석에게는 불꽃이 있었어요. 살고자 하는 열정이었죠. 게다가 놀라울 정도로 용감했어요. 털은 평범한 갈색이었어요. 덩치가 크고 갈색 털이 복슬복슬한 개였죠. 정말 멋진 녀석이었어요. 휴는 재주를 많이 부리는 개는 아니었어요. 그저 믿음직하고 헌신적이었죠. 그런데 막상 애착을 형성하면 아주 단단하고 강한 유대감을 보여준답니다."

하비는 휴를 입양하고 나서 보호소에서 더 많은 시간을 보내며 또 다른 휴를 보살피고 먹이는 일을 도왔다. 그러다가 유급인 보호소 소장 자리가 비자 정말 놀랍게도 무척 끌리는 자신을 발견했다. 그녀는 결정을 내려야 했다.

한편으로는 클리블랜드 클리닉에서 오래 일하며 쌓은 경력과 성취감이 마음에 걸렸다. 또 다른 한편으로는, 휴가 걸렸다.

"전혀 다른 분야로 옮기는 큰 변화를 시도할 용기를 낸 건 휴 덕분이었어요. 전 위험을 떠안는 사람이 아니에요. 변화도 좋아하지 않고요. 게다가 급여도 엄청나게 깎이고 각종 혜택도 사라질 예정이었죠."

하지만 논리와 이성을 모두 넘어설 만큼 사랑하는 개를 키워본 적이 있다면, 그 개의 눈을 바라보며 그 안에서 길을 잃고 구조를 기다리는 인정 넘치는 개들의 영혼을 본 적이 있다면 하비가 어느 쪽을 선택했는지 알 수 있을 것이다.

"안전하고 확실하고 타당한 쪽으로 갈 것인가, 이번만큼은 열정을 좇을 것인가 고민했어요."

하비는 확실한 쪽을 그만두었다. 그녀는 몇 년 동안 지역 동물보호소를 운영한 뒤에 클리블랜드 동물보호 연맹의 최고 직책을 맡게 되었고, 지금 그곳에서 직원 70명을 이끌며 연간 예산 650만 달러를 관리한다.

클리블랜드 클리닉을 그만둔 일은 하비가 중요한 무언가를 그만둔 최초의 경험은 아니었지만, 그렇게 하고서 뒤돌아보지 않은 적은 처음이었다. 그녀는 1981년 미국 해안경비대 사관학교에 입학한 여학생 중 2등이었다. 하지만 성차별이나 괴롭힘에 타협하지 않고 자퇴했다.

"그전까지 가족에게 실망을 준 적은 한 번도 없었는데, 2년 만에 자퇴하는 바람에 다들 무척 실망했어요. 그래서 그냥 참고 견딜 걸 그랬나 하는 생각을 한 시기도 있었어요."

하지만 하비는 두 발 달린 동물을 돌보는 세계에서 네 발 달린 동물을 구조하는 세계로 옮겨간 일에는 단 한 번도 의문을 가진 적이 없다.

"한 번도 후회하지 않았어요. 단 한 번도."

하비는 이렇게 도약할 수 있도록 도와준 휴에게 언제까지고 고마워할 것이다. 그런데 휴의 거부할 수 없는 매력과 함께 작용한 또 다른 요인도 있었다. 바로 뜻밖의 행운이었다. 토머스 울프는 이를 "먼지투성이 세상에서 새로운 마술을 만들어내는, 운이라는 어두운 기적"이라고 불렀다.[3]

하비는 휴와 만나지 못했을지도 모른다는 것을 알고 있다.

"분명 운이 작용했어요. 저는 세상에서 가장 용감한 사람이 아니에요. 그저 딱 맞는 시기에 딱 맞는 장소에 있었을 뿐이에요. 어떤 일들은 때가 맞아떨어져서 막힘없이 진행되기도 해요. 기회가 맞아떨어지지 않았더라면 이런 일을 스스로 계획했을지는 모르겠어요."

휴가 하비의 삶에 들어오지 않았다면 어땠을까? 그랬다면 무슨 일이 일어났을까?

알 수 없다.

자신이 가는 길이든 다른 사람의 길이든 아무도 모르기 마련이다. 이런 생각은 주로 잠이 오지 않는 늦은 밤에 하게 된다. '만약에 그때 그랬다면 어떻게 됐을까?' 우리 스스로 이런 질문을 한다는 사실만 봐도 왜 더 자주 그만두지 못하는지 그리고 왜 더 자주 그만두어야 하는지까지 많은 것을 알 수 있다.


## 때때로 일은 그냥 일어난다

딱히 새로운 것 없는 이야기지만 일단 해보겠다.

삶은 터무니없을 만큼 무작위적이고 정말 화가 날 만큼 이해하기 힘들다. 자격 있고 명예로운 사람들이 실패하기도 하고 하류 인생을 사는 쓰레기가 정상에 오르기도 한다. 삶은 공평하지 않다. 이는 전혀 과장이 아니다. 이쯤에서 이런 의문이 들 수도 있다.

"저기요, 잠시만요. 이게 다들 이미 알고 있고 새로운 것 없는 이야기라면 왜 그 얘기를 또 하는 거죠? 이런 거 말고 큰 갈색 개의 모험 이야기나 더 하는 게 어때요?"

'운명은 예측할 수 없다'라는 불편한 진실을 우리가 너무 열심히 부정하기 때문이다. 이렇게 부정하는 태도는 퀴팅을 대하는 방식에서 두드러진다. 우리는 삶의 주도권을 쥐고 있는 척하기를, 스스로 결정하는 척하기를 훨씬 좋아한다. 새뮤얼 스마일스가 주장했듯이, 우리는 자신에게 일어나는 일이 선택의 직접적인 결과이자 목표 달성을 위해 쏟아부은 노력과 희생의 총량이 만들어낸 결과라고 생각하고 싶어 한다. 또한 먼저 그만두지 않으면 성공할 것이라고도 믿는다.

좋은 생각이기는 하지만 말도 안 되는 헛소리다. 우리는 불가

피하게 상황에 휘둘린다. 상황은 우리의 꿈이나 건강과 행복 같은 것은 안중에도 없다. 우리가 여유를 즐기며 쉬었는지, 발톱에 진분홍색 매니큐어를 발랐는지 관심도 없다. 우리가 친절하고 사려 깊은지, 이기적이고 무례하게 구는지도 신경 쓰지 않는다.

왜냐하면 일은, 그냥, 일어나기 때문이다.

이러한 무작위의 결과는 좋을 수도 있고 나쁠 수도 있다. 하비가 운영하는 동물보호소에서 최근에 입양된 개나 고양이만 봐도 알 수 있다. 길거리를 벗어나 규칙적으로 먹이를 맛있게 먹게 된 녀석들의 눈을 보면, 언어의 장벽을 넘어서 그들이 표하는 고마움을 느낄 수 있다. 때로는 우연이 멋진 결과로 이어진다. 때로는 아닐 수도 있지만.

## 삶의 무작위성 받아들이기

그날 대형 쓰레기통 옆에서 굶주린 채 떨고 있던 휴를 어떤 사람이 발견해서 다른 골목으로 데리고 갔다면, 그래서 휴가 제때 구조되지 않았다면 어떻게 됐을까?

삶은 도박이다. 우리 모두 이 사실을 알고 있다. 하지만 여러분을 더 나은 사람이 되게 해주겠다고 약속하는 책에서는 정확히 그 반대의 메시지를 전한다. 그런 책에서는 삶이 무조건 자기 책임이라고 호언장담한다.

그럴 만한 이유가 있다. 헤아릴 수 없이 광대한 우주에서 나라는 존재는 별로 중요하지 않다고, 혼란이 지배하고 고통은 피할 수 없다고, 매일 아침 긴 시간 동안 명상하고 긍정적인 말을 여러 번 반복하고 식단에 풀때기를 욱여넣고 땀을 뻘뻘 흘리면서 운동을 하더라도 일정한 수의 나쁜 일은 아무 이유 없이 그냥 일어날 것이라고 사람들에게 말하는 것은 크게 자극이 되지 않는다고 여기기 때문이다. 자기계발 팟캐스트나 채식 기반 음식 배달 서비스의 판매 전략으로도 권장되지 않는다.

우리는 이런 사실을 잘 알고 있음에도 스스로 삶을 꾸려가고 있다는 허구의 이야기를 기꺼이, 고맙게 받아들인다. 무력한 피해자가 된다는 반대쪽의 메시지보다는 기분 좋기 때문이다.

우리는 삶의 본질적 무작위성이라는 불편한 진실을 인정하고 싶어 하지 않는다. 바람직하지 않은 결과를 맞이했을 때, 무엇을 선택하든 우리는 일어난 일에 영향력을 행사하지 못하는 경우가 더 많다고 인정하는 것보다는 잘못된 선택을 했다고 탓하는 편이 더 낫기 때문이다. 이때 선택을 잘못한 사람이 내가 아닌 다른 사람이라면 더 좋다. 그런 경우에는 마음껏 비판할 수 있으니까.

때로는 최선을 다하는 것이 중요하지 않다. 왜냐하면 일은, 이유 없이, 그냥, 일어나기 때문이다. 언제나, 어디서나.

우리가 초래한 일이 아니다. 바꿀 수 있는 일도 아니다.

이혼이나 화산 폭발, 사고나 비정상적인 일들, 일어나기를 원치 않지만 그래도 일어나는 일들, 또는 여러분이 한 일들, 일어날 줄 몰랐지만 일단 일어나면 좋은 쪽으로든 나쁜 쪽으로든 삶의 방향을 영원히 바꾸어놓는 일들….

우리는 이 사실을 알고 있으면서도 알고 싶어 하지 않는다. 그래서 반발심 때문에 반대를 약속하는 개념에 빠진다. 선장석에 앉아 있고, 권좌를 쥐고 있고, 왕관을 쓰고 있는 사람은 자기 자신이라고 말하는 개념에 빠진다. 이런 개념에서는 우리에게 힘과 선택권이 있다고 자신 있게 말하며 배의 방향키, 조종간, 칼자루를 우리가 쥐고 있다고 주장한다.

대니얼 카너먼은 인간의 인지 부조화를 예리하게 연구한《생각에 관한 생각》에서 다음과 같이 지적한다.

"우리 머릿속에는 한계가 있다. 우리는 알고 있다고 믿는 것에 자신감이 지나치다. 그리고 우리가 얼마나 무지하고 우리가 살고 있는 이 세상이 얼마나 불확실한지 전혀 인정하지 않는다. 우리는 스스로 세상을 많이 이해하고 있다고 과대평가하고 인간에게 일어나는 사건에서 우연의 비중을 과소평가하는 경향이 있다. 과도한 자신감은 시일이 지나야 알 수 있는 일을 지금 명확하게 안다고 착각하는 데서 비롯된다."[4]

좀 더 솔직해지자면, 우리는 더 이상 스스로 삶을 다스릴 수 없는 상황에 빠지기 전까지, 스스로 초래하지 않았지만 삶이 바뀌는 상황에 직면하기 전까지 삶은 스스로 통제할 수 있는 것이라는 신화를 유지하려고 애쓸 것이다. 한 번도 들어본 적 없는 질병을 진단받거나 사랑하는 사람의 죽음 때문에 괴로운 상황, 또는 이보다 충격이 덜한 경우라면 친구 때문에 실망했거나 진급에서 빠진 상황을 예로 들 수 있겠다.

우주의 기운을 담아 동전을 던졌을 때 앞면과 뒷면이 나올 확률은 같으므로 좋은 일이 그냥 생길 수도 있다. 아기가 태어나거나 취직하거나 애인이 생기거나 약속에 늦었는데 계속 초록 불을 만나고 도로 정체도 없는 상황을 축하할 수도 있다. 동전의 앞면과 뒷면, 그러니까 성공과 실패 어느 쪽으로도 갈 수 있다는 사실은 짜릿한 동시에 두렵다.

그렇기에 우리는 이런 무작위성을 딛고 올라서서 우연과 우발적인 일에 대처할 방법을 찾아야 한다. 우리는 영원히 낙담하거나 끊임없이 환멸을 느끼거나 이런 우여곡절의 희생양이 되지 않도록 우리가 가진 미약한 지배권을 행사하는 법을, 눈앞에서 항상 혼란스럽게 무너지는 듯한 세상에 마지막으로 남은 통제권이라는 가늘고 약한 실을 움켜쥐는 법을 배워야 한다.

오래전부터 우리는 손에 잡히는 것은 무엇이든 이를 악물고 움켜쥐라는 조언을 들었다. 거세게 흔들리는 로데오 기계 위에서 떨어지지 않으려면 뭐든 꼭 잡아야 하듯, 그렇게 성공과 기쁨을 붙잡으라고 한다. 하지만 나는 다른 제안을 하고 싶다.

그만두자.


## 용기와 품위를 잃지 않고 시련을 넘기는 법

2009년 9월 7일 네이비 실 소속 대니얼 크노슨은 아프가니스탄에서 순찰 중 지뢰를 밟았다. 월터리드 국립군병원에서 혼수상 태로 8일을 보낸 뒤에야 깨어난 그는 자신의 부상이 어느 정도인 지 알게 되었다. 양쪽 다리 모두 무릎 아래를 절단했고 골반이 부 러졌으며 내부 장기가 심각하게 손상되었다. 앞으로도 스무 번이 넘는 수술이 기다리고 있었다.

2022년 〈워싱턴 포스트〉와의 인터뷰에서 크노슨이 밝힌 바에 따르면, 그가 시련을 이겨낸 유일한 방법은 네이비 실 훈련 중에 익힌 기술을 사용하는 것이었다.

아주 간략하게 줄이자면, 그는 그만두었다.

크노슨은 고귀하고 추상적이고 대단히 중요한 목표들을 포기 해야 했다. 멀고 흐릿한 목표는 도달할 수 없어서 낙담하기 때문 이다. 그는 꿈꿔온 삶의 길을 버리고 다른 길을 찾거나 만들어야 했다. 크노슨은 〈워싱턴 포스트〉와의 인터뷰에서 이렇게 말했다.

"장기적인 목표를 세우는 건 도움이 되지만 저에게 실제로 필 요한 건 집중할 수 있는 단기 목표였습니다. 하루하루를 버텨야 했으니까요."[5]

그는 '지옥주'라는 이름으로 불리는, 믿기 힘들 정도로 가혹한 네이비 실 훈련에서 익힌 것과 비슷한 기술을 활용했다. 종합적 인 목표를 설정하는 대신 '당면한 세부 과업을 끝까지 해내는 것 이 더 나은 전략'임을 깨달았다. 거창한 구호도, 자극을 주는 원대 한 인용구도 필요 없었다. 눈앞에 닥친 순간 이외의 것은 보지 않 았다. 그저 꾸준히 조용하게 조금씩 앞으로 나아갔다.

크노슨은 작은 것을 받아들이기 위해 큰 것을 그만두었다. 그리고 그 결과 작은 것들이 쌓여 큰 것이 되었다. 삶을 다시 일으켜 세울 수 있게 된 것이다.

2018년 동계 패럴림픽 남자 바이애슬론 종목에 출전해 금메달을 획득한 크노슨은 국가를 위해 복무하는 동안 폭발 사고로 다리가 절단될 줄 몰랐다. 하지만 끔찍한 부상이라는 도전에 맞서, 그는 삶의 방식 한 가지를 포기하고 다른 한 가지를 택해야 했다. 때로 그것은 그저 하루, 또는 한 시간을 잘 보내는 것을 의미했다. 크노슨은 지뢰와 절단이라는 운명을 선택하지 않았다. 하지만 용기와 품위로 운명에 대처하는 방식은 그가 택한 것이다.

몸과 마음이 완전히 파괴될 정도의 시련을 겪은 사람들은 크노슨 외에도 많다. 이들 역시 스스로 바꿀 수 없는 것과 바꿀 수 있는 것을 구분했다. 바꿀 수 있다고 판단되는 시련은 나서서 변화를 도모했다. 그 변화는 주로 그만두기였다.

## 상황을 바꿀 수 없다면 벗어나자

"우리에게 일어나는 일을 항상 통제할 수는 없다는 교훈을 얻었어요. 우리가 통제할 수 있는 것이라고는 시간을 어떻게 보내느냐 정도입니다. 지금 배우고 있는지, 성장하고 있는지 확인하는 것이지요."[6]

미셸 웰든이 말했다. 그녀는 시카고 교외에 사는 열정적이고 에너지 넘치는 여성이다. 책을 여섯 권 출간했고 얼마 전에 일곱 번째 책을 탈고했다. 에세이는 헤아릴 수 없이 많이 썼다. 노스웨스턴대학교에서 약 20년 동안 강의했고, 지금은 자기 길을 찾으려는 작가들의 멘토 역할을 한다.

웰든은 개인적으로 충격적인 경험을 한 뒤에 제 길을 찾았다. 살면서 하고 싶었던 경험은 아니었다. 사실 그 누구도 바라지 않을 것이다. 하지만 일은 벌어졌고 그녀는 그 일을 해결해야 했다.

해결 방법 중 하나는 그 일이 그녀의 잘못이 아님을 깨닫는 것이었다. 그녀에게 무언가를 바꿀 힘이 있음을, 매우 중요하지만 자주 간과되는 진실을 사람들에게 전해줄 책임이 있음을 깨닫는 것이었다. 그 진실이란 퀴팅은 항상 선택지에 있고, 그 선택이 최선일 수 있다는 것이다.

"카리스마 있고 성공한 변호사와 결혼해서 9년을 살았어요. 다들 멋있다고 생각하는 남자였죠. 하지만 그 사람은 저를 신체적·정서적으로 학대했어요. 부부 상담을 받을 때 전 항상 이 상황을 바로잡으려고 노력했어요. 그러다가 문득 깨달았죠. 제가 이 상황을 바로잡을 수 없다는 걸요."

그럼에도 웰든은 어린 세 아들 때문에 결혼 생활을 유지했다. 결혼 생활을 끝내고 혼자 아이들을 키우는 것은 최후의 수단이었다. 이는 낯선 영역으로 직행하는, 감당하기 힘들 정도로 엄청난 행보였다.

"그전에는 뭔가를 그만둬 본 적이 없어요. 언제나 제가 상황을 바꿀 수 있다고, 개선할 수 있다고, 견딜 수 있다고 생각했죠. 그러다가 통계를 봤어요. 엄마 혼자 키운 아들이 재정적·정서적으로 어떻게 될 수 있는지 알게 되었죠. 가능한 한 모든 해결 방안을 동원해야겠다고 생각했어요."

남편과의 긴장이 다시 고조되자 그녀는 의심하고 자책하며 고심했다. 그리고 1986년 마침내 결혼 생활을 끝내기로 마음먹었다. 웰든은 당시를 떠올리며 '내가 정말 이걸 해내다니 믿기지 않아' 같은 식의 생각이 들었던, 정말 충격적인 순간이었다고 했다.

친구들은 그녀를 응원하려 했지만 때로는 마음속에서 보내는 메시지가 외부에서 들어오는 메시지를 차단하기도 했다.

"친구들이 '넌 정말 용감해'라고 말하면 속으로 '정말 그럴까? 멍청한 게 아니고?'라고 생각했어요."

웰든은 불안과 두려움을 글로 표현하기로 마음먹었고, 글을 쓰는 과정에서 치유되기를 바랐다. 그녀는 자신의 경험담을 에세이로 써서 공모전에 투고해 1등 상을 받았다. 이 에세이는 그녀의 첫 회고록《나는 눈을 감았다 Closed My Eyes》의 첫 장에 실렸다.

"나 자신에게 솔직하게 말한 건 그게 처음이었어요. 그것도 큰 소리로요."

## 퀴팅이 필요한 순간

저처럼 아이들과 나이 든 부모님까지 돌보며 살림을 하고 직장 생활까지 하는 여성들은, 때로 한 가지라도 덜 하고 싶어요. 같이 부대끼고 책임지는 데 너무 지쳐서, 때로는 말하고 듣고 영화를 고르는 것조차 하고 싶지 않아요. 가끔은 가정이라는 기업의 CEO로 돌아가기 전에, 잠시 조용히 긴장을 풀고 싶어요.

- 미셸 웰든

웰든은 한때 생각조차 할 수 없었던 그만두기가 이제는 마음대로 사용할 수 있는 전략이 되었다고 한다. 2021년에 사랑하는 오빠 폴이 암으로 사망하는 비극을 겪으면서 그녀는 창조적이고 삶을 긍정하는 퀴팅의 힘을 다시 한 번 깨달았다. 그녀가 오빠를 구하기 위해 할 수 있는 일은 없었지만 오빠의 삶을 보며 자신의 통제를 벗어난 일을 용서하자고, 시간이나 감정적 에너지처럼 스스로 통제할 수 있는 것들을 긍정적으로 사용하자고 스스로에게 다시 상기했다.

"오빠가 죽고 나서 친구들과의 관계나 다른 인간관계를 훨씬 더 신중하게 대하기 시작했고, 지루하고 기운 빠지는 관계는 그만두었어요. 그런 것들에서 멀어지자 정말 자유로워졌고요. 전 그저 자신에게 질문을 던졌을 뿐이에요. '정말 그 일을 하는 데 내 시간을 쓰고 싶어?'라고요."

## 인생에 여유를 되찾는 방법

웰든과 마찬가지로 에이미 디킨슨도 그만두는 법을 배워야 했다. 디킨슨 역시 자신의 의지로 일어나지 않은 사건을 통해 그만두기를 배웠다. 그 일들은 대부분 그냥 벌어졌고, 겪지 않을 수만 있다면 세상 무엇이든 주었을 만한 일들이었다. 그래도 디킨슨은 그만두기의 힘을 발견했다. 그리고 그 힘이 얼마나 삶을 긍정하고 치유하는지 깨닫게 되었다.

디킨슨이 고정 출연하는 미 공영라디오 방송국(이하 NPR)의 퀴즈쇼 〈잠깐… 말하지 마!Wait Wait... Don't Tell Me!〉에서 그녀의 순발력 있고 재치 있는 말을 들어보았을지도 모르겠다. 또는 전국에 배포되는 조언 칼럼에서 독자의 질문에 간단명료하면서도 사려 깊고 재미있게 답하는 것을 읽으며 고개를 끄덕인 적이 있을지도 모르겠다. 베스트셀러에 오른 디킨슨의 회고록《프리빌의 힘센 여왕들The Mighty Queens of Freeville》이나《낯선 이들이 건네는 말Strangers Tend to Tell Me Things》을 읽어보았을지도 모르겠다.

디킨슨은 자신감이 넘치고 낙천적인 성격에 재주가 많고 심지가 굳은 여성의 이미지였다. 하지만 그녀의 말에 따르면 언제나 그렇지는 않았다.

"간략히 말하자면 아버지가 정말 갑자기 가족을 떠났어요. 자식 넷과 저당 잡힌 농장 그리고 하루 두 번씩 젖을 짜야 하는 젖소가 꽉 찬 헛간을 남기고서요. 제대로 그만둔 거죠! 나중에는 제 첫 번째 남편도 떠났어요. 역시나 아주 갑자기요. 이번에도 그만둔 거

죠! 이렇게 몇 번 아주 크게 그만두기를 당한 사람으로서, 지금껏
전 그만두기에 맞서 고군분투했어요."[7]

디킨슨의 말에 따르면, 그 결과 그녀는 퀴팅의 개념과 정반대
의 사람이 되었다. '그만두면 지는 것이다'라고 확신한 그녀는 스
스로 의욕적이고 양심적이며 그 무엇도 그리고 그 누구도 포기하
지 않는, 굳게 믿을 수 있는 사람으로 바뀌었다. 그 후 미국 혁명여
성회에서 탈퇴한 2020년은 그녀의 인생에 전환점이 되었다. 이에
대해서는 11장에서 살펴보겠다.

"무언가를 그만둔 건 난생처음이었어요. 완전히 해방된 기분이
었죠."

디킨슨은 다른 사람의 기대는 저버리고 자기 마음과 도덕적 나
침반이 가리키는 대로 하는 것이 핵심이라고 조언한다.

"우리는 충분히 자주 그만두지 않는 것 같아요. 저도 그랬고요.
최근 미국인들은 권리만 중요시하고 규율이 없다는 평을 듣곤 하
지만, 우리의 문화 DNA에는 의무를 중단하거나 그만두었을 때
수치스러워하는 감정이 뿌리내리고 있어요. 전 즐겁지 않은 무언
가를 의도적으로 그만두면 다른 무언가를 할 여유가 생긴다고 믿
어요. 소파에 누워 있을 여유, 내 의지에 따라 즐겁게 할 수 있는
일에 자유롭게 시간을 쓰는 법을 연습할 여유도 생기지요."

## 그만두지 않는 진짜 이유

크리스틴 브로케는 이런 일이 일어날 줄 몰랐다. 그녀는 23년 동안 혼인 상태를 유지했다. 삶이 완벽하지는 않았다. 남편 버니와는 확실히 멀어졌다. 그는 일 때문에 해외에서 보내는 시간이 많았다. 하지만 둘은 언제나 서로에게 다정했고 상대를 존중했다. 열여섯 살 조와 열한 살 레미도 아주 잘 크고 있었다. 모든 것이 괜찮았다. 부부 사이만 빼면.

사실 둘은 괜찮지 않았다. 부부 상담 시간에 남편이 여성으로 성전환하고 싶다고 털어놓았을 때, 브로케는 두 사람의 관계가 실제로 얼마나 괜찮지 않았는지를 알게 되었다. 시카고에 살고 있는 브로케는 당시를 떠올렸다.

"그때 전 부정 단계였어요. '같이 이 상황을 이겨낼 수 있다'고 생각했죠. 포기할 마음이 없었어요."[8]

하지만 그만두지 않겠다는 그녀의 결심은 더 이상 중요하지 않았다. 그녀가 결정할 문제가 아니었다. 남편은 이혼을 원했다. 그녀의 손에서 벗어난 일이었다. 가족을 뒤흔든 지진이 발생한 뒤, 브로케는 아이들에게 집중하며 그들을 안심시켜야 했다.

그리고 실제로 괜찮았다. 이제 두 자녀는 각자 가정을 꾸리고 좋아하는 일을 하고 있다. 브로케는 할머니가 된다는 사실에 들떠 있었다. 하지만 전남편이 그녀의 감정에 폭탄을 투하한 2002년 그날의 기억에 아직도 괴로워했다. 이혼에 합의하는 것이 옳은 결정이었음을 이해하기까지는 시간이 걸렸다. 처음에는 이혼이 옳지

않다고 생각했다. 그녀는 가족을 위해 싸울 준비가, 포기하지 않을
준비가 되어 있었다. 하지만 포기해야만 한다는 것을 서서히 알게
되었다. 그녀는 최선을 다했다. 이건 잘못이 아니었다. 하지만 그
렇다고 해서 아픔이 조금이라도 줄어드는 것은 아니었다.

"결혼 생활이 이렇게 기이하게 끝나기 전까지 제게 나쁜 일이
라고는 없었어요."

### 퀴팅이 필요한 순간

원래 저는 뭔가를 그만두는 사람이 아니에요. 그 자리에서 괴
로워하는 편이죠! 어느 날 출근했는데 디자인 업무가 정말 진
절머리 난다는 생각이 들었어요. 마케팅 업무를 하고 싶었죠.
상사가 절 부르더니 다른 사람이 마케팅 업무를 맡게 되었다
고 하더군요. 1월이었어요. 눈이 어마어마하게 내려서 상사의
사무실 창밖에 지저분하게 잔뜩 쌓여 있었어요. 그 눈더미가
야수처럼 보였어요. 그걸 보며 '저 야수가 창문으로 들어와서
이 여자의 머리를 물어뜯었으면 좋겠다'라고 생각한 게 기억
나네요. 거기까지였어요. 그곳에 오래 있지 않으리라는 걸 알
게 되었죠.

- 크리스틴 브로케

브로케는 오랫동안 그래픽디자인 업무를 했다. 그녀는 《다른

여자The Other Woman》라는 가제로 결혼 생활의 파국을 다룬 회고록을 쓰며 자신을 더 알아가려고 애쓰는 중이다. 브로케는 이혼으로 인한 충격이 삶의 다른 영역에서 자신을 위해 목소리를 내는 데에도 영향을 끼쳤음을 깨닫기까지 오랜 시간이 걸렸다고 말한다.

"삶의 중요한 결정을 회피했어요. 결혼 때문에 트라우마가 생겼거든요. 그만두기와 관련된 저의 문제는 시도하는 것조차 두려워한다는 게 컸어요. 제가 자주 그만두지 않는 이유는 새로운 일을 자주 시작하지 않기 때문이었어요."

브로케는 바뀌기로 마음먹었다. 편안하게 그만두는 방법은 그만둘 일이 더 많아지도록 더 많은 일을 하는 것이라고 그녀는 말한다.


## 우선순위를 따르기 위한 전략적 퀴팅

하워드 베르케스 역시 꿈을 실현하기 위해 전략적으로 그만두어야 했다. 그는 열심히 일했고 위험을 감수했다. 그러면서 운명이 일으키는 사고, 이를테면 화산 폭발처럼 누군가의 삶을 순식간에 바꿀 수 있는 일에 건강한 방식으로 감사할 줄도 알게 되었다.

NPR에서 약 40년이라는 오랜 시간 동안 일하며 상도 받은 베르케스는 화산 폭발이라는 자연재해에 감사의 빚을 졌다. 화산 폭발이 대부분 그렇듯 당시의 재해 역시 베르케스의 손을 완전히 벗어난 문제였지만, 그 와중에도 그는 자신이 통제할 수 있는 부분을 최대한 활용했다.

1970년대 후반과 1980년대 초반에는 베르케스를 찾으려면 오리건주나 미네소타주의 숲으로 가는 것이 가장 확실한 방법이었을 것이다. 한시도 가만히 있지 못하는 모험심 많은 베르케스는 그곳에서 혼자 탐험하거나, 자연 체험 프로그램을 운영하는 비영리 단체 아웃워드 바운드에 속해 카누 여행 가이드를 했다. 그는 대학 서점 구매담당자, 지역 시민운동 조직가, 수어 통역사를 비롯해 다양한 일을 하며 사회정의 문제를 해결하는 데 에너지를 쏟고 헌신할 방법을 알아내려고 노력했다. 지역 전문대학교의 커뮤니케이션 수업에도 등록했지만 수업은 우선순위에서 밀려났다. 베르케스는 현장에서 취재하는 일이 훨씬 더 취향에 맞았다. 그 무렵 그는 오리건주 유진에 있는 NPR 지국에서 프리랜서 기자로 기사를 쓰기 시작했다.

그러던 중 1980년 초봄에 시애틀 남쪽에 인접한 화산인 세인트헬렌스산이, 그의 표현에 따르면 '트림하고 우르릉대며 재를 뱉어내기' 시작했다.

"NPR에서 소화할 수 있는 범위 내에서 기사와 속보를 최대한 많이 올렸습니다. 그 후로 전 방송국에서 '볼케이노 가이'로 불렸어요."[9]

당시 NPR 담당 편집장은 그에게 화산이 터진 곳에 계속 머물라고 했다.

"수업에 빠지게 될 수도 있었기에 이 문제를 해결해야 했어요.

그래서 몇몇 강사를 찾아가서 상황을 설명하고 빠진 수업을 보충하기 위해 제가 실제로 경험한 것에 대해 보고서를 쓰고 발표하겠다고 제안했습니다. 하지만 제가 들은 답은 '안 됩니다. 세 번 결석하면 낙제입니다'였어요."

그래서 그는 학교를 그만뒀다.

"부랴부랴 산으로 올라갔어요. 그리고 잘 이야기해서 기자들 틈에 낄 수 있었지요. 정말 대단한 경험이죠. 그 덕분에 NPR 뉴스에서 처음으로 생방송 인터뷰를 진행하게 되었습니다. 5월 18일에 화산이 크게 폭발하자 NPR 편집장이 제게 주요 취재를 맡겼어요. 그래서 몇 달 동안 방송을 했죠."

베르케스는 NPR 지국 상사에게서 대학 학위가 없는 사람은 뽑지 않을 것이라는 말을 들었음에도 그해 연말에 NPR 최초의 전국구 정규 기자로 채용되었다. '라디오의 아드레날린과 창조적 도전'에 처음부터 매료된 베르케스에게 완벽한 일이었다.

## 천재는 없다, 최선을 다한 사람만 있을 뿐

화산은 베르케스의 이력에 기폭제가 되었지만 그가 화산을 폭발시킨 것은 아니다. 웰든은 한부모가정에서 자녀를 키우고 싶지 않았다. 크노센은 끔찍한 부상을 스스로 선택하지 않았다. 디킨슨은 자식을 돌보지 않는 아버지와 바람둥이 남편을 달라고 요구하지 않았다. 브로케는 성별을 바꾸겠다는 전남편의 갑작스러운 선언에 충격을 받았다. 이들은 저마다 타의로 어려움을 만났고, 그런 일이 일어날 줄 몰랐다.

삶은 대체로 우리의 통제를 벗어난다. 우리는 어디에서 누구의 자식으로 태어날지 결정할 수 없고, 어떤 사건이 언제 일어날지도 대부분은 결정할 수 없다. 2차 세계대전 당시 목숨을 걸고 프랑스 저항군과 함께 싸운 유스투스 로젠베르크는 어느 인터뷰에서 이렇게 말했다.

"천재는 없습니다. 주어진 것으로 무언가를 만들어내고 상황이 맞아떨어진 사람들이 있을 뿐입니다."[10]

2021년에 사망한 미 상원의원 밥 돌은 2차 세계대전에서 임무를 수행하던 중 심각한 부상을 입었다. 정치계에 입문한 뒤로는 최종 목표인 백악관에 매우 가까이 다가갔다. 그의 운명은 무작위적인 요소에 좌우된 적이 많았는데, 조지 F. 윌은 돌이 사망한 뒤에 자신의 칼럼에서 이 점에 주목했다.

"1945년 4월 14일에 이탈리아의 언덕에 있던 밥 돌이 원래 자리에서 몇 미터 떨어진 곳에 있었더라면, 또는 유럽에서 전쟁이 25일만 더 일찍 끝났더라면 그는 심한 부상을 피할 수 있었을 것이다. 1976년에 오하이오주와 미시시피주에서 몇천 표만 더 받았더라면 돌은 부통령이 되었을 것이다."[11]

그래서 우리는 사건과 우발적 상황에 휩쓸리는 가운데 최선을 다해서 버틴다. 그 모든 변화와 뒤틀림과 불확실성 안에서, 끊임없는 대혼란 안에서 우리가 할 수 있는 일은 거의 없다. 다음 두 가지만 빼고. 이 두 행동은 간단해 보이지만, 세상을 바꿀지도 모른다.

우리는 필요할 때 그만둘 수 있다.

다른 사람이 그만두어야 할 상황일 때 그들을 비난하지 않고 그만두게 만들 수도 있다.

<table>
<tr>
<td>

전략적
그만두기의
조언

</td>
<td>

살면서 운이 좋았던 날이 있을 것이다. 그리고 운이 없었던 날도 있을 것이다. 그건 누구나 마찬가지다. 혼란스럽고 불확실성이 가득한 삶에서 완전하고 확실한 행동을 하나 정도는 할 수 있다. 바로 퀴팅이다. 여러분은 필요할 때 경로를 바꿀 수 있다. 이것은 무작위적인 우연에 맞서 싸우고 힘을 되찾는 방법이다. 그러니 필요할 때는 그만두자.

</td>
</tr>
</table>

## chapter 6

# 퀴팅의 사회학
# : 불평등을 당연하게 여기지 않는 방법

긍정성은 이면에서 개인의 책임을 혹독하게 고집한다. 사업이 실패하거나
실직하면 여러분이 충분히 열심히 하지 않은 게 분명하다고 한다.[1]

– 바버라 에런라이크, 《긍정의 배신》 저자


2022년 1월 9일, 브롱크스의 19층짜리 아파트 건물에서 불길
이 치솟아 열일곱 명이 사망했다. 사망자 중에는 아이들도 있었는
데, 네 살밖에 안 된 어린아이도 있었다. 취임한 지 얼마 안 된 뉴
욕 시장 에릭 애덤스는 실내 난방기구가 화재의 원인이었고 계단
실 문이 열려 있어서 연기가 빠르게 퍼졌다는 소방서의 보도자료
를 인용하며 다음과 같이 말했다.

"이 사건이 전하는 메시지는 간단합니다. 문을 닫으십시오. 문

을 닫으세요. 제발 문을 닫으세요.”

이 말에 저널리스트 로스 바칸은 분노했다. 그는 '뉴욕 시장은 왜 100년 만에 벌어진 최악의 화재를 세입자 탓으로 돌리는가?'라는 제목의 에세이에 다음과 같이 썼다.

“브롱크스 화재 사건에 관해 이야기할 때 주목할 지점은 개인의 책임 부분이 아니다. 시장은 개별 행위자를 탓함으로써 진짜 범인인 건물주가 처벌을 면하게 한다. 세입자는 왜 실내 난방기구를 사용해야 했을까? 방화문의 자동개폐장치는 왜 제 기능을 하지 않았을까?”[2]

비극에 대한 일부 반응은 이런 식의 익숙한 각본대로 흘러갔다. 즉, 계층 사다리의 맨 아래에 있는 사람들에게 생긴 문제는 대부분 그들이 자초한 것이라고 말하는 것이다. 그들이 더 열심히 일했다면 그리고 문 닫는 것을 잊지 않았다면 가난하지 않았고 불운하지도 않았을 것이며 끔찍한 화재의 피해자가 되지도 않았을 것이라고 한다. 그들이 그렇게 자주 그만두지 않았다면 괜찮았을 것이라고 말이다.

바칸은 에세이에 이런 말을 덧붙였다.

“아파트가 무너진 게 세입자 탓이라는 데 집착하는 어린이와 어른이 많아질수록 부동산 투자 계층은 늘 해오던 일, 즉 이익 창출을 위해 원칙과 절차를 무시하는 짓을 계속할 것이다.”

뉴욕시 공무원들이 새뮤얼 스마일스를 인용하지는 않았지만 인용한 것이나 마찬가지였다. '당신이 삶의 주변부에 살고 있다면,

뒤처지고 있다면, 당신에게 나쁜 일이 일어나는데 이유를 모르겠다면 거울을 보아라'라는 스마일스의 선언을 반복했기 때문이다.

그렇다면 경제적 불평등에 무관심한 것과 그릿에 찬사를 보내는 것 사이에는 연관성이 있을까?


## 그릿의 이면

화재부터 압류까지, 빈곤부터 팬데믹까지 세상에는 복잡한 문제가 넘쳐난다. 그릿을 추종하는 문화에서는 단순한 해결책을 제시한다.

계속 매달려라.

그만두지 말라.

하지만 이는 헛된 약속이다. 결국에는 이것 때문에 어려운 사람들에게 연민을 덜 가지게 될 수 있다.

"자기계발서는 효과가 없습니다. 소용없어요. 내용이 전부 다 환상에 불과합니다. 우리는 독립된 개체가 아닙니다. 모두 조직 체계의 일부로 어딘가에 속해 있어요. 우리가 개별적인 존재로 행동한다는 개념은, 좋게 말하면 아주 웃기는 생각이고 나쁘게 말하면 비극적인 생각입니다."[3]

작가이자 학자인 맥기는 뉴욕 자택에서 전화 인터뷰에 응하던 중 단호한 어조로 말했다. 2005년에 출간된 그녀의 저서 《자기계발의 덫》은 특히 여성과 관련된 자기계발 프로그램을 예리하고 설득력 있게 비판한다. 나는 책을 출간한 지 17년이 지난 지금, 맥기의 입장이 조금은 유연해지지 않았을지 궁금했다.

그렇지는 않았다. 그녀는 그릿을 주창하는 데 여전히 회의적이었다. 그리고 이제 의문을 제기할 이유가 두 가지 더 생겼다. 하나는 장애학이 부상하고 있기 때문이다. 맥기는 포덤대학교에서 연구하고 가르치며 장애학에 새롭게 초점을 맞추게 되었다. 또 다른 하나는 팬데믹이 우리 모두에게 영향을 미쳤기 때문이다.

"자기계발 문화는 인간의 신체를 고려하지 않습니다. 우리 신체의 취약성을 부정하지요. 신체적으로 부족한 점을 극복해야 한다고 하면서 능력에 한계가 없고 약점은 아예 존재하지 않는다는 식으로 밀어붙입니다."

하지만 코로나19 바이러스 덕분에 자신의 장애든 사랑하는 사람의 장애든, 장애와 함께하는 사람들은 오래전부터 알고 있던 사실을 우리는 이제야 새삼 깨닫게 되었다. 질병이라는 냉혹한 제비뽑기에서 아무도 예외가 될 수 없음을….

맥기는 다음과 같이 분명히 말한다.

"쓰러져서 1년 동안 누워 지내야 한다고 생각해 봅시다. 아니면 발달장애 자녀가 있다거나요. 그런 상황에서 우리는 자기계발이 해주지 않는 일을 해야 합니다. 즉, 능력 있는 몸이 아니라 쇠약한 몸을 마주해야 하지요. 굳센 마음이 아니라 연약한 마음을 상대해야 합니다."

이런 상황에서 억만장자 이야기를 들이밀며 '이 사람들은 성공했는데 왜 너는 못 해'라는 식으로 이야기하면 문제가 더 나빠질 뿐이다.

"자기계발은 인간을 천하무적의 존재로 그리는, 허울뿐인 이상을 제시합니다. 그건 제프 베이조스에게나 어울릴 법한 이상이겠지요. 뭐든 자기 힘으로 해낼 수 있다는 근거 없는 믿음이고요. 최저임금을 받고 집세를 낼 돈이 넉넉지 않은 상황이라고 한번 생각해 보세요."

빌 게이츠, 마크 저커버그, 일론 머스크 이야기에서 다루는 주제는 대체로 같다. 성공한 사람들은 마음이 확고하고 끈질기다는 것이다. 역경을 견디고 계속 나아갔다는 것이다. 절대 포기하지 않았다는 것이다.

힘들어서 휘청대는 사람이 있다면 그건 틀림없이 그에게 열정이 부족하기 때문이다. 그가 좌절에도 아랑곳하지 않고 기꺼이 덤벼들지 않았기 때문이다. 힘겹게 사는 사람들에게 각자의 이유가 있어서, 즉 가난한 집에서 태어났거나 유색인종이거나 여성이거나 신체적·심리적 장애가 있거나 부모가 밀입국자라거나 하는 상황은 고려하지 않는다. 자기계발 분야에서는 투지만 충분하다면 이 모든 것을 극복할 수 있다고 주장한다.

사람들이 포기했기 때문에 문제가 생겼다고 확신하면 자신 때문에 그 문제가 생겼다며 스스로를 비난하기 쉽다. 맥기는 《자기계발의 덫》에 이렇게 썼다.

"벤저민 프랭클린, 앤드루 카네기, 빌 게이츠 같은 인물이 대표하는 개인의 성공과 자기 창조self-invention의 이상은 미국 노동자들을 회유하는 역할을 한다."[4]

2021년 미국의 부유층은 훨씬 더 부유해졌다. 엘리 새슬로는 〈워싱턴 포스트〉에 이렇게 썼다.

"지난 1년은 미국에서 억만장자가 되기 역사상 가장 좋은 시기였다. 팬데믹이 시작된 이래로 부자들의 누적 자산은 약 70퍼센트 증가한 것으로 추정된다. 현재 억만장자 745명이 미국의 하위 60퍼센트 가정의 자산을 합친 것보다 더 많이 가지고 있다."[5]

이것은 건강한 상황이 아니지만 우리는 참고 견딘다. 퀴팅을 바라보는 문화적 편견과 빈부격차 심화에 보이는 관용 사이에 연관성이 있을까? 이 편견은 우리가 소득불평등에 대해 아무것도 하지 않는 것을 합리화하는 데 일조한다.

'저렇게 형편없는 집에 사는 사람들은 틀림없이 게으를 거야. 뭔가를 하다 말았겠지. 성공은 투지와 근성으로 끝까지 해내고 자신을 믿는 데 있다는 걸 다들 아니까.'

맥기는 우리가 부자와 빈자를 모두 지지하는 세상을 만드는 데 힘써야 한다고 말한다.

"목표는 자기 자신만을 위한 것이 아닙니다. 세상과 다른 사람들과의 약속입니다. 우리는 더 나은 삶의 방식이 있다는 걸 알고 있습니다. 그 방식이란 자신을 개선하는 데서 벗어나 모든 이의 미래에 관심을 두는 것이라는 사실 또한 알고 있습니다."

## 모든 일은 독주가 아닌 합주

사람들은 필립 마틴의 삶에서 엄청난 끈기를 엿볼 수 있다고 말하지만 정작 그는 '그릿'이라는 말을 별로 좋아하지 않는다.

"그 말은 '스스로 극복하고 쟁취해야 한다'라는 말과 같은 범주에 속합니다. 지나치게 단순하고 개인주의에 찌든 말이지요."[6]

마틴은 그의 성공을 다른 요인들에서 찾는다. 그를 지지해 준 훌륭한 사람들과 몇 번의 전략적 퀴팅을 했기 때문이라고 생각하는 것이다.

그는 1973년에 대학교를 자퇴하고 보스턴에서 인종차별 반대 활동가가 된 일과 고향 디트로이트를 떠나야 했던 결심을 예로 들며 다음과 같이 말했다.

"살면서 몇 번 굵직한 일을 그만두었습니다. 이 두 번의 그만두기는 매우 현명한 결정이었어요. 그 덕분에 제 미래가 상상도 하지 못한 방식으로 달라졌으니까요."

### 퀴팅이 필요한 순간

1975년 봄이었습니다. 전 웨인주립대학교 강의실에 앉아 있었어요. 그때 친구가 '인종차별에 저항해 투쟁하려면' 여름에 보스턴으로 오라고 학생들에게 호소하는 전단을 건넸어요. 그해 6월에 저는 베이지색 포드에서 나온 소형차 핀토를 몰고 디트로이트에서 보스턴으로 갔어요. 가는 길에 차가 두 번

고장 났고요. 보스턴 도체스터의 월덱 스트리트에 있는 집에서 룸메이트 네 명과 함께 살았어요. 록스버리의 하일랜드파크 프리스쿨에서 청소년들에게 글쓰기와 흑인 역사를 가르치기도 했습니다.

- 필립 마틴

보스턴 NPR인 WGBH의 선임 탐사기자 마틴은 '끈기'라는 말에는 오로지 자기 노력으로만 무언가를 이루었다는 의미가 담겨 있다고 말한다.

"삶의 기복에서 내리막은 오래 가지 않았습니다. 많은 사람이 다시 올라가도록 도와주었기 때문입니다."

그를 지지해 준 사람들로는 아내 비앙카, 어머니 루이스, 경력이 없는 그를 믿어준 NPR 담당자들, 지금까지 만난 선생님과 멘토, 빈곤한 가정 출신의 흑인 청년에게서 유능한 기자의 자질을 알아본 사람들이 있다.

마틴은 자신의 성공을 오직 그릿 덕분이라고 하는 것은 진실이 아니라고 했다. 그가 꿈을 좇는 과정에서 다른 사람들이 한 역할을 외면하기 때문이다.

"보스턴으로 이사한 뒤에 언젠가 보스턴에 대해, 이곳의 더러운 모습, 범죄, 복잡한 인종 문제 등 모든 면에 대해 글을 쓰는 상상을 했습니다. 그리고 지금도 그 일을 하고 있지요."

마틴이 그렇게 할 수 있었던 이유는 스스로 열심히 노력했고 똑똑하고 재능 있기 때문이기도 하지만, 도움을 받은 덕도 있다. 그는 고향을 떠나는 등의 큰 변화를 겪을 때 다른 사람의 사랑과 응원에 기댈 수 있었다. 그는 이 일을 결코 잊지 못했다. 마틴은 이 모든 일이 독주가 아닌 합주였다고 말한다.

## 고민의 시간은 곧 퀴팅의 시간

조 로드리게스는 장래에 관한 생각은 조금도 하고 싶지 않았던 때가 있었다고 떠올린다. 그는 로스앤젤레스 동쪽에서 영어를 거의 못 하는 멕시코계 미국인 부모의 자녀로 태어났다. 부모는 둘 다 고등학교를 졸업하지 못했다. 어린 시절에는 살면서 무엇을 하고 싶은지 몰랐는데, 그처럼 목표가 없는 상태가 짐으로 느껴졌다. 사람으로서 그의 가치를 판단하는 것만 같았기 때문이다.

"당황스러웠어요. 정해진 목표도 계획도, 꼬박꼬박 월급을 받는 직업도 없다는 게요."[7]

이루고 싶은 야망도 없었고 당연히 야망을 이루기 위한 단계적 계획 같은 것도 없었다. 로드리게스는 세상이 자신을 비난한다고 느꼈다. 그래도 그는 자신이 물려받은 것이 자랑스러웠고, 아무렇게나 살아서 사랑하는 사람들이 욕먹는 것이 싫었다. 멕시코 북부에서 미국으로 함께 건너온 대가족들이 그의 총명함과 창의성에 많은 기대를 걸고 있다는 것도 잘 알았다. 하지만 그는 안정감 있게 뿌리내리지 못했다.

"5년 동안 지역 전문대학교를 들락날락했어요. 전공을 얼마나 여러 번 바꿨는지 몰라요. 그때의 전 우유부단하고 불안했죠. 머리를 길게 길렀고 친구들과 함께 오토바이를 타고 캘리포니아 해안 곳곳을 누볐어요."

이렇게 말하며 빙그레 웃더니 잠시 후 다시 진지해졌다.

"전 뭘 하고 싶은지 몰라서 혼란스러웠고 어디에도 닻을 내리지 못한 애였어요. 꾸준히 한 일이라고는 퀴팅뿐이었죠."

이렇게 퀴팅을 반복하며 학교에 다니던 어느 날, 도서관에 앉아 있다가 문득 글을 쓰고 싶다는 생각이 들었다. 다른 사람의 의견 같은 건 상관없었다.

"이런 생각을 했던 기억이 납니다. '음, 글 쓰는 걸로 일자리를 구할 확률은 반반 아닐까.'"

그의 도박은 성공했다. 로드리게스는 저널리스트로 거의 30년 동안 일하고 2016년에 은퇴했다. 그동안 〈하트퍼드 신문〉과 새너제이의 〈머큐리 뉴스〉에 칼럼을 기고했다. 지금 그는 캘리포니아주 샌버너디노 산맥 인근의 작은 마을에 살고 있다.

일간 신문에 칼럼을 기고하는 일은 그가 꿈꾸던 것이었다.

"보통 사람들에 대한 칼럼을 쓰는 걸 좋아했습니다."

그가 말한 '보통'은 중요하지 않다는 뜻이 아닌 유명 인사 혹은 정계나 재계의 거물이 아니라는 뜻이다. 수년 전 오토바이를 타고 101번 고속도로를 달리며 안절부절못하던 긴 머리 아이처럼 조금은 불안하고 길 잃은 기분마저 느낄지 모를 사람들, 하지만 결국에는 자신이 누구인지 알게 되리라고 확신하는 사람들이었다.

"무엇을 하고 싶은지 고민하다가 맞는 일에 도박을 걸었던 건 운명인 것 같습니다. 하지만 사회는 엄마 배에서 나오는 순간부터 무엇을 하고 싶은지 알고 있는 사람들에게 더 높은 지위를 부여한다는 생각이 듭니다."

로드리게스는 성공한 것은 그릿 덕분이라고, 성공하지 못했다면 포기했기 때문이라고 말한다. 하지만 여기에는 세상이 얼버무리며 숨기려 하는 또 다른 요인이 작용한다고 생각한다.

"우리는 그저 운이 좋았을 뿐인 사람들을 칭송하는 데 시간을 많이 씁니다."

물론 운은 좋은 쪽으로도, 나쁜 쪽으로도 향할 수 있다.


## 모든 책임을 나에게 돌리지 말 것

"많은 자기계발서가 책임을 우리에게 돌립니다. 우리가 규칙을 따르면 삶을 통제할 수 있다면서요."[8]

조지아주립대학교 사회학과 교수 웬디 사이먼즈가 말했다. 내가 사이먼즈에게 전화한 이유는 그녀의 1992년 저서 《여성과 자기계발 문화Women and Self- Help Culture》 때문이었다. 현재 사이먼즈는 미국 보건의료 체계의 사회학으로 연구 주제를 바꾸었지만 자기계발 산업을 예의 주시하고 있다.

그녀의 책이 출간된 지 수년이 지났는데도 자기계발 산업은 그릿이 행복의 열쇠라고 가르치며 베스트셀러 목록의 지분을 늘였고 사람들의 삶에 더 큰 영향을 미치게 되었다.

## 퀴팅이 필요한 순간

전 원래 화가가 되고 싶었어요. 언제나 그림 그리는 걸 좋아했거든요. 그러다 어느 날 그림으로는 먹고살 수 없을지도 모르겠다는 생각이 퍼뜩 들었어요. 지금도 미술 관련된 일을 찾으면 좋겠다는 생각을 자주 해요. 1985년부터 강의를 했으니 오랫동안 가르쳤지만, 그만두는 생각을 늘 하고 있어요.

- 웬디 사이먼즈

사이먼즈는 내게 말했다.

"자기계발은 사람들이 자기 삶의 전문가가 될 수 있다고 생각하도록 만듭니다. 책을 쓰면서 인터뷰했던 어느 여성이 기억나는군요. 그녀는 책 더미를 보여주었는데 전부 다 자기계발서였어요. 자기계발에 그 정도로 의욕적이라는 것을 뿌듯해했죠."

사이먼즈는 책이나 팟캐스트를 통해 개인적으로 약간의 이득을 얻을 수 있을지 몰라도 그것이 구조적 인종차별, 식량 불안, 불평등한 의료 서비스 접근성 같은 사회적 고통을 초래하는 더 큰 문제를 해결하는 데는 도움이 되지 않는다는 사실에 주목한다.

"자기계발서나 팟캐스트 같은 곳에서 해결할 수 있다고 한 문제들을 거기에서 제시한 방법으로 해결할 수는 없습니다. 사회적인 문제의 경우에는 특히 더 그렇습니다."

이 문제는 여전히 존재할 뿐만 아니라 더 커지고 심각해졌다. 우리가 소득불평등이나 사회적 불평등 같은 복잡한 문제를 다루고 싶어 하지 않아서일 수도 있다. 자기계발서를 내밀면서 "이거 읽어봤어? 정말 최선을 다하면 다 잘될 거야"라고 말하는 게 더 쉽다.

사람들이 어떻게 노력했는지 자세히 들여다보지 않고 그들에게 그만두었다는 오명을 씌우며 현재 상황의 책임을 돌리면 세상은 더욱 불공정해진다. 다른 사람의 삶은 골치 아프고 복잡하며 본질적으로 알 수 없으므로 항상 쉽게 비난을 쏟아낸다.

제니퍼 헤이그의 2022년 소설 《머시 스트리트Mercy Street》에는 보스턴 인근 낙후 지역의 웰웨이스라는 병원에 자주 드나드는 사람들을 사회가 얼마나 노골적인 시선으로 바라보는지 드러나는 대목이 있다.

"약물중독과 알코올중독, 우울증과 불안증, 뜻하지 않은 임신과 성병. 사람들은 이 모두가 도덕성을 저버린 데서 기인하는 병이라고 생각한다. 웰웨이스의 환자들은 어떤 병을 진단받든지 똑같은 시선을 받는다. 그들의 문제는 부분적이든 전체적이든, 빌어먹을 각자의 잘못이라고."[9]

## 퀴팅은 문제가 아닌 해결책

어쩌다 이렇게 되었을까? 부자들이 대중을 견제하기 위해 어느 날 잭슨 홀이나 다보스 같은 곳에 은밀히 모여 '퀴팅은 나쁜 것'이라고 정한 걸까? 〈심슨 가족〉에 등장하는 깡마르고 능글맞은 번즈 씨가 아무 힘도 없는 사람들을 상대로 이런 음모를 꾸미는 장면을 상상한다. 스마일스의 《자조론》을 들고 동료 억만장자들 위로 흔들어대며 뒤틀린 축복의 말을 사악하게 지껄이겠지.

하지만 그건 아니다. 문화는 그런 식으로 작동하지 않는다. 문화는 노래, 이야기, 학문, 신화, 소문, 광고 문구, 자동차 범퍼 스티커를 비롯한 다양한 요인이 천천히 점진적으로 축적되어 만들어진다. 그리고 그 과정은 뚜렷하게 드러나지 않는다. 문화는 사회에 미묘하게 스며드는 것이지 입법이나 행정명령을 통해 생기는 것이 아니다.

문화가 일반적인 사고방식의 일부가 된 순간을 명확히 짚어낼 수는 없다. 어느 날 뒤를 돌아봤더니 그곳에 있었다는 것만 알 수 있다. 게다가 문화는 마치 늘 그 자리에 있었던 것처럼 느껴진다. 루이스 메넌드는 《자유의 세계The Free World》에 다음과 같이 썼다.

"문화는 의도나 계획에 따라 변형되는 것이 아니라 사회·정치·과학기술의 변화가 초래하는 예측할 수 없는 영향에 따라, 서로 다른 여러 집단이 교류하는 무작위적 행위에 따라 변형된다."[10]

우리는 쉼 없이 노력하면 언제나 보상이 따른다는 스마일스의 개념으로 세뇌된 세상에 살고 있다. 이 의미를 확장하면, 보상을 받지 못하는 것은 자기 탓이다. 세라 켄지어는 미국 카스트제도와 사회정의에 대한 큰 깨우침을 주는 에세이 모음집 《상공에서 바라본 풍경The View from Flyover Country》에서 "부를 장점으로 여기면 불운을 나쁜 특성으로 보게 된다"라고 언급했다.[11]

반복해서 울리는 알람을 너무 여러 번 끄고, 러닝머신에서 너무 빨리 물러나고, 자신을 믿지 않은 사람, 그러다가 포기한 사람. 이런 사람이 기회와 신용 점수에 영향을 미칠 수 있는 요인들을 감히 언급했다가는 징징이, 울보라고 취급당한다.

그만두기의 반대 개념을 편애하는 현상이 은연중에 퍼지는 것이 해악을 끼친다고 보는 이유는 자기 변형self-transformation이 가능하다고 설파해서가 아니다(자기 변형은 당연히 가능하며 매일 일어난다). 자기 변형을 위해 노력한 결과가 항상 우리 손에 달려 있다고 암시하기 때문이다.

이 개념에서 사회적 힘이나 정치적 요인은 고려 대상이 아니다. 그런데 사회적 힘과 정치가 운명과 관련이 없다면 왜 조세제도를 굳이 더 공정하게 고치려 드는가? 왜 감당할 수 있는 가격의 주택에 대해 걱정하는가?

다단계 마케팅 회사를 운영하는 사람들은 성공과 실패를 개인이 노력한 결과로만 바라보려는 우리의 심리를 교활하게 이용한다. 이들의 책략은 우리의 불안과 나약함을 이용하는 것이다. 우리는 모두 추가 수입 못지않게 인정을 간절히 원한다. 그래서 열심히 일하지 않으면 실패할 수밖에 없다고 자신을 설득한다. 판매 목표를 달성하지 못하면 제품이나 영업 방식에 문제가 있다고 생각하지 않는다. 우리가 너무 쉽게 포기했기 때문이라고 생각한다. 그렇지 않은가? 다단계 마케팅뿐만 아니라 다른 분야에서도 예나 지금이나 똑같이 퀴팅이 문제라고 생각한다.

하지만 퀴팅은 문제가 아니라 해결책이다.

그리고 더 잘 그만두는 방법이 있다.

> **전략적
> 그만두기의
> 조언**
>
> 여러분은 전쟁과 빈곤부터 굶주림과 노숙자에 이르기까지 세계의 다양한 문제에 대한 정보를 계속 받고 있다. 그러다가 수년간 반복된 메시지, 소외된 사람들이 더 열심히 노력했다면 잘되었을 것이라는 메시지에 의문이 생기기 시작한다. 끈기라는 신화는 힘 있는 사람들이 힘없고 어려운 사람들을 악마화하는 데 사용되는 경우가 많다. 이제 비난을 멈추자. 우리 모두 그 일에 동참하고 있으니까. 그리고 그만두자.

# QUITTING

PART 3

# 퀴팅의 기술
## : 다시 시작하는 법

더 높이 뛰어오르려면
한발 물러서야 한다.

- 더들리 칼턴, 17세기 영국 국무장관

## chapter 7

# 잠시 멈추고
# 방향 전환하기

우리는 공격하기 위해 후퇴한다.

– 미드 〈빌리언스〉의 척 로즈

타이거 우즈는 그만둔 사람이다.

위, 위, 진정하자. 9번 아이언으로 나를 한 대 치기 전에 마저 설명하겠다. 굵직한 토너먼트에서 15회 우승했고 매우 까다로운 스포츠에서 탁월함이란 무엇인지 보여준 남자, '절대 포기하지 마'를 좌우명으로 삼은 남자, 완벽한 우승자, 신체적·정신적 고통과 싸워 이긴 위대한 챔피언이었던 우즈는 2022년 4월에 있었던 마스터스 토너먼트에서 그 어느 때보다 챔피언다웠고 그 어느 때보다 훌륭한 참가자였다.

우즈는 그 대회에서 우승하지 못했다. 우승 근처에도 가지 못했다. 그의 최종 성적은 47위였다. 하지만 우즈를 지켜보던 사람들은 그가 우승하지 못했는데도 처음으로 만족스러워 보였다는 데 주목했다. 우즈가 만족한 이유는 대회를 끝까지 치렀다는 사실 하나 때문이었다.

2021년 2월 23일 자동차 사고로 심각하게 다친 뒤라 토너먼트를 끝까지 해냈다는 것 자체만으로도 큰 성과였다. 어느 기자가 물었다.

"오늘 이 토너먼트가, 경기에 출전해서 전처럼 끝까지 해냈다는 사실이 우승과 동급입니까?"

그러자 우즈는 대답했다.

"그럼요."[1]

그는 토너먼트를 그만두지 않았다. 대신 과거에 그를 사로잡았던 완벽주의를 내려놓았다. 압도적인 승리가 아니면 참담하게 패한 것이나 다름없다고 여겼던 그 완벽주의를 그만두었다. 이제는 더 이상 단편적이고 좁은 시야로 자신을 보지 않았다.

우리가 곧 살펴볼 사람들, 그리고 거기에 포함된 유명한 역사적 인물들처럼 우즈 역시 삶과 일을 한꺼번에 바꾸지는 않았다. 과거의 모든 것을 빠르고 단호하게 등지지는 않았다. 그에게 부와 명성을 안겨준 운동을 갑자기 그만두지 않았고, 그의 뛰어난 활약을 몇 번이고 반복해서 지켜볼 정도로 팬들에게 기쁨을 안겨준 일에 냉담한 태도를 보이지 않았다. 수준이 높기로 유명했던 경기력에 대한 기준을 갑자기 낮추지도 않았다. 이기고 싶은 마음은 전성기 시절과 다름없이 간절했다.

하지만 어쨌든 그는 그만두었다.

정상의 자리만 용납할 수 있다는 식의 경기 방식을 그만두고 지금 처한 현실을 참작하는 방식으로, 맥락과 역사를 포함하는 방식으로 바꾸었다.

그날 우즈가 한 일은 '유사 그만두기'였다. '신중한 그만두기'라고도 할 도 있다. 이는 우리가 고려할 몇 가지 창의적인 전략 중 하나로, 예전부터 매도되어 온 퀴팅을 좌절감과 수치심이 아닌 기쁨과 만족을 주는 삶의 접근법으로 바꾸는 건설적인 방법이다.

유사 그만두기는 '조용한 그만두기'와 다르다. 2022년 가을부터 유행한 조용한 그만두기는 '해고당하지 않을 정도로 최소한의 일만 하는 것'이다.[2] 유사 그만두기는 책임자가 눈치채지 않기를 바라며 게으름 부리고 꾀를 피우는 것이 아니다. 이것은 덜 하는 것이 아니라 더 하는 것이다. 수동적 행위가 아니라 능동적 행위다. 유사 그만두기의 원동력은 무관심이 아니라 민첩함과 통찰력이다.

우즈는 자신의 현재 상황을 현실적으로 평가하고 그에 맞게 방법을 바꾸었다. 분명 그는 머릿속에서 몇 가지 요소를 이리저리 배치해 보았을 것이다. 풍향도 측정했을 것이다. 어려운 퍼팅을 만났을 때 수없이 다양한 각도에서 살펴보며 최상의 접근법을 구상하듯, 이리저리 몸을 기울이며 이 순간을 평가했을 것이다. 그런 다음 골프채를 고르고 샷을 했을 것이다. 이렇게 새로운 관점에서 보면 우즈는 가장 위대한 승리자다.

예순네 살에 인생을 바꾼 브라이어니 해리스도 우즈와 비슷하게 유사 그만두기를 했다. 그녀는 영국에서 건축가와 사진작가 등 다양한 직업을 거친 뒤, 10년 전에 노르웨이로 이주해 심리치료사가 되었다. 그녀는 그만두기와 다시 시작하기를 밥 먹듯이 했다. 하지만 사람들의 생각과는 달리 실제로는 그렇게 갑작스럽고 충격적이지 않았다며 '단계와 정도의 문제'였다고 말했다. 2022년에 해리스는 기자에게 이렇게 말했다.

"'당장 이걸 그만두고 다른 걸 해야지'라는 식으로 의사결정을 한 적은 한 번도 없어요. 언제나 조금씩 서서히 나아갔죠."[3]

우즈와 해리스는 퀴팅이 껐다 켰다 하는 스위치가 아니라 눈금이 새겨진 다이얼이라는 사실을 알고 있었다.

## 퀴팅은 결과가 아닌 과정이 중요하다

라이디 클로츠는 유사 그만두기를 이해했다. 버지니아대학교 교수로 공학·건축·경영을 가르치는 그는 《빼기의 기술》의 저자이기도 하다. 그는 이렇게 말했다.

"이분법적 사고와 싸워야 합니다. 그만둔다고 해서 무언가를 계속할 수 없다는 뜻은 아닙니다. 그만두기와 그만두지 않기는 반대개념이 아닙니다. 상황을 개선하기 위해 반응하는 방식이 다른 뜻입니다. 마이너스라고 생각한 것이 플러스가 될 수도 있고, 그만두기라고 생각한 것이 그만두지 않는 것이 될 수 있습니다."[4]

하지만 퀴팅을 바라보는 우리의 시각이 이분법적인 경우가 많다는 점에 클로츠도 동의했다. 이러한 시각은 퀴팅은 실패하는 것이며, 퀴팅은 상황이 허락하는 대로 유연하게 스펙트럼을 오가는 것이 아니라 스펙트럼의 한쪽 끝에 자신을 가두는 것을 의미한다고 보는 개념을 부추겼다. 이러한 관점에서는 그만두면 지는 것이라고, 그만두려면 때를 기다렸다가 단번에 그것도 극적으로 해야 한다고 주장한다.

물론 모 아니면 도라는 식으로 대담하게 그만둘 수도 있다. 몹시 화를 내며 요란하게 포기를 선언할 수도 있다. 물건을 던지거나 욕을 퍼부을 수도 있다. 하지만 그만둔다고 해서 꼭 그래야 하는 건 아니다.

배려심 있고 신중하게, 깊이 생각하며 그만둘 수 있다. 이런 식의 퀴팅은 절묘한 차이를 만드는, 섬세함이 깃든 행위일 수 있다. 찰스 다윈이 그랬듯, 서서히 깨달아 차츰 변화하고 품위를 잃지 않은 채로 협상하여 영리하게 전환하는 행위일 수 있다.

다윈이 49세이던 1858년 어느 봄날의 아침이었다. 당시 그의 지적 능력은 절정에 달해 있었다. 하지만 소화불량이 잦았고 팔다리가 삐걱댔다. 젊은 시절에 오랫동안 항해를 떠났다가 돌아온 뒤로, 편안한 저택에 정착해서 사랑하는 가족들과 살면서 아이디어가 떠오르면 깊이 생각에 잠기기도 하고 야단을 떨기도 했다. 그는 어쩌다가 그렇게 다양한 종이 지구에서 날고 기고 뛰고 걷게 되었는지 알아내려는 중이었다.

다윈은 설득력 있는 이론을 세웠다고 상당히 확신했다. '유레카!'하고 번득 떠오른 순간은 없었지만 흥미로운 결론에 이르는 몇 가지 소소한 사실을 밝혀냈다. 하지만 그의 아이디어를 아직 책으로 내지는 않았다. 해야 할 실험과 동료들에게 자문할 에세이와 검증해야 할 사실이 언제나 끊이지 않았다. 다윈은 미루는 습관이 있었으며 뉘우치거나 잘못을 인정하지 않고 머뭇거리는 사람이었다.

그러다가 다른 사람이 아주 비슷한 아이디어를 떠올렸고, 논문 발표 준비를 마쳤다는 소식이 들려왔다(이에 대해서는 잠시 후에 더 자세히 살펴보자). 이것은 재앙이었다. 이는 곧 다윈이 평생을 바친 일이 헛수고가 될 수 있다는 뜻이었다. 다른 것은 둘째 치고, 기존 패러다임을 산산이 부순 아이디어를 냈다고 인정받지 못할 위기였다. 다른 사람이 먼저 아이디어를 발표하면, 그는 생물학계를 혁신했다고 인정받기가 힘든 상황이었다.

> ### 퀴팅이 필요한 순간
>
> 상사의 사무실에서 호되게 질책당하고 있었는데, 상사 어깨 너머로 보이는 시카고 시내의 스카이라인이 양증맞게 느껴졌어요. 그때 이런 생각이 들었지요.

'창밖의 저 풍경을 보는 건 이게 마지막이야.'

그냥 알겠더군요. 그래서 사람들이 "퀴팅이라는 큰 변화가 필요할 때라는 걸 어떻게 알았어요?"라고 물으면 "저도 했으니 당신도 할 수 있어요" 같은 말은 하지 않아요. 왜냐하면 제게는 안전망이 있었거든요. 남편이 좋은 직장을 다니고 있었고, 남편을 통해 건강보험 혜택도 받을 수 있었죠. 그래서 전 이런 말을 건네요.

당장 직장을 그만두지는 못하더라도 하고 싶은 일의 우선순위를 정하라고요. 그만두는 순간까지 기다릴 필요는 없어요. 몇 년씩 걸릴 수도 있잖아요. 그만두기 전에 할 수 있는 일도 많거든요.

- 로리 레이더데이[5]

그 시점에서 다윈은 선택해야 했다. 손을 비틀며 씩씩대고, 믿지도 않는 신을 저주하고, 지금까지 했던 것을 늘 하던 대로 똑같이 하며 계속 일을 해나가는 것이다. 그렇게 우유부단하게 미루며 느릿느릿 나아가 몇십 년을 더 허비하는 것이다. 이를 악물고 하던 대로 할 수 있었다.

아니면 그만둘 수도 있었다.

하지만 모든 것을 끝내기에는 아직 일렀다. 다윈은 벽난로 선반을 향해 현미경 슬라이드를 집어 던지지 않았고, 웨인스코팅 기법으로 장식된 벽을 긁지도 않았다. 자연계 연구를 포기하지 않았고 원고를 불태우지도 않았다.

다윈은 포기했다. 하지만 중요한 것은 그가 어떻게 포기했느냐는 점이다. 그는 자기 방식대로 그만두었다. 자신의 연구에서 오늘날 우리가 '마케팅 단계'라고 부르는 것을 그만두었다. 그는 자신을 세상에 알리는 방식을 바꾸기 시작했다. 그리고 그것은 효과가 있었다. 1년 조금 넘는 시간이 지나《종의 기원》이 출간되었다.


## 아주 작은 변화에서 시작하라

퀴팅이 예 또는 아니오, 그대로 머물거나 떠나거나, 지금 당장 아니면 다시는 시도조차 못 함, 이런 식으로 극단적일 필요는 없다. 그만둔다고 해서 꼭 모든 것을 폭파하고 방해가 되는 것을 제거하고 말끔히 정리해야 하는 것은 아니다. 전략을 조정해 미세하지만 결정적인 변화를 주는 방식도 가능하다. 이러한 변화는 견고하고, 단번에 그만두는 것만큼 큰 결과를 유발할 수 있다.

퀴팅은 이미 알고 있는 것을 받아들이고 활용해 앞으로 나아가는 방식이다. 아무것도 없는 데서 시작하는 것은 아니다. 데이브 앨런은 이런 식으로 삶을 꾸려왔다. 그는 언제나 어떤 것에 대한 열정적인 관심을 다른 것으로 이어갔다.

그의 말에 따르면 그에게 퀴팅은 끝이 아니라 시작이었다. 배운 것 중에 쓸데없는 것은 하나도 없었다.

"나처럼 살면 힘들어요. 모든 것에 대해 전부 다 알아야 직성이 풀리니까요!"[6]

앨런은 후회스럽다는 듯이 웃으며 말했다.

펜실베이니아주 스위클리에서 나고 자란 앨런은 현재 오하이오주 신시내티에 살고 있다. 그는 아코디언 음악을 처음 들었던 열다섯 살 때의 특별한 순간을 떠올리며 즐거워했다. 몇 번 레슨을 받고 나자 댄스 밴드에서 아코디언을 연주해 제법 괜찮은 수입을 올리게 되었다. 대학을 졸업한 뒤에는 지역 라디오 방송국에서 디제이로 일했다. 그의 라디오 사랑은 10년 넘게 이어졌지만, 그후 컴퓨터에 푹 빠지면서 라디오는 밀려났다.

"컴퓨터 프로그래밍에 대한 애정을 바탕으로 맞춤 소프트웨어 사업을 시작했습니다."

앨런은 라디오 방송국에 자신의 제품, 그중에서도 청취자와 그들의 선호도를 파악하는 프로그램을 팔았다. 얼마 후에는 부동산 사업이 그의 관심을 사로잡았다. 그는 주택을 매입해서 개조할 수 있도록 부동산 자격증을 취득했다.

"제가 직접 만들어낸 삶의 변화를 본 사람들은 '그렇게 할 수 있는 원동력이 뭐지요?'하고 묻습니다. 전 그들에게 이렇게 답했어요. '두려움이요!' 그러니까 '도대체 어떻게 해야 하지?'라는 두려움입니다."

그가 말한 두려움은 경제적 두려움을 뜻했다. 그는 청구서 대금 지급을 비롯해 경제와 관련된 모든 것이 두려웠다. 하지만 지루해지고 녹슬고 진부해지는 것을 이보다 더 두려워했다. 앨런은 웃으며 말했다.

"그런 두려움 덕분에 계속 앞으로 나아가고 저 자신을 혁신한 것 같습니다."

앨런은 2009년에 비행기 조종 수업을 받기 시작했고, 2년 전에 자격증을 땄다.

"세 번 그만뒀어요. 지금까지 해본 일 중 가장 어려웠죠. 하지만 매번 다시 찾아갔습니다."

그의 아내 캐런은 지역 문화센터에서 요리를 가르친다.

"어떤 일로 힘들어하는 절 아내가 보면 '데이브, 포기해'라고 말할 수도 있겠죠. 하지만 전 그만두는 사람이 아닙니다."

그는 유사 그만두기를 했고, 그것을 최대한 활용했다.


## 방향만 바꿔보는 것

2017년에 삶의 방향을 바꾸어 사람들을 놀라게 한 최고의 수영선수 비니 마르시아노에 대한 데이비드 W. 첸의 2021년 〈뉴욕타임스〉 기사는 훌륭한 비유를 들어 유사 그만두기를 설명한다. 첸은 엘리트 운동선수들이 항상 잘해야 한다는 엄청난 압박에 시달리는 경우가 많다면서 다음과 같이 언급했다.

"만약 그들이 중단하고 싶다는 욕망을 비밀스레 품고 있다면? 컴퓨터를 재부팅시키듯 처음부터 다시 하고 싶어 한다면?"[7]

그만둔다고 해서 모든 것을 완전히 중단할 필요는 없다. 퀴팅은 망설이는 행위일 수도 있고, 새로운 목표(이전 목표와 비슷할 수도 있고 아닐 수도 있는)를 좇기 전에 심사숙고하는 기간일 수도 있으며, 잠시 멈추어 서서 방향을 전환하는 행동일 수도 있다.

뉴저지에서 고교 수영선수로 활약하던 마르시아노는 자유형과 배영에서 신기록을 세워 마이클 펠프스와 비교된 적도 있었다. 그의 잠재력은 무한한 것 같았다. 그런데 첸의 기사에 따르면 그 후 마르시아노는 그냥 사라지는 듯했다.

하지만 그는 여전히 존재했다. 다만 수영장에 있지 않을 뿐이다. 수영에 지칠 대로 지친 마르시아노는 등반가가 되었다. 운동을 향한 그의 열정은 방향이 바뀌었을 뿐 조금도 수그러들지 않았다. 그는 수영선수 생활이 기쁨보다 부담으로 느껴지기 시작했다고 첸에게 털어놓았다.

"사다리의 끝이 보이지 않더라고요. 아무리 열심히 해도 언제나 더 이루어야 할 무언가가 있었죠."

그는 등산을 통해, 불안을 느끼지 않으면서도 수영과 마찬가지로 몸이 해방되는 느낌을 받았다.

## 그래도 포기하고 싶지 않을 때

엘리트 운동선수가 아닌 선수들에게는 정반대의 문제가 있을 수 있다. 기껏해야 보통 수준밖에 되지 않지만 완전히 포기하고 싶지는 않은 일을 어떻게 그만둘 것인가?

《축구는 어떻게 세계를 지배했는가》의 저자 프랭클린 포어는 첫 장에서 자신의 축구 실력은 끔찍한 수준이라고 솔직하게 인정했다. 어찌나 못하는지 그를 아끼는 사람들은 갈팡질팡하고 비틀대는 모습을 잠깐 보는 것도 힘들어했다. 가족의 평판을 걱정하는 사람이 있을 정도였다.

"어렸을 때 부모님은 제가 축구하는 걸 보지 않으려고 경기장을 등지고 계셨다."[8]

포어는 선택해야 했다. 축구를 할 것인가, 자존심을 지킬 것인가. 그는 선택하지 않았다. 선택할 필요가 없었다. '축구에 대한 사랑'과 '성공하고 싶은 욕구' 둘 다 가질 수 있었다. 생각하고 조사하고 인터뷰한 것을 글로 쓰는 것. 그가 잘하는 것을 선수로써 능숙히 해내지 못했던 운동에 대한 사랑과 연결할 수 있었다. 그는 다음과 같이 썼다.

"축구 경기에서는 절대 능력을 발휘할 수 없었기에 차선책으로 전문 지식을 습득하려고 노력했다."

포어는 유사 그만두기를 한 축구선수였던 것이다.

데이비드 엡스타인은 저서 《늦깎이 천재들의 비밀》에서 성공을 바라보는 전통적인 관점, 즉 확고한 목표를 향해 오랜 시간 동안 고도로 집중해서 몰두해야만 성공할 수 있다는 관점이 사실은 맞지 않는 경우가 많다고 지적했다. 엡스타인은 이렇게 썼다.

"대중매체를 통해 퍼지는 이야기들을 살펴보면, 혁신과 자아 발견의 과정이 A에서 B로 가는 질서정연한 여정처럼 보인다."[9]

그런데 늘 그런 것은 아니다.

"수많은 분야의 연구를 살펴보면, 이런저런 생각을 하는 것과 직접 실험을 통해 검증하는 것이 중요하다. 남들보다 일찍 시작해서 생기는 유리함은 과대평가되었다."

하지만 유명인들의 프로필을 읽어보면 이런 내용은 알 수 없다. 그들의 프로필 주제는 언제나 '시작하자마자 내가 무슨 일을 해야 하는지 알았고 그걸 해냈어요. 한눈팔지 않고 오직 앞만 보고 매진했지요. 당연히 그만두지도 않았고요'라는 식이다.

끈기는 언제나 보상받는다고, 빙 돌아가는 길은 시간 낭비일 뿐이며 어느 곳에도 도달할 수 없다고 우리는 들었다. 운동선수·배우·사업가·CEO 같은 대단한 사람들은 날 때부터 정확히 어디로 가고 싶은지 알고 있었고, 그곳에 간 뒤에는 한 번도 망설이거나 후회하거나 바꾸지 않았다고 들었다. 몽상이나 하는 사람들만 이리저리 갈팡질팡한다고 들었다.

## 퀴팅이 필요한 순간

막판에 마음을 바꿔 정치학을 공부하러 다른 곳으로 갔다. (…) 정신이 똑바로 박힌 사람이라면 열정이나 끈기가 중요하지 않다거나 고된 하루를 보낸 것이 그만두라는 계시라고 주장하지 않을 것이다. 하지만 관심사가 바뀌었거나 집중할 대상을 다시 찾는 것이 경쟁에서 결점이자 불리한 요인으로 작용한다는 생각이, 끈기가 중요하다는 단순하고 천편일률적인 이야기로 나를 이끌었다.

- 데이비드 엡스타인[10]

데릭 톰프슨이 〈애틀랜틱〉 2021년 11월호 에세이에 썼듯이, 이걸 만지작대다가 저걸 조금 해보다가 약간 다른 방향으로도 가보는 등 직업을 반복적으로 바꾸는 것이 훗날 보상을 줄 수도 있다. 다양한 직업의 급여를 조사한 결과, 경력 초반에 직업을 자주 바꾼 사람들이 경력 황금기에 임금과 소득이 더 높은 경우가 많다는 사실이 드러났다.[11]

여러 직업을 전전하는 것이 확신이 들지 않아 여기저기 찔러보는 것처럼 보일지 모르지만 그 덕분에 일의 깊이, 삶의 가치, 금전적 보상 모두 만족스러운 직업을 찾을 가능성이 높다는 것이다.

아리앤 코언이 〈블룸버그 비즈니스위크〉 기사에서 설명했듯이, 실제로 이런 '재평가와 경로 변경'은 정체되어 있고 지겨워서 좀이 쑤신다고 생각하는 경력 10년 정도의 사람들에게 근사한 전략이 될 수 있다.[12]

코언이 자문한 고용 전문가들 모두 '권태는 일에 숙련되었다는 징후일 수 있다'라고 입을 모았다. 한곳에서 발전할 수 있는 최대치까지 나아간 것이다. 이제 다른 곳으로 나아가야 할 때인지도 모른다. 그러려면 이른 점심을 먹고 일도 건성으로 할 게 아니라 자신이 누구인지, 삶과 일에서 무엇을 원하는지 심사숙고하여 재평가해야 한다.

그러니 희망과 꿈을 마지막 한 방울까지 쥐어짜서 버릴 필요는 없다. 깊이 생각해서 옆으로 천천히 움직이는 것이 바람직하다. 유사 그만두기를 통해 여러분은 새로운 방향으로 갈 수 있고, 삶에 어떤 선택지가 가능한지에 대한 감각을 확장할 수 있다. 이는 선물받을 자격이 있다고 다른 사람이 정해주기를 기다리지 않고 자신의 재도전에 스스로 선물을 주는 방식이다.

엡스타인의 글에 따르면 하버드대학교의 '마음, 뇌, 교육' 프로그램에서 시행한 진로 연구자료에는 뜻밖의 무언가가 보였다. 연구진은 결과가 꽤 단순명료하리라고 예상했다. 분야를 막론하고 성공한 사람들의 일과와 습관은 대략 유사할 것으로 봤던 것이다. 엡스타인은 "하지만 놀랍게도 사실상 모든 사람이 저마다 다른 길을 따라간 듯했다"라고 썼다. 그는 다음과 같은 조언을 제시했다.

"미켈란젤로가 대리석 덩어리에 접근하듯이 나만의 항해와 프로젝트에 접근해야 한다. 그 과정에서 적극적으로 배우고 조정하며, 필요할 경우 이전 목표를 버리고 방향을 완전히 바꾸는 것까지 감수해야 한다."

## 프랭클린이 다시 돌아온 이유

1723년에는 참고할 '마음, 뇌, 교육' 프로그램이 없었지만, 당시 열일곱 살이었던 벤저민 프랭클린은 결과와 관계없이 자신이 옳다고 생각하는 일을 해야 함을 알고 있었다. 그는 남들이 가는 길에는 관심이 없었다. 끊임없이 변화하고 싶어 했고 마음속에는 야망이 가득했다. 그리고 약간 화가 나 있기도 했다.

필라델피아의 인쇄소에서 형 제임스의 부하직원으로 일하던 어린 벤저민은 무시당하고 있으며, 인정받지 못한다고 느꼈다. 월터 아이작슨은 《벤저민 프랭클린》에서 벤저민이 달아나기로 마음먹었다고 썼다. 그러나 프랭클린은 다시 돌아갔고 인쇄업은 그의 직업적인 삶과 부의 중심이 되었다.

형의 인쇄소를 그만둔 일은 유사 그만두기로, 그 순간에는 새로운 방향인 것 같았지만 사실은 짧은 막간이었다. 프랭클린은 길고 바쁜 삶을 사는 내내 이런 식의 일시적인 전환을 여러 번 보여주는데, 이는 그의 추진력과 호기심이 표출된 것이다.

에드워드 그레이는 이렇게 말했다.

"프랭클린은 인지적으로 민첩한 사람의 전형을 완벽하게 보여줍니다."[13]

플로리다주립대학교에서 미국 역사를 가르치는 그레이는 프랭클린이 언제나 아주 많은 일을 한꺼번에 했다고 말한다. 세상이 어떻게 돌아가는지에 대한 끝없는 관심 덕분에 그는 어제 집착하던 것을 버리고 오늘의 관심을 채우며 여러 프로젝트에 연달아 뛰어들었다. 그에게 유사 그만두기는 전략의 문제였다.

## 퀴팅이 필요한 순간

고등학교 때 저는 전기용접공이나 산업정비공이 되고 싶었습니다. 어릴 때는 모형을 만들었는데, 고카트용 엔진을 조립했다가 분해하곤 했지요. 전 기계 쪽에 매우 관심이 많은 아이였고, '평생 이 일을 하고 싶다'라고 생각했어요. 뭔가를 만들고 분해하는 일이요.

하지만 당시는 1970년대 후반이었습니다. 불황이었죠. 절망하는 사람들을 많이 봤습니다. 부모님은 제가 장사하려고 수업을 듣는다는 걸 아시고 기겁하셨어요. 두 분은 대학 교육을 받으셨거든요.

저는 시카고대학교에 진학했고 그제야 제가 학문적인 일도 좋아한다는 걸 깨달았습니다. 그것도 뭔가를 만드는 일이니까요.

- 에드워드 그레이

그레이는 학창 시절에 프랭클린처럼 '박학다식한 사람'에 공감하지 못하는 학생들을 너무 많이 봤다고 한다. 학생들은 프랭클린식 유사 그만두기가 일에 대한 진지함이 부족하다는 신호가 되지 않을까, 그들의 발전을 늦추지 않을까 두려워하는 것 같았다.

"학생들은 유사 그만두기를 지난 시절의 진부한 잔재로 보았습니다. 한 우물만 죽어라 파야 하며 출세를 향해 곧게 나아가야 한다는 생각이 머릿속 깊이 박혀 있었죠. 그들은 로스쿨이나 다른 직업 학교에 관심이 쏠려 있었지요. 대부분 삶의 과정이 순차적으로 직선을 이루어야 한다고 생각했고요."

목적 없이 진행되는 창의적인 일, 빙 둘러 갔을 때 얻는 보상과 같이 직선과는 거리가 먼 유사 그만두기 전략이 주는 이득을 학생들이 놓치고 있었다고 그레이는 말한다. 앞으로 비즈니스는 물론 예술 분야에서 유사 그만두기가 장점이 된 사례들을 살펴보겠다.

## 그만두고 다시 시작하기

그레그 스텔텐폴이 친구들과 장난처럼 설립한 캘리포니아 소재 주스 회사 오드왈라는 연매출 6000만 달러를 달성하며 엄청난 성공을 거두었다. 그리고 나서 1996년에 대참사가 벌어졌다. 대장균에 오염된 사과주스를 마시고 수십 명이 앓았고 한 명이 사망한 것이다. 2년 뒤 스텔텐폴은 휘청대는 회사를 그만두고 삶의 경로를 재평가했다.

사람들은 그가 사업을 새로 시작하더라도 음료 사업은 정말 하고 싶지 않을 것이라고 짐작할 것이다. 하지만 그는 다시 음료 사업에 도전했다. 스텔텐폴은 '칼리피아'라는 이름의 회사를 창업하여 오트 밀크를 활용한 커피 등 유제품을 사용하지 않는 음료를 판매했다.

2021년 스텔텐폴이 사망한 후 〈뉴욕 타임스〉에 실린 부고 기사에서 아들 엘리 스텔텐폴이 밝힌 바에 따르면, 스텔텐폴이 이렇게 하고 싶은 대로 할 수 있었던 이유는 애플 창업자 스티브 잡스에게 들은 조언 덕분이었다. 잡스 본인도 유사 그만두기로 아주 유명하다.

"스티브는 틀에서 벗어나 생각하라고, 지금 이 순간을 패배가 아닌 혁신과 진보적 사고의 기회로 바라보라고 아버지를 격려했습니다."[14]

이 말은 '삶이 신 레몬을 주면 달콤한 레모네이드를 만들라'라는 오래되고 상투적인 격언을 되풀이한 것이 아니다. 처음에 자신을 곤경에 빠뜨린 재능을 그대로 살리되, 지혜와 균형 있는 시각을 더해 그만두었던 일을 다시 시작하는 대담함을 말한 것이다.

그레그 스텔텐폴처럼 같은 제품군으로 두 번째 회사를 창업하려는 기업가는 유사 그만두기를 통해 첫 번째 회사를 운영하며 품었던 희망을 어느 정도 버려야 한다. 이는 약 1세기 전에 헨리 제임스가 음료가 아닌 책을 통해 겪었던 일과 유사하다.

제임스는《데이지 밀러》와《여인의 초상》같은 유명한 소설을 발표했지만 극작가가 되고 싶은 강렬한 욕망을 품고 있었다. 1895년 1월 5일 결국 소원을 이루어 의기양양해진 제임스는 자신의 희곡《가이 돔빌Guy Domville》이 처음 공연되는 밤을 맞아 인파가 가득한 런던 거리를 헤치고 세인트제임스 극장으로 갔다.

이 난해하고 지루한 연극은 관객을 즐겁게 할 만한 것은 아니었다. 고상하고 과시하는 듯한 길고 장황한 대사가 많았다. 관객들은 지루해서 꼼지락거렸다. 관객이 꽉 찬 극장에는 정말 재미

없다고 투덜대는 소리가 물결처럼 번졌다. 연극의 대미를 장식하는 긴 대사 끝에 주인공이 "나리, 저는 돔빌 가문의 마지막 자손입니다!"라고 외쳤다. 그러자 지루했던 어느 관객이 "그거참 다행이군!"이라고 받아쳤다.

제임스의 수모는 이게 끝이 아니었다. 리언 에덜이 《헨리 제임스Henry James》에 쓴 내용에 따르면, 커튼콜을 위해 무대로 올라가 배우들과 함께 선 제임스는 '씩씩대는 관객의 야유'를 받았다.[15] 주연 배우는 마무리를 잘하려고 관객들을 향해 "저희는 최선을 다했다는 말씀밖에 드릴 수가 없군요"라고 말했다. 그러자 소란을 피우던 관객 한 사람이 "당신 잘못이 아니오. 형편없는 각본 때문이지"라고 했다. 큰 충격에 빠진 제임스는 훗날 친구에게 보낸 편지에서 '평생 가장 끔찍한 시간'이었다고 털어놓았다.

그 시점에 제임스는 포기자처럼 보이지 않겠다고 마음먹고, 뜻을 굽히고 문체를 바꾸어 대중을 즐겁게 하고자 필사적으로 노력하며 희곡을 계속 쓸 수도 있었다. 아니면 펜을 영원히 내려놓고 성급하게 반대 방향으로 가버릴 수도 있었다. 상상력의 문을 굳게 걸어 잠그고 자기 작품에 대한 대중의 반응을 살피는 위험을 다시는 감수하지 않을 수도 있었다.

하지만 평생 소명으로 삼은 일을 갑자기 그만두는 것은 극단적인 해결책이다. 그렇더라도 제임스는 어떤 식으로든 달라져야 했다. 세인트제임스 극장에서 겪은 일을 다시 한 번 겪었다가는 완전히 무너질 것 같았다.

더 작은 목표에 집중하는 변화도, 유사 그만두기도 괜찮을 것 같았다. 그래서 제임스는 글쓰기 자체가 아니라 희곡 쓰기를 그만두었다. 그는 다시 소설에 집중했고 《나사의 회전》과 《황금잔》을 비롯해 오늘날까지 그를 유명하게 만든 이야기와 소설을 창작했다. 제임스는 1916년에 사망하기 전까지 희곡을 몇 편 더 썼지만, 그에게 지독한 수치심을 안긴 《가이 돔빌》처럼 대규모 연극으로 제작한 작품은 없었다.

### 다윈의 선택

이제 1858년 봄날 아침의 찰스 다윈에게 돌아가자. 그는 방금 편지 한 통을 열었다. 그가 진실의 순간에 빠르게 다가가는 시점이었다. 불과 몇 초 남지 않았다.

다윈은 20년 넘는 기간 동안, 열정적으로 온갖 생물을 조금씩 연구한 어린 시절부터 따지자면 사실상 평생을 묵묵히 지켜보며 인내심을 갖고 생각했다. 인내심이 다소 지나쳤는지도 모르겠다.

20년 전 해외에서 표본을 수집하고 귀국한 이후로 다윈은 조금… 정체되어 있었다. 그는 런던에서 남동쪽으로 50킬로미터가량 떨어진 마을인 다운에 있는 낡은 저택에서 주로 시간을 보냈는데, 완벽주의에 사로잡혀 정확히 그가 원하는 대로 만든 실험실에서 빈둥댔다. 물려받은 재산 덕분에 성가시게 매일 일하지 않아도 대가족을 부양하고 과학 연구를 할 수 있었다. 다윈은 탐험과 발견이라는 자기만의 공간을 만들었다. 세밀하게 기록한 내용을 여전히 갖고 있었지만 그것을 출판해야겠다는 절박함은 딱히 없었다. 그에게는 원하는 때에 마음대로 할 수 있는 재산이 있었다.

다윈은 잘 알지는 못해도 늘 존경하던 동료 동식물학자가 보낸 편지를 태평하게 펼치는 동안에도 곧 닥칠 대격변을 전혀 눈치채지 못했다. 편지를 읽자 희망, 야망, 명성을 얻고 싶은 그의 꿈이 거센 파도를 맞은 따개비처럼 한꺼번에 휙 사라져 버렸다.

편지를 보낸 사람은 앨프리드 러셀 월리스였다. 월리스는 느긋하게 앉아서 딱정벌레와 해파리에 대해 생각할 수 있는 부와 여가 시간이 없다는 것만 제외하면 다윈의 도플갱어라고 할 수 있었다. 월리스는 최근에 현장 연구를 위해 인도네시아와 말레이시아에 다녀와서 에세이를 한 편 썼다. 편지에 따르면 그는 인맥이 좋은 다윈이 출판을 도울 수 있지 않을까 하는 희망을 품고 에세이를 보냈다.

월리스는 에세이에서 생물종이 어떻게 서로 다른 형태로 갈라지는지에 대한 이론의 윤곽을 그렸다. 생존을 위한 투쟁을 거친 종이 어떤 방식으로 멸종하고 번성하는지에 대한 내용도 있었다. 한마디로 그동안 다윈이 연구했지만 아직 세상에 내놓지 못한 바로 그 이론을 종합하고 있었다.

월리스와 다윈은 거의 같은 시기에 거의 똑같은 혁신적인 아이디어를 떠올렸다. 다른 점이 있다면 월리스는 그 아이디어를 글로 적어 적극적으로 출판하려 했다. 그리고 이렇게 다윈이 월리스의 에세이를 읽어버렸으니 그의 연구 업적을 모른다고 주장할 수 없었다. 괴로움에 휩싸인 다윈은 나중에 친구들에게 우울한 편지를 보내서 신음할 것이다.

"우선순위를 전혀 고려하지 못했다니 정말 끔찍하군. 내 독창적인 아이디어는 그것이 무엇이든 간에 모두 박살 날 걸세.[16] (…) 너무 허탈해서 아무것도 할 수가 없네."[17]

이 시점의 다윈에게는 선택권이 있었다. 연구 업적을 발표하지 않고 계속 태평한 척하며 나쁜 결과에 이를 수 있었다. 방향을 바꾸지 않기로 하고 기존의 일상을 고수할 수 있었다. 그릿을 계속 발휘하여 아무 성과도 얻지 못할 수 있었다.

아니면 유사 그만두기를 할 수도 있었다.

자기 자신에게 "그래. 이 일은 바라던 대로 되지 않았어. 몇 가지를, 전부 다는 아니고 일부를 좀 다르게 해봐야겠군"이라고 말할 수 있었다. 다시 평가하고 어디에서 잘못되었는지 확인할 수 있었다.

다윈은 자기 아이디어를 포장하고 홍보하는 방식을 바꾸어 독자들 앞에 내놓기로 마음먹었다. 다윈의 전기를 쓴 재닛 브라운에 따르면, 그는 실망스러운 마음으로 '평생의 업적에 대한 권리'를 포기한 뒤로 그 일을 새로운 관점에서 바라볼 수 있게 되었고 어떻게든 성공에 이르는 길이 있을지도 모른다는 것을 깨달았다. 가장 중요한 가치까지 흔들리는 경험으로 충격에 빠진 동시에 기운을 얻었다. 브라운은 이를 다음과 같이 설명했다.

"다윈은 아주 오랫동안 불안에 휩싸여 있었고 위험을 감수하지 않으려고 항상 조심했다. 겉으로는 관습을 따르는 듯 보였고 과학적으로 완전함을 추구하려고 애썼다. (…) 이제 이런 장애물이 모두 한쪽으로 밀려났다. 선수를 빼앗기는 과정에서 미약한 영혼은 망가졌을지 모르나 다윈은 결연하게 일어났다. 그리고 강철처럼 빛났다."[18]

자기 이론을 계속 조금씩 손보던 소심하고 머뭇거리는 남자는 사라졌다. 브라운은 다음과 같이 썼다.

"항상 열심히 연구하던 다윈은 어느 때보다 노력했다. 월리스의 에세이 덕분에 그는 자신에게 꼭 필요한 위기의식을 느꼈다."

다윈은 명예로운 사람이었기에 월리스가 에세이를 출간하도록 성심껏 도왔고, 자신의 글도 출간했다. 그는 자기 아이디어 자체가 아니라 아이디어의 표현 방식을 그만두는 유사 그만두기를 통해 브라운이 단순한 과학 논문이 아니라 "영원히 남을 예술 작품"[19]이라고 말한 책,《종의 기원》을 완성할 수 있었다.

> **전략적 그만두기의 조언**
>
> 여러분은 안절부절못하고 있다. 뭔가 새로운 것을 시도하고 싶다. 아직 한밤중에 노트북을 들고 침대에 앉아서 일기를 끄적이는 단계지만 변화가 필요한 시기다. 하지만 완전히 중단하고 쉬는 것은 망설여진다. 그렇다면 모든 것을 놓아버리지 말고 몇 가지만 내려놓으면 어떨까? 퀴팅이 꼭 완벽할 필요는 없다.

# chapter 8

# 성공을 향한
# 변곡점 만들기

전략적 그만두기는 조직이 성공하는 비결이다.[1]

– 세스 고딘, 《보랏빛 소가 온다》 저자

2014년 말, 캘리포니아주 팰로앨토의 태양이 반짝이고 파란 하늘에 작은 구름이 소용돌이쳐 휘핑크림 덩어리처럼 군데군데 흩어져 가슴 저미도록 아름다운 어느 날, 상황이 달라졌다고 가정해 보자.

엘리자베스 홈스가 평소와 다름없는 빠른 발걸음으로 다른 생각에 정신이 팔려 방해하지 말라는 듯한 분위기를 풍기며, 자신이 2003년에 설립한 의료기술 기업 테라노스의 본사로 성큼성큼 걸어 들어가지 않았다면, 늘 그랬듯 직원들에게 살짝 고개만 까딱하고 자기 사무실로 사라지지 않고 뭔가 다른 걸 했다면 어땠을지 가정해 보자.

그녀가 전체 회의를 소집했다면, 그리고 모인 직원들에게, 잠시 후에는 기술 분야 담당 기자들에게까지 화상통화를 걸어서 "기기가 작동하지 않습니다. 그냥 안 돼요. 고치는 법을 모르겠군요. 그래서 회사를 닫으려 합니다. 그만두려고요"라고 말했다면 어땠을지 가정해 보자.

하지만 홈스는 그렇게 하지 않았다. 대신 그녀는 그 후 몇 년 동안 새로 개발한 기기의 성능과 그 기기에 세상을 바꿀 잠재력이 있다고 부풀려 주장했다. 2018년 무렵이 되자 그만둘 것인가 굴하지 않고 버틸 것인가 결정하는 문제가 그녀의 손을 떠났다. 회사는 무너졌다. 홈스와 회사 고위 간부들은 연방정부에 기소당했다.

결국 그녀의 꿈이었던, 좋아하는 발명가를 기리기 위해 '에디슨'이라고 이름 붙인 기기, 손가락 끝을 바늘로 찔러서 수백 가지 검사를 할 수 있다는 혁신적인 소형 혈액검사 기기는 흐지부지 사라졌다.

우리 대부분은 홈스의 행동을 이해하기 힘들다. 기기가 제대로 작동하지 않는다는 것을 처음 알게 된 그때 왜 그만두지 않았을까? 왜 실패를 받아들이고 다른 기회를 노리지 않았을까? 왜 멈춰서서 차분히 생각한 다음 새로운 프로젝트를 시작하지 않았을까?

테라노스의 몰락은 재계에서 도덕성을 이야기할 때 가장 먼저 나오는 이야기가 되었다. 오만과 탐욕의 위험성을 경고하는 우화이자, 홈스를 비방하는 사람들 쪽에서는 사기의 위험성을 경고하는 우화다. 그와 동시에 또 다른 교훈을 주기도 한다. 이 이야기는 '일을 그만두어야 할 때 그만두지 않으면 무슨 일이 일어나는가' 명예의 전당 첫 번째 전시관에 전시될 만하다.

## 두려움과 매몰비용의 오류

우리 모두 엘리자베스 홈스가 될 수 있다. 물론 우리가 검은색 터틀넥을 입거나 스탠퍼드대학교를 중퇴하거나 회사를 설립해 폭삭 망하는 것은 아니다. 하지만 넓은 시각에서는 우리 모두 엘리자베스 홈스일 수 있다. 우리 모두 지는 패를 너무 오래 쥐고 있도록 유혹당하기 때문이다.

무슨 일을 하든 힘든 시기를 겪으며 그만둘지 아니면 계속할지 결정해야 하는 사람은 모두 엘리자베스 홈스일 수 있다. 높은 보수를 받는 사장이든 최저임금을 받는 노동자든, 컴퓨터 칩을 만들든 컵케이크를 만들든, 전기기술자든 선생님이든, 트럭 운전기사든 작가든(당신에게 신의 가호가 함께하기를), 잘나가는 사업가든 레스토랑 직원이든, 이사회에 답변하든 수동적이고 공격적인 성향이 있는 중간관리자 나딘에게 답변하든, 해결될 수 없는 게 분명한 상황을 그만두어야겠다는 생각이 들면 두 거대한 장애물과 마주하게 된다. 홈스 역시 이 장애물을 만나서 흠칫했고 그것 때문에 불행한 결말을 맞이했다.

**첫 번째 장애물은 두려움이고, 두 번째는 매몰비용의 오류다.**

경력에 관한 중요한 결정을 앞두고 책상 앞에 혼자 앉아 있다고 생각한다면 착각이다(샤워하면서 뮤지컬 노래를 열창하는 할 때 생각을 정리하기 가장 좋다는 사람도 있다). 항상 두려움이 함께한다.

우리는 진정으로 그만둬야 함을 알면서도 자신도 모르게 조바심치고 망설이고 머뭇거리고 미루고 변명한다. 그래서 겁쟁이라는 뜻은 아니다. 그저 우리는 지금까지 배운 것을 떠올렸을 뿐이다. 새뮤얼 스마일스가 전한 미심쩍은 지혜를 골똘히 생각했을 뿐이다.

스마일스를 기억할 것이다. 의도는 좋았으나 방향이 엇나간, 단 하나의 목표를 위해 변함없이 맹렬하게 몰두하라고 권유한 빅토리아시대의 신사이자 미스터 자조론 말이다.

스마일스는 자동차 안테나를 만드는 사람이라면 끝까지 그 일을 하라고 조언했다. 생계를 위해 돌 캐는 일을 한다면 계속 돌을 캐는 게 좋을 것이라고. 젠장, 그렇다고 채석장을 그만두고 낙농장을 운영하라거나 닭을 키우라는 허튼소리를 들으라는 건 아니다. 나약한 사람이나 진로를 바꾼다거나 그만두는 사람은 패배자라는 말도 듣지 말자.

눈 하나 깜박하지 않고 끈덕지게 끈기를 발휘해야 한다는 이런 생각 뒤에는 지금 하는 일을 그만두면 모든 것을 잃지 않을까 하는 두려움이 도사리고 있다.

다음 일이 엉망이면 어떡하지?

그다음 일도 그러면?

게다가 포기하기에 적당한 때가 언제인지 어떻게 알아?

퀴팅에는 위험이 따른다. 완벽하지 않은 일을 떠나 더 나은 일을 찾으려면 미지의 세계에 대한 믿음, 시간이 흐른 뒤에는 결국 이상적인 일을 찾게 되리라는 믿음이 있어야 한다. 그러려면 우선 두려움을 인정하고 이겨내야 한다. 삶이 대체로 그렇듯 흐릿한 혼란과 골치 아픈 난장판 속에서 밝은 길이 또렷하게 나타날 것이라고 믿어야 한다.

MSNBC 앵커이자 작가인 레이철 매도는 인터뷰 진행자에게 자신이 지금껏 일해온 궤적을 이렇게 설명했다.

"이 일은 제 생각과 달랐어요. 마음을 굳게 먹고 온갖 노력을 기울여서 하게 된 일이었는데 말이죠. 일하는 동안 술에 취해 비틀대는 날이 생각보다 훨씬 많았어요. (…) 하지만 결국 이렇게 계속하고 있어요. 이제는 일이 소중하게 느껴져요."[2]

이쯤에서 여러분이 투덜대는 소리가 들린다.

"난 케이블 뉴스쇼를 진행하면서 1년에 수백만 달러를 버는 그런 똑똑하고 말 잘하는 사람이 아닌데…."

앞서 홈스 일을 논의할 때 투덜댄 것과 비슷하다.

'난 카리스마와 선견지명으로 무장하고 실리콘밸리 벤처캐피털 업계에서 수많은 인맥을 쌓은 사람이 아닌걸….'

그렇다. 여러분은 그런 사람이 아니다. 그리고 나도 아니다. 하지만 퀴팅에 두려움을 느끼기는 모두 마찬가지다. 그만두려고 할 때 우리의 상상력은 '잘될지도 몰라. 잘 안 될지도 모르고. 그래도 해봐야지'라는, 두려움뿐인 공간으로 도약한다.

매도가 방송 일을 시작한 지 거의 10년 반이 지난 2022년에야 MSNBC 평일 저녁 프로그램 진행을 그만두고 심층 취재 프로젝트와 책 집필에 집중하고 있다는 사실에 주목해야 한다(지금도 그녀는 주 1회 저녁 방송과 선거 특집 방송을 진행하는 등 아직 방송 진행의 끈을 놓지 않고 있다). 그녀는 그만두기 때문에 당황하지 않았다. 사실 그 덕에 힘을 얻었다.

에디슨에 치명적인 결함이 있다는 사실이 분명해졌을 때 홈스가 진작 그만두었다면 무슨 일이 일어났을지 누가 알겠는가?

매도가 포기하고 방향을 틀지 않고 그다지 맞지 않았던 초창기 업무를 고수하며 구불구불한 길을 계속 따라갔다면 어떻게 되었을까?

두 사람 모두에게 그만둔 것 또는 그만두지 않은 것은 여러 차례 삶의 결정적인 순간이자 미래의 분기점이 되었다. 한 사람은 그만두어야 할 때 그만두지 않았고, 다른 한 사람은 그만두었기에 매우 강력한 힘을 얻었다.

물론 그만둔 뒤에 좋은 일이 생길 수 있다고 믿기는 쉽지 않다. 스마일스의 메시지는 우리의 머릿속에 깊이 각인되어 있다. 그 메시지는 우리가 기존 경로에서 멈춰버리면 몹시 나쁜 결과를 초래할 수 있다고 경고하고, 끈기가 언제나 올바른 길이라고 주장한다. 그렇기에 그만둔 뒤에 뭐든 나쁜 일이 생기면 우리 탓이라고 한다. 그리고 아무도 듣고 싶어 하지 않는 네 단어를 남긴다.

'스스로 제 무덤을 팠다.'

두려움은 당연하다. 알 수 없는 미래에 대한 지극히 이성적인 반응이다. 일을 그만두면 일시적으로 수입이 줄어들 뿐만 아니라 소속감을 잃게 된다. 우리가 하는 일이 정체성의 상당 부분을 차지하기 때문이다(소속감에 대해서는 11장에서 다시 다루겠다).

사업을 그만둔다는 것은 꿈에 작별을 고한다는 뜻이다. 그만둬야 할 때 그만두지 못하게 막는 두려움은 돈이나 동료애, 지위나 야망과 관련된 것이 아니다. 더 나은 미래에 대한 믿음과 그리고 불운이 닥치고 바보 같은 실수를 저질렀을 때 그 믿음을 유지하기 어렵다는 현실과 관련되어 있다.

두려움을 이기는 유일한 방법은 낙관주의를 기르는 것이다. 현실성 없는 무언가를 꿈꾸거나 바보처럼 마냥 해맑아야 한다는 뜻이 아니다. 분별 있고 솔직하게 얻은 낙관주의, 그만둠으로써 불이 붙는 낙관주의를 말하는 것이다.

내 말을 못 믿겠다면 베치 스티븐슨의 말을 들어보자. 오바마 대통령의 경제 자문위원회 위원이었고 지금은 미시간대학교 교수로 공공정책과 경제학을 가르치는 스티븐슨은 기록적인 수의 사람들이 직장을 그만둔 2021년에 팟캐스트 〈에즈라 클라인 쇼〉에서 이렇게 말했다.

"2008년의 경기침체기가 떠오르는군요. 그때 전 퇴직자 자료를 보고 '여러분, 일을 그만두세요. 그만두는 것은 낙관주의와 같습니다. 그러니 여유를 가져요. 일을 그만두고 더 나은 뭔가를 찾아보세요. 여러분에게 맞는 일을 찾으세요'라고 말했어요."[3]

## 그만두기 전에 해야 할 일

편집자이자 작가인 루신다 한도 동의할 것이다. 그만두지 않은 벌, 두려움 때문에 자신의 욕구를 충족하지 못하는 일을 계속한 벌은 생각보다 더 클 수 있다고 경고했기 때문이다.

3년 전 한은 노스캐롤라이나주의 출판사에서 일했다. 당시 출판사 경영진이 개편되면서 회사에서 그녀의 입지가 약해졌다.

"경영진이 절 무시하기 시작했어요. 그런 일이 연달아 일어났죠. 그들은 절 해고하고 싶어 하지는 않았어요. 팀에서는 저를 소중하게 생각했고 급여도 꽤 괜찮았어요. 이전 해에는 급여가 30퍼센트 인상되고 승진도 했고요."[4]

하지만 한은 주어진 일에 싫증 났고 운신의 폭이 좁아져서 지루했다.

"생각 같아서는 '난 간다, 이 빌어먹을 놈들아'라고 말하고 싶겠지요. 하지만 그렇게 하면 안 돼요. 부당한 대우를 받는 상황에 맞서지 않으면 대가가 따릅니다."

한은 그전까지 늘 해왔듯 그만두고 맞는 일을 찾아 나서지 않은 자신에게 놀랐다고 말했다.

그녀는 손실을 줄이고 빠르게 옮겨가는 능력이 자신의 생존 메커니즘이라고 했다. 이 능력은 노스웨스턴대학교를 다니며 테니스와 소프트볼 선수로 활약하던 시절에 힘든 경험을 하면서 생겨났다.

"운동선수가 제 정체성이라는 생각에 사로잡혀 있었지요. 그런데 무릎 부상이 반복됐어요. 어느 시점에 운동선수를 그만둬야 한다는 걸 알았지만 그러고 싶지 않았어요. 그러다가 무릎이 완전히 망가질 정도로 심각한 부상을 입었고요."

### 퀴팅이 필요한 순간

6개월 정도 프라하에서 일한 적이 있어요. 친구 하나가 그곳에서 일하고 있었고요. 어느 날 친구가 일을 그만둔다고 하더라고요. 전 "그런 게 어딨어! 정말 이런다고? 그냥 그만둔다고?"라는 식으로 말했죠. 그런데 2주 정도 고민한 뒤에 저도 그만뒀어요. 그만둘 수 있는 씨앗을 심어준 친구에게 정말 고마웠어요. 절 짓누르던 무언가가 사라진 기분이었어요. 커튼을 열어젖힌 것만 같았고요. 그 정도로 강렬한 순간이었죠.

- 루신다 한

한은 당시를 돌아보며 운동선수 생활을 더 일찍 그만두었다면 여러 번의 인대 부상을 피할 수 있지 않았을까 생각했다. 하지만 당시 그녀에게 운동은 단순한 취미 생활이 아니었다. 스스로 만든 자기 이미지의 중심축에 자리 잡고 있었다.

"운동을 그만둬야 할 상황이 되자 무척 슬펐어요. 엄마에게 울면서 전화하고는 '이제 나한테는 누군가에게 줄 수 있는 게 아무것도 없어'라고 말했어요. 운동을 그만둠으로써 생긴 구멍을 채울 무언가가 필요했죠."

대학을 졸업한 뒤에 한은 다른 방식으로 세상을 살아가는 법을 배우겠노라 다짐하고 노력했다. 그녀는 다른 사람의 기대가 아닌 자신의 욕구에 따라 결정하고 싶었다. 그녀가 이룬 성과나 급여, 직책이 아니라 자신이 어떤 사람인지에 따라 평가받고 싶었다. 그 과정에서 한은 마음을 따랐다. 그래서 일이 더 이상 자극이 되지 않을 때나 업무 환경에서 장점이라고는 찾아볼 수 없을 때면 일을 그만뒀다. 그랬기에 한은 노스캐롤라이나주의 출판사에 있을 때 자신이 처한 상황에 몹시 당황했다. 스스로를 비참하게 만드는 일, 더이상 재능을 발휘할 수도 없고 영혼을 채울 수도 없는 일에 매달려 있다니….

그녀는 전략적 그만두기의 이점을 잘 알고 있었다. 자신과 친구들의 삶에서 그 효과를 몇 번이나 보았기 때문이다. 그런데 왜 그때는 해내지 못했을까? 한은 갑자기 엄습한 두려움 때문에 '그만두면 믿을 수 없을 정도로 자유로워진다'라는 삶의 가장 중요한 규칙을 잊었다고 말했다.

두려움 때문에 나아가지 못한다는 것을 인식하고 나자 용기를 되찾을 수 있었다. 적의 정체를 구체적으로 알고 나자 물리치는 데 도움이 되었다. 한은 협상을 통해 퇴직금을 넉넉히 받았고 집을 팔고서 미시간주 북부의 작은 마을로 이사했다. 그곳에서 원격으로 일할 수 있는 좋은 일자리를 재빨리 찾아 그토록 사랑하던 삶도 되찾았다.

## 이미 사라지고 없는 노력

일을 그만둬야 할 때 우리를 가로막는 또 다른 요인은 무엇일까? 매몰비용의 오류라는 악명 높은 개념이다. 우리는 전성기의 테라노스처럼 90억 달러 가치의 기업을 설립하지는 못하겠지만, 깊은 관심을 가진 일에 시간과 돈과 노력과 희망을 쏟아붓는 게 어떤 것인지는 알고 있다. 그런 상황이라면 포기해야 함이 명확할 때도 포기를 망설이게 되고, 멈춰야 함이 아주 명확해진 상황에서도 계속 밀고 나갈 것이다. 이미 투자한 시간과 돈과 감정적 에너지를 회수하려 들기 때문이다.

우리가 쏟아부은 것들은 이미 사라지고 없다. 돌이킬 수 없다. 우리는 그만둬야 한다는 것을 알고 있다. 하지만 그만두면 지는 느낌이 드는 것은 물론이고 자원을 낭비했다는 생각까지 든다. 그래서 이런 잘못된 이유로 하던 일을 너무 오랫동안 계속한다.

우리와 마찬가지로 홈스의 행동도 분명 개인의 심리적 결점에 영향받았을 테고, 나중에는 경력에 날 구멍을 너무 단순화해 위험하다고 판단했을 수 있다. 하지만 그녀가 시야를 넓혀 기기 이름인 에디슨처럼 행동했다면 다른 스타트업을 시작할 수 있었을 것이다. 그리고 이번에는 성공했을 것이다.

기기 에디슨이 제대로 작동하지 않는다는 사실이 내부적으로 명확해졌을 때 홈스는 인간 에디슨의 사례를 따를 수도 있었다. 그만두고 재점검하는 것이다. 이것은 직원이든 사장이든 상관없이 우리 모두 적용할 수 있는 사항이다.

매몰비용의 오류를 줄이는 방법이 무엇이냐고? 각자 마음속의 에디슨에게 집중하는 것이다. 에디슨은 퀴팅의 대가이니까.


## 퀴팅의 천재, 에디슨

에디슨의 특기는 시행착오였다. 그는 성과 없는 길을 포기해 시간과 돈과 투지를 자유롭게 한 다음 더 유망한 것을 찾아 나서기를 반복했다. 퀴팅에 상표권을 등록하고 특허를 취득할 수 있었다면 에디슨은 틀림없이 그렇게 했을 것이다. 그는 궁극적으로 성공하려면 퀴팅이 얼마나 중요한지 잘 알았다. 뭔가가 잘되지 않는다면 멈춘 다음 잘되는 무언가를 찾는 것이다.

에디슨의 퀴팅에 대한 놀라운 재능은 미국에서 자란 식물에서 고무를 추출하는 방법을 오랜 기간 연구한 데서도 알 수 있다. 그는 1차 세계대전 직전부터 1931년에 사망할 때까지 이 연구에 매달렸다. 그의 전기를 쓴 에드먼드 모리스에 따르면, 이 연구는 에디슨 인생 최후의 큰 모험이었다.[5]

당시 고무는 중요한 자재였다. 전쟁에서 이기는 데에는 물론 평시에는 경제를 좌지우지할 수 있었다. 많은 역사학자가 20세기 초 고무의 중요성을 오늘날 세계에서 석유가 차지하는 위치에 비유한다. 고무는 꼭 필요한 자재였으나, 고무 생산지의 생산량은 충분하지 않은 듯했다.

고무를 연구하는 일은 에디슨에게 일종의 도전이었다. 그는 의자에서 뛰쳐나와 씹고 있던 시가를 버리고 서둘러 작업실로 향했다. 남아메리카나 동남아시아 같은 곳에서 자라는 나무의 수액에 의존하는 대신 미국에서 자라는 식물을 이용해 자기 실험실에서 고무를 추출하기를 꿈꿨다. 에디슨은 이 장대한 여정을 위해 자신의 가장 중요한 업적으로 꼽을 수 있는 태엽 장치 연구를 그만두어야 했다. 그는 민들레, 미역취, 협죽도, 인동초, 무화과나무, 과율 등 주위에서 찾아볼 수 있는 1만 7000종이 넘는 유액을 분비하는 모든 식물에서 수액을 추출해 고무가 되도록 경화했다. 모리슨은 이렇게 썼다.

"에디슨은 잡초가 자란 땅을 그냥 지나치는 법이 없었다. 뛰어들어서 유액을 분비하는 식물이 있는지 찾아보았다."[6]

에디슨은 이 과정을 반복한 끝에 식물을 제대로 찾았다고 생각했다. 몇 가지 가능성 있는 결과를 얻으면 그 식물 이름 옆에 'PHENOMENON(현상)'이라고 대문자로 적어놓았다. 하지만 추가 실험은 언제나 실망스러웠다. 그러면 그는 포기하고 다음 식물로 넘어갔다.

에디슨이 가능성을 보인 한 가지 식물에만, 즉 민들레에만 매달렸다면, 그만두는 사람이 되지 말라며 자기 등을 토닥이고 의견을 바꾸지 않았다면 시간과 노력을 낭비하게 되었을 것이다. 에디슨에게 퀴팅은 실패가 아닌 성공의 수단이었다. 비틀거리며 뒷걸음질 치는 것이 아니라 당당하게 앞으로 나아가는 행위였다.

비록 그가 승리하지 못하고, 그가 사망한 뒤에 다른 사람들이 합성 고무를 발명했지만, 중요한 것은 그가 일을 수행하는 방식이었다. 그가 보여준 모범은 누구나 따를 수 있다. 천재가 아니더라라도 효과적인 퀴팅의 방법은 누구나 배울 수 있다.

### 퀴팅이 필요한 순간

시아버지는 교사 일이 지긋지긋해졌다고 하셨어요. 시부모님은 언제나 캘리포니아를 좋아하셨죠. 그러던 어느 날 시아버지가 전화로 "나 그만뒀다"라고 말씀하신 거예요. 남편과 전 "네? 뭐라고요?"라고 했고요. 시아버지는 "요즘 피아노 조율을 조금씩 해보는 중이야. 전화번호부를 뒤져서 '밸린저'라는 이름이 피아노 조율사 항목에서 1번이 될 수 있는 곳을 찾아가려고"라고 하시더군요. 두 분은 모든 것을 팔고 아이오와주를 떠나셨어요. 트럭 한 대와 개 두 마리 말고는 아무것도 안 가져가셨죠.

- 캐시 밸린저[7]

전직 페이스북 고위 간부 셰릴 샌드버그 덕분에 유명해진 표현을 사용하자면, 에디슨은 퀴팅에 '린 인lean in'했다. 린 인은 위험하고 어려운 일을 끈기 있게 계속해 나간다는 뜻이다. 그는 연속으로 그만두는 기술까지 익혔다. 진정한 끈기는 절대 그만두지 않는 게 아니라는 것을, 열정과 재능을 가지고 전략적으로 똑똑하게 그만두는 것임을 이해했다. 진정한 끈기란 가치 있는 탐구 과정에서 벌어지는 우여곡절을 견디는 것이었다.

가이 도브는 이렇게 말했다.

"비즈니스와 마찬가지로 과학도 솔직한 방법으로만 발전하지는 않았습니다. 과학의 역사도 지저분하고 때로는 파국을 초래하기도 합니다."[8]

과학기술이 발달한 현재 위치에서 보면, 과학과 기술 혁신으로 가는 길은 계속 올라가기만 하는 쉽고 평탄한 길처럼 보일 수 있다. 또한 그 과정에서 발생한 실수는 모두 계획된 것만 같고, 엄청난 실패는 모두 옳은 방향으로 향하고 있다는 또 다른 증거인 것만 같다. 당연히 실제로는 그렇지 않지만, 혁신이 일어나고 난 뒤에는 그렇게 보인다.

루이빌대학교 철학과 교수인 도브는 2022년 봄에 루이빌 공공도서관에서 실패와 그만두기가 결과적으로 어떻게 과학 발전을 촉진했는지 가르쳤다. 물론 그런 새로운 모험을 하는 동안 혼돈과 불안 속에서 살아가는 일은 누구에게도 쉽지 않다. 도브는 이렇게 말했다.

"일론 머스크나 스티브 잡스, 또는 지금 우리가 열광하는 어떤 사람이든 그의 프로필을 보면 '내가 성공하기까지 얼마나 많이 실패했는지 보세요'라고 하는 것 같습니다. 하지만 매우 조심해야 합니다. 중요한 것은 실패를 이해하기 쉽게 설명하는 것이 아니라 실패가 얼마나 자의적으로 발생하는지를 이해하는 것입니다. 요즘 경영대학원에서는 '성공하기 위한 실패'라는 새로운 모델을 가르칩니다. 이렇게 실패를 성공의 수단으로 보는 것이 일반론이 되었지만, 개인적인 의견으로는 정말 그런지 의심스럽군요. 사람들이 오도하기 쉬운 개념이니까요."

진로와 관련해 미심쩍은 선택을 하고 안절부절못하고 있다면, 결정할 당시에는 무슨 일이 벌어질지 몰랐다는 사실을 기억하자. 여러분은 그때 주어진 정보로 최선을 다했다. 결정을 내릴 때 퀴팅도 언제나 선택지에 있음을 명심하고, 앞으로 나아가자.


## 강력하지만 짧은 고통

"제가 보기에 우리는 충분할 정도로 그만두지 않습니다. 사회는 우리에게 퀴팅이 나쁘다고 가르칩니다. '퀴팅'은 불쾌한 용어입니다. 하지만 퀴팅은 미식축구에서 쿼터백이 상대 수비진을 보고 막판에 플레이 방식을 바꾸는 것과 같습니다. NFL에는 나쁜 플레이를 그만두어서 팀을 우승에 더 유리한 고지에 올려놓았다는 이유로 찬사받는 쿼터백들이 있습니다."[9]

존 A. 리스트가 단호히 말했다.

> ## 퀴팅이 필요한 순간
>
> 그 주 주말이 끝날 무렵 아무리 골프를 좋아하고 죽도록 연습한다고 해도, 골프가 내게 단순한 운동 그 이상을 상징한다 해도, PGA 투어에 출전할 정도로 골프를 잘 치는 것은 고사하고 그 근처에도 갈 수 없다는 사실을 받아들였다. 그래서 내 꿈을 포기할 때가 왔다고 결심했다.
>
> — 존 A. 리스트[10]

시카고대학교 경제학과 교수이자 우버와 리프트에서 수석 경제학자로 일한 적이 있는 리스트는 최근 저서 《스케일의 법칙》에서 퀴팅의 긍정적인 면을 설명하는 데 상당 부분을 할애했다. '포기의 타이밍: 시의적절하게 포기할 줄 아는 판단력'이라는 멋진 제목의 장에서 그는 "성공적으로 확장해 나가려면 퀴팅을 잘해야 한다"라고 주장했다.[11] 그러면서 기업은 "성과 없는 아이디어를 기꺼이 포기함으로써 획기적인 우위를 점할 수 있는 다른 방향에 투자할 시간과 자원을 확보해야 한다"라고 덧붙였다. 이것의 또 다른 이름은 기회비용이다. 리스트에 따르면 용어가 문제다.

"사람들은 '그만둔다'라는 말을 들으면 '그만두고 하루 종일 침대에 퍼져 있을 셈이냐'라고 생각합니다. 이런 탓에 '전환'이라는 말이 좋습니다. '전환'에는 그만두고 새로운 무언가를 다시 시작한다는 의미가 담겨 있습니다. 그만두기와 시작을 동시에 의미하지요."

여러분이 직원이든 사장이든 일이 엉뚱하게 꼬이기 시작하면 그만둘 가능성을 고려해야 한다. 그렇게 하지 않으면 사업이 테라노스나 위워크처럼 끝장날 수도 있다. 위워크의 문제를 보았을 때도 테라노스 때와 같은 의문이 들었다.

왜 문제가 쌓이기 시작할 때 그만두고 다른 것을 시도하지 않았을까?

《위워크라는 신흥 종교The Cult of We》의 저자 엘리엇 브라운과 모린 패럴에 따르면, 위워크 창업자 애덤 노이만은 자신의 매력과 영업력을 활용해 나쁜 아이디어를 오랫동안 유지할 수 있었다. 두 저자는 이렇게 썼다.

"애덤 노이만에게는 책상 건너편에 앉은 사람들에게 자신이 본 미래를 보여주는 재주가 있었다. 그것의 본질은 마술 같은 속임수였다."[12]

그리고 얼마 후, 그 속임수가 더 이상 통하지 않게 되었다. 2015년 위워크는 하루에 100만 달러씩 손실을 보았다. 위워크의 몰락은 2022년 애플TV플러스 시리즈 〈우린 폭망했다〉로 제작되기도 했다. 테라노스의 대실패 역시 드라마 시리즈 〈드롭아웃〉으로 제작되어 같은 해에 훌루와 디즈니 플러스에서 공개되었다. 맹렬하고 대담하게 지상으로 곤두박질친 이 경제계의 이카로스들을 소재로 한 오락물은 앞으로도 계속 나올 듯하다.

홈스와 노이만은 자아가 강하다. 그들은 투자자와 직원 그리고 잡지에 실린 사진을 보고 존경스럽다는 듯 감탄하는 독자를 비롯한 모든 사람에게 어떻게 보이는지에 무척 신경 썼다. 이들이 몰락한 핵심적인 이유 그리고 포기해야 위험을 피할 수 있는데도 포기하지 않고 비틀대는 이유는, 그들이 남들에게 어떻게 보일까를 과도하게 걱정한 데서 찾을 수 있을지도 모르겠다.

펜실베이니아대학교 와튼스쿨 교수이자 베스트셀러 목록에 오른 경영서를 여럿 쓴 애덤 그랜트에 따르면, 자아상self-image이 전략적 퀴팅의 중대한 방해 요소가 될 수 있다. 자아상 때문에 실패를 막기 위한 행동을 재빨리 하지 못한 CEO처럼, 사람들 역시 자아상 때문에 달갑지 않은 직장에서 성취감 없는 일을 하는 데 갇혀버리는 것이다.

그랜트는 이렇게 말했다.

"와튼스쿨 학생들에게서 이런 얘기를 수없이 많이 들었습니다. 학생들은 그만두는 사람이 된다는 두려움 때문에 괴롭히는 상사, 견디기 힘든 문화, 잘못 선택한 직업에서 벗어나는 걸 겁냅니다. 자아상은 단순히 이미지가 아니라 정체성이기도 합니다. 학생들은 그만둔 사람으로 보이는 것을 걱정하기도 하지만 그와 동시에 스스로가 자신을 그만둔 사람으로 보지 않을까 매우 걱정합니다. 거울을 보았을 때 포기한 사람이 나를 쳐다보고 있는 걸 원치 않는 것이지요."[13]

사고방식이 이렇다 보니 사람들이 퀴팅을 꺼리는 것은 당연하다. 사람들은 그 일을 하는 데 필요한 자질이 없어서 그만둔다고 생각한다. 그리고 그만두면 모든 사람에게, 특히 자신에게 실망을 안길 것이라고 여긴다. 게다가 세상은 포기가 나약함과 불안함의 징표라고 계속 주입한다. 그 와중에 우리는 퀴팅이 생존 본능이라는 사실을, 우리 뇌가 퀴팅을 잘하는 데는 다 이유가 있다는 사실을, 퀴팅을 도덕적 실패로 오도하는 문화적 서사 위에 새로운 것을 덧씌울 능력이 우리에게 있다는 사실을 잊어버린다. 퀴팅이 여전히 극단적인 선택으로 비치다니 안타까운 노릇이다. 새뮤얼 스마일스가 어쩌나 고마운지 모르겠다.

전략적으로 그만두면, 정확성과 창의력을 발휘해 그만두면 중단한 일을 다시 시작하고 새로운 사업을 더 널리 확장할 수 있다. 루스 스턴버그의 말에 따르면 그녀를 찾아오는 고객들은 대개 선택의 갈림길에 서 있는데, 퀴팅을 선택지에 올리는 일을 두려워한다. 뉴욕 로체스터에서 진로상담사로 일하는 스턴버그는 경력 10년 정도 되는 사람들이 분야를 바꾸거나 사업을 시작하는 데 자신감을 얻도록 전문적으로 돕는다. 특히 현재 하는 일에서 뛰어나지는 않더라도 괜찮은 성과를 내는 사람들이 주요 고객층이다. 이들은 자신이 기존 분야에서 오랫동안 일하며 쌓아온 장점을 잃을까 불안해한다. 스턴버그는 이렇게 말한다.

"엄청 힘든 일입니다. 실패하면 어쩌나 하는 두려움이 제게도 전해지죠. 입 밖으로 말하지는 않지만 두려움이 숨어 있어요."[14]

## 퀴팅이 필요한 순간

서류 위로 물건이 쌓이기 시작했어요. 전 생각했죠. '한 번만
더 추운 겨울에 밖에 나가서 썰매 타는 사람들을 따라다니며
인터뷰해야 한다면 소리 지를 거야.' 그래서 전 차에 앉아서
브레인스토밍을 시작했어요. 제가 사업을 한다고, 다른 사람
에게 그 사업에 관해 설명한다고 상상했죠.

- 루스 스턴버그

스턴버그는 그 기분을 잘 안다. 그녀는 중서부에서 수년 동안
언론과 출판일을 하며 지쳐버렸기에 그만두고 다른 분야에서 새
로운 사업을 시작하기로 결심했다. 변화란 자기 자신을 바라보는
방식까지도 바꾸어야 한다는 뜻이다. 그녀는 당시를 떠올리며 직
원에서 작은 사업장의 경영자로 변신한 것이 개인적인 변화 중 가
장 힘겨웠다고 했다.

우리는 20대나 30대 초반에만 큰 변화가 가능하다는 말을 자
주 듣는다. 마치 꿈에도 유통기한이 있다는 듯이 말이다. 스턴버그
는 그런 말을 거부했다. 직장을 그만두고 다른 것을 시도하고 싶
지만 갓 대학을 졸업한 처지가 아니라 그런 생각을 하면 걱정이
밀려온다는 사람들에게 스턴버그는 이렇게 조언한다.

당신의 가치를 현실적으로 평가해서 미래의 고용주에게 제시
해 보라고. 시장에서 당신의 가치는 특정 분야에서 쌓은 경험의

양으로만 결정되는 것이 아니다. 어떤 분야에서든 연관관계를 구축하는 능력과 유연함, 역동적인 사고방식으로도 결정된다. 스턴버그는 힘주어 말한다.

"이력서가 중요한 게 아닙니다. 중요한 건 관계예요."

모든 사람이 하던 일을 그만두고 사업가가 되고 싶어 하지는 않는다. 하지만 스턴버그는 그렇게 하고 싶은 사람들은 운이 좋다고 말한다.

"지금은 창업하기에 훨씬 우호적인 환경입니다. 전 사업을 시작하려는 사람들에게 새롭고 흥미로운 것을 발명하는 사람들을 보라고 말합니다. 우리는 늘 적응해 왔어요. 세상은 그런 식으로 발전합니다."

그래도 오랜 세월 동안 들어온 퀴팅의 단점에 대한 뻔한 말을 흘려듣기란 쉽지 않다. 리스트는 《스케일의 법칙》에 다음과 같이 썼다.

"실패로 인한 고통을 나중에 장기간 받는 대신 지금 그만둬서 강력하지만 짧은 고통을 택하는 것. 이것이 바로 개인과 조직 모두가 갈고닦아야 할 기술이다. 자신에게 이길 기회를 한 번 더 주려면 퀴팅을 택해야 한다."[15]


## 다음 단계로 나아가기

잭 짐머만은 퀴팅의 놀라운 유용성에 관해 직접 증언할 수 있다. 그는 대단한 이야기꾼이니 물어보기만 하면 기꺼이 이야기해 줄 것이다.

짐머만은 여러 존재로 살아간다. 음악가이자 사진작가이고, 자상한 아버지이자 사랑이 넘치는 할아버지이며 애처가다. 그는 자전거와 오페라를 무척 좋아한다. 사업가만은 절대 되고 싶지 않다. 시도해 본 적은 있었다. 하지만 그만뒀다.

짐머만은 홈스와 정반대 인물이라고 할 수 있다. 그는 다른 사람들이 자기를 그만둔 사람이라고 부를지도 모른다는 이유로 잘못된 일을 계속할 수는 없다는 것을 깨달았다. 사실 그에게는 팰로앨토의 멋진 본사 건물도, 권력이 막강한 이사회도, 사무실 주변을 배회하며 대차대조표에 대해 불편한 질문을 던지는 〈월스트리트 저널〉 기자도 없었다. 그럼에도 처음에 '그만두겠다'라고 말하기가, 그 말이 자기 귀에서 '난 얼간이야'로 들리는 것을 외면하기 힘들었다고 털어놓았다.

"지금은 그만둔 것에 대해 조금도 후회하지 않습니다."[16]

짐머만이 힘주어 말했다. 지금 그는 시카고 도심의 고층 아파트에서 아내 샬린과 함께 살고 있다.

"그동안 거쳐온 일이 몇 가지는 됩니다! 처음에는 교향악단에서 트롬본을 연주하고 싶었습니다. 취미로 연주하는 것이 아니라 직업 연주자가 되고 싶었죠. 하지만 제게는 그럴 만한 재능이 없었어요."

그래서 그는 트롬본 연주자가 되고 싶은 야망을 버렸고 지금은 다행스러워한다.

"계속 고집했다면 오디션에 갔다가 매번 떨어지는, 매우 불행한 삶을 살았을 겁니다."

다음으로 그는 시카고 교외에 피아노 판매점을 열고 피아노 조율사를 겸했다. 잘해보려고 15년 동안 노력했지만 그는 사업에 맞는 사람이 아니었다. 그때가 인생에서 가장 힘든 시기였다.

"사업에 실패하자 마음에 상처가 났습니다. 마치 이혼한 것 같았어요."

## 퀴팅이 필요한 순간

전 사교적인 사람이라 피아노만 있는 사무실에 혼자 우두커니 있는 건 맞지 않았어요. 대부분의 시간 동안 혼자 일해야 한다는 게 정말 힘들었고요. 전 밖으로 나가야 했어요. 숨을 쉬어야 했고요. 그래서 피아노 판매점을 팔려고 내놓았어요.

― 잭 짐머만

다행히 그는 진짜 이혼을 걱정할 필요는 없었다. 이혼에 비견될 만한 상처가 걱정스러울 뿐이었다. 시카고 리릭 오페라단에서 30년 동안 수석 클라리넷 연주자로 활동한 뒤 은퇴한 그의 아내는 '매우 큰 힘이 되어주었고 정말 현명했다'.

짐머만은 사업을 그만두고 처음 열정을 품었던 일인 이야기꾼으로 돌아갔다. 유명 코미디언이자 라디오 진행자인 데이비드 세다리스가 시카고 억양으로 말한다고 상상해 보자. 짐머만은 시카고 인근에서 원맨쇼에 출연하거나 유튜브에 출연하기도 한다. 배관공과 돈만 밝히는 정치인의 세계였던 옛날 시카고에 대한 그의 경험담을 들으면 이야기꾼으로서 그의 기량, 유머, 삶을 삐딱하게 바라보는 매력적인 시선을 엿볼 수 있다. 그는 잡지와 신문 칼럼니스트로 일하기도 했고 시카고의 여러 음악 공연장에서 홍보 담당자로 일하기도 했다.

후회하느냐고? 그렇지 않다.

"정말 불행한데도 그만두지 않는 사람들을 여럿 봤습니다. 그들은 평생 힘겹게 몸부림치며 살아갑니다. 저는 다음 단계로 갈 수 있어서 행복했습니다."


## 어딘가로 가는 길에 잠시 머무는 정차역

오하이오주 벡슬리에서 레슬리와 마이크 모츠를 처음 만난 날은 어느 쌀쌀한 가을밤이었다. 추위는 문제가 아니었다. 내가 도착한 지 20초나 지났을까, 레슬리는 식당에 있는 벽난로를 피웠고 우리가 앉아서 이야기를 나눌 때쯤에는 모든 것이 따뜻하고 편안했으며 나를 반기는 느낌이었다. 게스트하우스에서 바라는 분위기가 바로 이런 게 아닐지 싶었다.

잠시 후 마이크가 얌전한 소형 구조견 콜을 데리고 우리와 함께했다. 내가 레슬리와 마이크를 찾아온 이유는 그들이 어떻게 해냈는지 듣기 위해서였다. 어떻게 직장을 그만두고 안전지대를 포기했는지, (당시 몇몇 친구들의 표현에 따르면) 어떻게 제정신이기를 포기하고 시간과 에너지와 평생 모은 돈의 상당 부분을 투자해 이해도가 제로에 가까운 사업을 시작할 수 있었는지 물어보기 위해서 말이다.

> ## 퀴팅이 필요한 순간
>
> 제가 창업한 호텔 체인 주아 드 비브르를 그만두는 건… 쉽지 않았습니다. 호텔은 직업인으로서의 정체성뿐만 아니라 한 사람으로서의 정체성까지 규정하고 있었기 때문입니다. 하지만 항생제 알레르기 때문에 죽을 뻔한 경험을 했을 때처럼, 때로는 신의 개입이나 스스로가 보고 싶어 하지 않는 내 모습을 보도록 도와주는 친구들의 도움이 필요할 때도 있는 법이지요.
>
> ― 칩 콘리[17]

레슬리와 마이크는 2013년에 게스트하우스 문을 열었는데, 오래된 건물의 보수 비용으로 예산의 세 배를 썼다. 배관과 전기 설비를 새로 해야 했고, 추가로 약 1000제곱미터 면적을 건식 벽체로 바꾸어야 해서 처음 예상한 금액을 어마어마하게 초과했다.

"때로는 모르는 게 약입니다."[18]

마이크가 유감스러운 듯이 말했다. 이후에는 모든 일이 잘 풀렸다. 슬레이트 지붕과 납틀 창문이 달린 크고 오래된 집들로 유명한 콜럼버스의 외곽 벡슬리에서 깔끔하고 우아한 벽돌 건물인 이 게스트하우스는 지역의 명소다.

"게스트하우스에 들러서 모츠 부부와 인사 나누고 하룻밤 머물다 가세요"라고 말할 수 있다면 얼마나 좋을까. 하지만 그럴 수 없다. 여러분이 이 책을 읽을 때쯤이면 모츠 부부는 다음 모험을 향해 떠났을 것이다. 그들은 이 상쾌한 가을밤에 잠시 머물다 떠난 손님이었다.

이는 곧 그들이 또다시 도약의 문턱에 섰다는 뜻이다. 두 사람은 운영하던 게스트하우스를 지역대학에 매각했고, 대학은 그곳을 계속 게스트하우스로 운영할 예정이다. 부부의 경험은 퀴팅의 소중한 교훈을 또 하나 가르쳐준다.

사업을 시작하거나 새로운 직장에 다닐 기회가 어디에나 있듯, 그만둘 기회도 어디에나 있다. 그만두고 다른 것을 시작할 수 있다. 물론 하지 않을 수도 있다.

모든 끝이 비극적이지는 않다. 때로 끝은 어딘가로 가는 길에 잠시 머무는 정차역이 되곤 한다. 물론 모든 것은 끊임없이 변하기 때문에 그 어딘가가 더 나은 곳일 수도, 더 나쁜 곳일 수도 있다. 다만 한 가지만큼은 분명하다. 어디든 전과 다른 곳이라는 점이다.

## 폐허에서 꿈을 그리다

그만두는 결정이 늘 자발적인 것은 아니다. 때로는 떠밀려서 하기도 하고, 원하지 않지만 어쩔 수 없이 그만두어야 하는 때도 있다. 궁지에 몰려 포기해야 하는 만일의 사태조차 긍정적인 것으로, 다음번 도약의 발판으로 만들 방법이 있다.

1914년 12월 9일 저녁 해가 지고 난 직후, 뉴저지주에 넓게 자리 잡은 에디슨의 연구단지 안에 있는 작은 건물에서 불이 났다. 그곳에 보관 중이던 다량의 질산염에 불이 붙은 것이다. 불길은 빠르게 번져 건물 13채를 집어삼켰고, 에디슨을 비롯한 다른 사람들은 근처 높은 곳에서 이 광경을 지켜보았다.

인명 피해는 없었으나 손해는 상당했다. 원자재와 시제품이 불에 타는 등 미국에서 가장 유명한 발명가가 40년 동안 평균 11일마다 새로운 발명품을 선보일 수 있게 해준, 정교하게 구축한 기반 시설들이 상당 부분 망가졌다.[19]

다음 날 아침, 이 상황에 어떻게 대응할지 보려고 나타난 기자들에게 에디슨은 미리 준비한 성명을 발표했다.

"연구소가 불에 탄 것처럼 저 또한 새하얗게 타버린 듯 지쳤습니다만, 현재 상황을 파악하고 나면 내일부터는 빠르게 대처할 것입니다."[20]

에디슨은 늘 그랬듯이 역경을 딛고 일어섰다. 그리고 평소와 다름없이 퀴팅을 영감으로 삼아 늘 하던 일을 했다.

에디슨의 발명품 중에 타임머신은 없다. 하지만 발명했다면,

그래서 타임머신을 타고 21세기로 온다면, 사업 초창기에 기기 시험 가동에 실패한 직후의 홈스에게 연락을 취하면 어땠을까 싶다. 홈스의 대실패 역시 천천히 타올랐지만 결과적으로 모든 것을 망가뜨렸으니, 일종의 화재라고 볼 수 있을 테니까.

에디슨은 아마 홈스에게 이렇게 말하지 않을까.

"아가씨, 지금 하는 걸 당장 그만두게. 이 기기로 할 수 있다고 주장한 것을 가능하게 만들 다른 방법을 찾아보게. 다른 길을 찾지 못하면 그만둬야 하네. 그리고 다른 걸 발명하는 거야. 그렇게 하는 동안, 그 망할 것이 제대로 작동할 때까지 내 이름은 들먹이지 말게."

에디슨에게 퀴팅이란 실패가 아니라 성공으로 가는 첫걸음이었다.

그날 밤, 불안해하는 동료들과 망연자실한 가족들에게 둘러싸인 채 언덕에 서서 불길이 이글거리며 날뛰는 광경을 지켜보던 에디슨에게 충격에 빠진 직원 한 사람이 다가와 떨리는 목소리로 화재를 '정말 끔찍한 참사'라고 칭했다.

이 직원은 상사인 에디슨을 전혀 이해하지 못했다. 삶의 매력과 도전은 어쩔 수 없이 그만둔 뒤에 무엇을 했느냐에 달려 있다. 불에 타고 난 잔해를 긁어모아 뭐가 됐든 뭔가를 만들고, 그 위에 다시 쌓아 올릴 계획을 세울 수 있다. 그리고 그 과정에서 그 상황을 즐기는 것이다.

에디슨은 침울한 부하직원에게 쾌활하게 답했다.

"그렇다네, 맥스웰. 오늘 밤에 엄청난 재산이 불에 타버렸어. 하지만 보기에는 예쁘지 않던가?"

전략적
그만두기의
조언

여러분은 의욕을 잃고 좌절했다. 일은 기대한 만큼 잘 풀리지 않는다. 또는 사업을 시작했는데 실패했다. 그렇다면 마음속 에디슨에게 집중할 때다. 두려움이나 매몰비용 오류의 희생양이 되면 안 된다. 기회비용에 주의를 기울이지 않는 실수를 범하지도 말자. 퀴팅은 끝이 아니다. 성공의 시작일 수 있다.

## chapter 9

# 주변의 기대에서 벗어나기
## : 나에게 가장 좋은 것은 나만 안다

스스로 자랑스러워할 수 있는 삶을 살길 바란다.
혹시 그렇지 못하다면 처음부터 다시 시작할 힘을 갖길 바란다.[1]

– 에릭 로스, 〈포레스트 검프〉 각본가

 

스테퍼니 로즈 스폴딩은 그 일을 최대한 미루고 있었다. 하지만 바짝 긴장해야 할 순간이 왔다. 아버지에게 그만두기로 결심했다고 말해야만 했다.

스폴딩은 그때 아버지와 함께 볼일을 보고 주차장에 차를 세우고 차 안에 앉아 있었다고 떠올렸다. 그녀는 시카고 사우스사이드에 사는 부모님을 만나러 인디애나주 라피엣에서부터 차를 몰고 갔다. 당시 라피엣의 퍼듀대학교에서 미국학 박사과정을 밟는 중이었다.

"가족 중에 박사학위를 받은 사람은 아무도 없었어요."[2]

스폴딩은 그 순간 왜 그렇게 큰 부담을 느꼈는지를 설명하며 이렇게 말했다. 공립학교 교사였던 아버지와 어머니는 그녀가 대학원에 입학하자 무척 기뻐했고, 장학금을 받으며 야망을 좇는 딸을 자랑스러워했다.

하지만 스폴딩이 말하지 않은, 그들이 모르는 문제가 있었다. 스폴딩은 부모님에게 걱정을 끼치고 싶지 않았다. 그러나 4년이 지난 지금 그녀는 최악의 고비를 맞았다. 정말 비참했다. 학과에 몇 안 되는 흑인 학생 중 하나였던 그녀는 소외당하고 무시당한다고 느꼈다. 학생들과 어울리지 못하고 있었다.

"퍼듀대학교의 인종차별을 견디는 것만으로도 정말 힘들었어요. 그런데 웨스트라피엣은 살아본 중 최악이었죠. 그게 절 짓눌렀어요."

스폴딩은 박사과정을 그만두기로 결심했다. 하지만 이 소식을 부모님에게, 특히 전능하신 그분이 그녀가 학자로 일하도록 예정했다고 믿는 아버지에게 어떻게 알린단 말인가?


## 퀴팅을 전하는 용기

우리는 여러 집단에 속한다. 부모님의 자식인 동시에 자녀가 있다면 부모이기도 하다. 형제자매, 배우자나 애인, 친한 친구, 이웃, 친척, 상사와 동료들에게 둘러싸여 있을 수도 있다. 우리를 아끼고 우리에게 큰 기대를 거는 사람이 있다는 것은 멋진 일이다. 그 기대가 길잡이나 자극이 되기도 하고 휘청댈 때 우리를 일으켜 세우기도 한다.

하지만 이러한 유대감은 일이든 학교든 관계든 무언가를 그만두는 결정에 맞닥뜨렸을 때, 나의 의견 외의 것까지 고려해야 한다는 뜻이다. 그만두는 게 우리에게 좋지 않을 것 같다고 그 사람들이 믿는다면, 우리를 앞으로 나아가게 했던 바로 그 자애로운 힘이 반대 방향으로 작용할 수 있다. 우리 스스로 어떤 일이 맞다고 생각하더라도 그들이 반대하며 추가로 압력을 행사할 수 있다. 사랑하는 사람들, 우리를 가장 잘 아는 또는 가장 잘 안다고 생각하는 사람들, 우리를 보며 품은 꿈을 길잡이 삼아 살아온 사람들에게 실망을 안기고 싶은 사람은 아무도 없기 때문이다.

그날 스폴딩이 아버지에게 퍼듀대학교를 그만두기로 결심했다고 말하자 아버지는 화를 냈다.

"아버지는 제게 소리를 지르기 시작했어요. '하나님께서 널 그곳에 보내신 거야! 하나님에게서 멀어질 셈이냐?'라고요."

스폴딩은 아버지에게 그동안 겪은 일을 말했다.

"매일 죽고 싶다고 생각해요. 다른 흑인 대학원생이 신경쇠약에 걸리는 걸 본 적도 있어요. 제 친구 하나는 상태가 너무 나빠져서 커피 한 잔도 편히 마시지 못할 정도로 손을 떨어요."

아버지는 화를 가라앉히고 그녀의 말을 들었다. 그리고 모진 말을 사과했다. 스폴딩도 아버지의 말에 귀 기울였다. 아버지는 함께 이겨낼 방법을 찾아보면 어떻겠느냐고 제안했다. 머리를 모아 이런저런 전략을 짜보자고도 했다. 그리고 둘은 그럴 수 있기를 함께 기도했다. 스폴딩은 그때를 떠올리며 이렇게 말했다.

"전 엄청난 긴장 상태였어요. 계속할 것인가 아니면 진로를 바꿔서 인생의 다음 단계로 나아가는 데 필요한 일을 할 것인가 고민했죠."

---

### 퀴팅이 필요한 순간

논문 심사위원회에 제출한 두 번째 계획안이 거절당하자 망연자실했어요. 그때 저는 지도교수님 아파트에서 교수님과 함께 앉아 있었어요. 가장 따르는 교수님이었죠.

저는 이렇게 말했어요.

"박사과정을 마칠 수 있을지 모르겠어요."

그러자 교수님이 대답했죠.

"스테퍼니, 넌 그동안 열심히 했어. 논문은 훈련일 뿐이야. 자, 그 빌어먹을 훈련을 해보자."

교수님 아파트는 어두웠어요. 밖에는 해가 지고 있었고요. 전 '이렇게 어둠 속에 앉아 있는 꼴이라니'라는 식이었고 교수님은 '그냥 백인들이 네게 원하는 걸 하자'라는 식이었어요. 전 그렇게 하면서도 계속 살아남을 방법을 찾아야 했어요! 그 순간 라피엣을 떠나야겠다는 생각이 들었죠.

- 스테퍼니 로즈 스폴딩

스폴딩은 어린 시절부터 재능을 어떻게 사용하고 싶은지 거듭 생각했다. 그녀는 웃으며 이렇게 말했다.

"어릴 때는 늘 변호사가 될 거라고 생각했어요. 〈코스비 가족 만세〉의 클레어 헉스터블(엄마 역, 직업은 변호사)에게 푹 빠져 있었거든요. 그래서 동부로 가서 적갈색 벽돌집에서 중산층의 삶을 살 거라고, 내 아이들은 언제든 시인과 음악가를 접할 수 있는 그런 삶을 살 거라고 생각했죠."

대학교 2학년이 끝나고 한 교수님이 그녀에게 대학이나 연구소에서 일할 생각이 없는지 물었다.

"그 질문은 제 생각을 뒤흔들었어요. 그전까지 전 '그런 건 흑인들이 하는 일이 아니잖아'라고 생각했거든요. 교수님은 이렇게 말했죠. '넌 소질이 있어. 장학금도 받을 수 있을 거야.' 그래서 전 대답했어요. '그 얘길 먼저 하셨어야죠!'"

대학원은 그녀가 꿈꾼 최상의 시나리오대로 흘러가지는 않았다. 의구심은 점점 쌓였고 결국 그녀는 괴롭고 불안해하며 아버지와 함께 차에 앉아 있게 되었다. 부모님이 무엇을 원하는지는 잘 알았다. 하지만 그녀가 원하는 것은 무엇일까? 지금 머릿속에 떠오르는 제일 나은 선택을 따라야 할까, 아니면 가족의 축복 속에서 헤쳐 나가려고 애써야 할까?

스폴딩은 박사과정을 계속하기로 했지만, 웨스트라피엣은 떠나기로 했다. 시카고로 가서 아파트를 빌린 다음 논문을 썼다. 필요한 경우에는 차를 몰고 학교에 가기도 했지만 새로 이사 간 집에 주로 머물며 더 크고 다채로운 도시의 삶을 즐기기도 했다.

"지도교수님들은 충격에 휩싸였어요. 학교에 출석하지 않고서는 논문을 끝낼 수 없을 것이라고 확신하셨죠."

하지만 그들은 스폴딩이 어떤 사람인지, 그녀가 얼마나 굳게 결심했는지 알지 못했다. 스폴딩은 논문을 빠르게 완료하고 졸업했다. 그리고 몇 군데에서 강의한 뒤에 콜로라도스프링스에 있는 콜로라도대학교의 여성 및 소수민족연구 학과에서 강의하며 다양성·형평성·포용성위원회의 임시위원장을 맡았다.

스폴딩은 주차장에 아버지와 나란히 앉아 자신에게 맞는 일이 무엇인지 결정하려고 한 그날을 영원히 잊지 못할 것이다. 결정은 혼자 내려야 했지만, 일이 어떻게 되든 진정한 의미에서 혼자가 아님을 알게 되었다.


## 이겨내야 할 고통과 주의를 기울여야 할 고통

스포츠 분야만큼 퀴팅에 대한 판단이 냉혹하고 분명한 곳도 드물다. 이 세계에서는 그만두면 겁쟁이가 되고 계속 싸우면 승리자가 된다고 여긴다. 사람들은 '그만둔 사람'이라는 말을 들으면 경기에 져서 헬멧을 벗고 어깨를 늘어뜨린 채 먼지 자욱한 운동장을 터덜터덜 걸어가는 모습을 자연스레 떠올린다. 다음 연습에 나타나지 않는 사람을 떠올리기도 한다. 사람들은 퀴팅을 점수판에 기록된 최종 점수만큼이나 딱 떨어지는 문제로 보는 듯하다. 크리스틴 디펜바흐 박사는 이에 제동을 건다.

"멈추기로 선택하는 것과 그만두기 사이에는 차이가 있습니다. 그만두기라는 말에는 헐뜯는 느낌이 많아요. 우리는 그만두기를 실패와 동일시합니다. 꼭 그런 게 아닌데도 말입니다. 위험하거나 건강에 좋지 않기 때문에 중단할 때도 있습니다. 하지만 우리는 결과를 매우 중요하게 여깁니다. 그리고 '못 버티기 때문에' 그만둔다고 생각하죠."[3]

디펜바흐는 응용 코칭 및 스포츠과학센터장이자 웨스트버지니아대학교 부교수로 운동 코칭 교육을 담당하고 있다. 자신은 물론이고 남편도 운동선수 출신인데, 두 사람은 젊은 운동선수의 부모이기도 하다. 다시 말해 디펜바흐는 그만둘지 말지를 결정하는 일과 밀접하게 연관되어 있다.

디펜바흐의 연구와 교육은 어린 선수들의 삶에서 부모나 코치같은 권위 있는 인물이 하는 역할에 초점을 맞춘다. 이들과의 관계 때문에 퀴팅을 생각할 때 머릿속이 더 복잡해진다고 그녀는 언급한다. 당사자가 포기하기로 정하면 끝나는 것이 아니라 더 많은 것들이 얽혀 있기 때문이다. 운동선수가 기량을 발전시키도록 도우려면 돈과 시간과 감정적 에너지를 상당히 많이 투자해야 한다. 그래서 독자적으로 자신만을 위해서 무언가를 그만둔다고 판단할 수 없는 것이다.

퀴팅은 혼자 하는 운동이 아니다.

퀴팅이 필요한 순간

마감을 앞두고 뉴스룸에서 기사를 작성하고 있었지요. 당시 아들 라이언은 아홉 살이었고 저는 리틀리그 팀의 코치였어요. 기사 작성을 제시간에 마칠 수 있기를 바라며 시계를 쳐다본 기억이 납니다. 뉴스룸이 아닌 다른 곳에 있기를 바란 건 그때가 평생 처음이었어요. 아들의 경기를 쫓아다니려면 다른 일을 찾아야 했어요. 전 육아의 절반은 아이가 원할 때 나타나는 것이라고 생각했고 그렇게 하고 싶었거든요. 바로 그때 이 일을 그만둬야 한다는 걸 깨달았습니다.

- 로빈 요컴[4]

디펜바흐가 말했다.

"스포츠는 가족에게 매우 감정적인 영역일 수 있습니다. 부모의 경우, 운전도 많이 해야 하고 관중석에도 자주 앉아 있어야 합니다. 따라서 자녀가 운동을 그만두는 것은 단순히 아이가 그만두는 것이 아니라 가족 전체가 그만두는 것입니다."

운동을 포기하겠다는 어린 운동선수의 결정을 받아들이라는 말은 부모와 코치에게 힘든 요구다. 조직화한 스포츠에 종종 수반

되는 멘토링에는 '기브 앤 테이크'의 성격이 있다.

'내가 너한테 어떻게 했는데, 널 믿고 얼마나 많은 걸 희생했는데, 그런데 이제 와서 그만둔다고? 그 고생이 이제 겨우 성과를 내기 시작하는데?'

불편할 정도로 선수를 밀어붙이는 코치는 자극을 주려는 사람일까, 아니면 괴물일까? 선수들에게 뛰어나야 한다고 요구하며 그들이 그만두는 것을 허락하지 않는 엄한 코치 이야기는 도무지 믿기지 않는 혹독한 전설처럼 전해진다.

우리는 선수들을 한계까지 몰아붙이기로 유명한 미식축구팀 그린베이 패커스의 코치 '빈스 롬바르디아' 같은 전문 지도자에게 찬사를 보낸다. 역시 미식축구팀인 뉴잉글랜드 패트리어츠의 현 코치 빌 벨리칙도 선수들을 무자비하게 몰아붙여 훌륭한 결과를 끌어내는 지도자로 칭송받는다.

1971년부터 2000년까지 인디애나대학교 남자 농구팀을 맡은 저돌적인 수석 코치 보비 나이트는 여러 차례 공개적으로 팀에게 성질을 부렸으며 연습 도중 선수를 신체적으로 학대했다. 공식적으로 신고된 사례도 있었고 그만둔 선수들도 몇몇 있었다. 하지만 대부분은 그를 존경했고 그 덕분에 성공할 수 있었다고 인정했다.

그들에게는 언제든 떠날 수 있는 선택권이 있었다. 나이트의 성질 때문에 마찰을 겪었던 선수들은 떠날 수도 있었다. 하지 않겠다고 말할 수 있었다. 팀은 강제노동 수용소가 아니었다. 사실관계만 따지자면 맞는 말이다. 체육관 문이 잠겨 있지는 않았으니까.

하지만 실질적으로 그들은 갇힌 것과 마찬가지였다. 그들을 가둔 것은 봉인된 문이 아니라 주변의 기대와 머릿속에 그린 자기 이미지였다. 영화 〈록키〉의 주인공은 두들겨 맞고 피투성이가 되지만 굴하지 않고 끝까지 싸운다. 퀴팅에 대한 심리적 비용은 그만두고 싶다는 생각을 모두 상쇄한다.

영웅들은 버틴다. 절대 굴하지 않는다.

디펜바흐는 이렇게 말한다.

"분명 퀴팅은 수치심과 연관이 있습니다. 전 25년 동안 육상선수 생활을 하면서 딱 두 번 경기를 포기했어요. 그런데도 그 일을 생각하면 아직도 부끄러움이 밀려들어요."

수치심은 강력한 동기부여가 된다. 여기에서 말하는 수치심이란 우리가 포기했을 때 내면화하는 수치심뿐만 아니라 부모님이나 코치를 비롯해 우리를 믿는 사람에게 실망을 안겼다고 생각할 때 느끼는 수치심도 포함한다. 우리는 이를 회피하려고 쉴 때가 되었다며 몸이 보내는 신호를 무시하기도 한다.

디펜바흐가 말했다.

"운동선수 중에는 '이건 이겨내야 할 고통이야'와 '이건 주의를 기울여야 할 고통이야'의 차이를 모르는 사람도 있습니다."

이는 '그래, 장애물을 만나면 누구든지 당연히 그만두어야지'라고 딱 잘라서 말할 만큼 문제가 간단하지 않다는 뜻이다. 우리는 이런 말이 도움이 되지 않는다는 것을 안다. 신체적 문제를 극복하려고 끈기 있게 노력하는 데 진정한 가치가 있음을 알고 있다. 이는 새로운 과목을 배우던 중 어려움에 부딪히더라도 계속 열심히 공부하는 편이 가치 있는 것과 마찬가지다. 디펜바흐는 이렇게 말한다.

"고통을 극복하고 계속해 나가야 하는 건 맞습니다. 우리 뇌는 '이제 그만하고 돌아가야 해'라고 합니다. 몇 달 동안 운동을 쉬다가 체육관에 가본 적이 있는 사람이라면 이게 사실이라는 걸 알 수 있어요. 하지만 그렇다고 해서 우리가 그 말에 항상 귀 기울여야 하는 건 아닙니다."

운동을 계속하면서 스스로 한계라고 생각했던 부분을 뛰어넘는 기쁨을 경험하는 것과 그만두는 것 중 하나를 선별하는 일은 어렵다.

"우리는 역사적으로 열심히 노력하는 것을 가치 있게 여기고 퀴팅을 실패로 취급했습니다. 그래서 '아, 다른 일을 하는 데 시간을 쓰기로 했구나'가 아니라 '아, 그만뒀구나'라고 말하게 된 겁니다. 퀴팅을 실패와 비슷하게 보는 거죠."

### 퀴팅이 필요한 순간

남편과 저 그리고 다섯 살 난 아들 마이클은 여행을 떠나기로 했어요. 제가 회사를 그만두자 다들 제가 끔찍한 실수를 저지르는 거라고 했죠. "그만두면 안 돼. 경력을 망치는 거야!"라고 말한 사람의 수는 믿기 어려울 정도로 많았어요. 하지만 우리는 '안 될 거 없잖아?'라고 생각했고요.

어머니가 우리를 공항까지 태워주셨는데, 공항에 도착하고 나서 절 보며 이렇게 말씀하셨어요.

"너희들이 이스라엘 키부츠에 있는 동안 내가 죽을지도 모르겠구나."

하지만 웬일인지 떠나겠다고 단호하게 결정할 용기가 생겼어요. 다들 제게 후회할 거라고 했지만 한 번도 후회하지 않았어요.

- 보니 밀러 루빈[5]

디펜바흐가 기억하는 한, 그녀는 언제나 달리거나 자전거를 타거나 테니스를 치고 있었다. 다른 운동을 했더라도 가진 걸 모두 바쳐서 열심히 했을 것이다. 디펜바흐는 경쟁을 좋아하고 땀 흘려 승리를 만들어내는 것, 다른 사람과 비교해 자신을 시험해 보는 것을 좋아했다. 그리고 어제의 자신과 비교해 오늘의 자신을 시험하는 것이 가장 좋다고 말한다.

디펜바흐는 고교 선수 출신은 아니었지만 보스턴대학교 육상 팀에 들어갔다. 대학원에서 체육 공부를 시작했을 때 그녀의 관심사는 달리거나 뛰어오르거나 방망이나 하키 채를 휘두를 때 우리 몸에 무슨 일이 벌어지는지를 연구하는 단순한 운동생리학에서 세상 그 자체로 확장되었다. 그녀는 운동선수로서 배운 내용을 사람들이 하는 다른 노력에도 적용하고 싶었다.

"스스로 질문을 던졌어요. '어떻게 운동을 통해 인간의 잠재력과 성장을 지원할 수 있을까? 문화를 바꾸는 데 내가 도움이 될 수 있을까?'하고요."

디펜바흐는 미국인의 스포츠 사랑이 NBA나 NFL 같은 프로리그에서 뛰어난 선수들의 경기를 보는 것보다 뒷마당에서 운동하는 평범한 사람들, 프로 운동선수가 되려는 것이 아니라 재미있고 기분 좋아서 계속 움직이며 건강을 유지하는 사람들을 향하기를 바란다. 그런 식으로 하면 애당초 그만두는 순간이 오지 않을지도 모른다. 운동에 완전히 질려버리거나 완벽주의에 갇히지 않기 때문이다. 그냥 재미있는 시간을 보내는 것이다. 디펜바흐는 이렇게 말한다.

"다른 나라 사람들은 공동체 중심 사고가 강한데, 미국인은 창업가 성향이 강합니다. 미국인은 '금메달을 따기 위해 노력하는' 스포츠만이 가치 있다고 생각하는 나쁜 습성이 있습니다. 스포츠는 그 자체로 평생 즐기는 것이라고 인식하는 데 서툴지요."

디펜바흐는 그녀와 남편 둘 다 '의욕이 넘치는 운동선수'라고 말한다. 그들의 집에는 개 세 마리와 고양이 두 마리가 있고 지하실에는 자전거가 열다섯 대 있다.

그리고 열한 살 난 아들은 하키를 한다. 어느 날 집에 돌아왔는데 아들이 하키를 그만두겠다고 하면 어떨까?

"이렇게 말할 것 같아요. '좋아. 하지만 하키 말고 몸을 계속 움직일 수 있는 무언가를 해볼까? 집에 가만히 앉아서 유튜브 영상만 볼 순 없잖니'라고요. 조금도 화가 날 것 같지 않아요. 하지만 왜 그만두려고 하는지는 대화해 봐야겠죠."

## 꼭 해야 할 일이란 없다

하이디 스티븐스는 여섯 살에 체조를 시작해 이제 열일곱 살이 된 딸 준이 체조를 그만두겠다고 하면 뭐라고 말해야 할지 고민할 필요가 없어졌다. 작년에 바로 그 일이 일어났기 때문이다. 어느 날 연습을 마치고 차에 탄 준은 "이제 더 못 하겠어요. 그래도 괜찮아요?"라고 물었다.

"그때 속으로는 '당연하지!'라고 외쳤어요."[6]

스티븐스는 웃음을 터트리며 털어놓았다.

"우리는 체육관에 가기 위해 주 4일, 편도 30분을 운전해서 갔어요. 그러니 딸아이가 그만두고 싶다고 했을 때 정말 신이 났죠."

스티븐스는 딸의 선언이 퀴팅의 끝이 아니라 시작이었다고 말을 이었다.

"지금은 양육 문화가 바뀌었어요. 부모가 자녀의 사회적인 삶이나 정서적인 삶에 더 많이 관여하지요. 우리 집의 경우 아이들과 모든 일을 상세하게 이야기합니다. 엄격한 규칙은 없어요."

스티븐스는 양육 문제에 대한 특별 칼럼을 쓰며 시카고대학교 '페어런트 네이션'에서 광고 책임자를 맡고 있다. 페어런트 네이션은 저렴한 보육비와 의료 서비스 선택권 개선 등의 가족 관련 문제 해결책을 강력하게 주장하고 옹호하는 단체다. 스티븐스는 과거에 그만둔 경험을 거울삼아 준과 준의 남동생 윌은 그렇게 키우고 싶지 않았다고 말했다.

"고등학교 때 전 방향을 잡지 못했어요. 체조, 발레, 탭댄스 같은 걸 해보다가 포기했죠. 피아노는 1학년부터 고등학교까지 쳤어요. 하지만 피아노를 칠 때면 오빠가 와서 때렸고 그때마다 어머니가 오빠에게 소리를 질렀어요. 그래서 늘 긴장이 넘쳤죠. 그뿐만 아니라 연습도 정말 싫었어요."

그래서 준이 그만두겠다고 했을 때 이야기를 나누었다.

"어려움이 있어도 꾸준히 무언가를 해나가는 건 힘든 일이에요. 전 딸에게 그만두고 싶은 이유가 단순히 힘들고 재미없어서는 아니어야 한다고 말했어요."

스티븐스는 딸이 조금이라도 후회하는 건 원치 않았다.

"그때 피아노를 계속 쳤으면 어땠을까 하는 생각을 하곤 해요. 정말 잘할 수 있었을 것 같거든요."

이렇게 말하는 스티븐스의 목소리에는 아쉬움이 묻어 있었다. 준 스티븐스를 따로 만나 이야기를 들어보니 하이디 스티븐스의 설명은 사실이었다.

"체조를 하겠다고 했을 때 엄마는 응원해 주셨어요. 하지만 '이걸 꼭 해야 할 필요는 없어'라고도 하셨죠."7

그때가 생생하게 기억나요. 체조 연습을 마치고 체육관에서 나왔고, 늘 기다리는 주차장에 엄마의 은색 차가 보였어요. 저는 '이제 더 이상 못 하겠어. 다시는 여기 안 올 거야'라고 생각했어요. 거의 평생 해온 일을 그만둔다는 게 무서웠어요. 하지만 기분이 좋기도 했죠. 내 삶을 직접 조율하는 느낌이었거든요. 저는 돌아서서 체육관 사진을 찍고 차에 타서 엄마에게 말했어요. "엄마, 이제 안녕이에요."

– 준 스티븐스

준은 몇 가지 요인이 겹치며 그만두겠다는 결정을 내리게 되었다고 말했다. 원래 오랫동안 다른 체육관에서 좋아하는 코치와 함께 운동했는데, 코치가 다른 지역으로 떠나서 새로운 체육관으로 오게 되었다. 그러나 새 체육관은 예전 체육관과 달랐다. 하긴 어떻게 같을 수가 있겠나. 준은 예전 체육관을 떠올리며 가족 같은 곳이었다고, 그곳에 좋은 추억이 많다고 했다.

준은 그만둬야겠다는 결정을 빨리 내렸다. 그리고 마찬가지로 빠르게 학교 조정팀에 들어갔고 그다음에는 응원단 활동도 했다. 조정팀은 지루하다는 이유로 그만두었지만 응원단 활동은 계속했다. 준은 어떤 운동을 하는지에 그다지 신경 쓰지 않았다. 중요한 것은 뭐가 됐든 운동을 계속한다는 것이었다.

"온몸이 쑤시는 느낌이 좋아요. 순수하게 운동으로만 느낄 수 있는 거잖아요."

## 다른 사람의 목소리를 차단할 것

루이스 해인스는 아버지에게 조언을 구할 수 없었다. 이 일을 그만두는 것이 현명한 결정인지 바보 같은 짓인지, 몇 년 뒤에 도움이 될지 고개를 젓게 만들지 확인해 달라고 할 수 없었다. 해인스가 여섯 살이던 1938년에 아버지는 전염병으로 세상을 떠났다. 그 후 어머니는 가족이 콩을 키우던 오하이오주 북서부의 농장을 혼자 꾸리며 해인스와 그의 여동생 셋을 키웠다.

어쩌면 해인스가 앞으로 나아가는 데 아버지의 부재가 도움이 되었을지도 모른다. 권위 있는 인물은 물리적으로 존재하지 않더라도 우리에게 영향을 미칠 수 있다. 그만둘지 계속할지에 대한 결정은 보이지 않는 힘의 결과일 수 있다. 중요한 결정을 앞두고 머릿속에서 조부모님이나 부모님의 목소리를 들었다고, 그 목소리가 결정에 도움이 되는 조언을 했다고 하는 사람들이 아직도 많다. 다른 사람에게는 그 목소리가 들리지 않는다. 하지만 그건 중요하지 않다. 그 목소리와 협력하여 결정을 내린 것 같은 느낌이 들 테니까.

1950년 해인스는 열여덟 살이었고 고등학교를 막 졸업했다. 그는 오하이오주 일리리아의 페리페이 제조업 공장에 취직했다.

다른 직장을 뿌리치고 그곳을 택한 이유는 "차가 없어서 이웃이 매일 차를 태워줄 수 있는" 곳이었기 때문이었다.[8]

해인스는 매일 하루 여덟 시간씩 현장에서 만들어진 나사와 다른 기계 부품을 검사하여 크기와 모양이 정확한지 확인했다. 그는 품질관리팀 동료들을 살펴보았다.

"그 부서에서 30년 동안 일한 사람도 있었습니다."

해인스는 그때를 떠올렸다. 쉰 살이 되었을 때도 그곳에 앉아 있을지 모른다고 생각하자 우울해졌다.

"그 사람들은 그게 괜찮은 일이라고 생각했어요."

동료들에게는 그랬을지 모르지만 해인스에게는 다른 생각이 있었다. 그는 어떻게 남다른 생각을 하게 되었을까? 고등학교를 함께 졸업한 열일곱 명은 하지 못한 방식으로 가능성과 다양한 꿈과 아직 보이지 않는 지평선을 감지할 수 있었던 이유는 무엇이었을까? 잠시나마 자신의 미래가 어떤 모습일지 떠올려본 걸까? 언젠가는 오하이오주립대학교에서 산업공학 박사학위를 받고 좋아하는 일을 하며 캘리포니아주 팰로앨토 같은 곳에서 살게 되리라고 생각해 본 걸까? 해인스는 이 모든 것을 했다. 하지만 그러기 위해서는 먼저 그만둬야 했다.

"그 지역에서는 고등학교를 졸업하면 군에 입대하거나 농장이나 공장에서 일했습니다. 그곳에 계속 있었다면 동네 아가씨와 결혼했겠죠. 다들 그랬으니까요."

하지만 해인스는 그러지 않았다. 일을 그만뒀기 때문이다. 그럼으로써 다른 삶을 살 수 있었다. 그는 미 공군에서 복무한 다음 필리스라는 여성과 결혼했다. 두 사람은 아이를 넷 낳아 길렀고 해인스는 대기업에서 일하게 되었다. 그가 속한 팀은 식료품점 바 코드스캐너를 최초로 개발했다. 그는 지금도 그곳의 경영 자문으 로 일하고 있다. 그리고 아내와 함께 오하이오주와 플로리다주를 오가며 살고 있다.

말수가 적은 편인 해인스는 1950년 여름에 안정적인 급여가 나오는 직장을 그만두고 오하이오주립대학교에 입학할 결단력이 어디에서 왔는지 모르겠다고 말했다. 같은 반 친구 중 대학에 진 학한 사람은 한 명도 없었다. 해인스의 말에 따르면 그가 살던 작 은 마을에서는 어머니나 선생님은 물론이고 대학에 가라고 그를 압박하는 사람은 아무도 없었다.

해인스가 왜 첫 직장을 그만두기로 결심했는지 정확하게 설 명할 수 없는 것은 그리 놀랍지 않다. 《선택의 요소The Elements of Choice》를 쓴 에릭 존슨 박사에 따르면, 의사결정은 복잡한 과정이 고 우리는 그 방법을 이제 막 이해하기 시작했다. 겉으로 보기에 는 '예 또는 아니오' '그대로 머물기 또는 떠나기'처럼 단순한 두 선택지 중 하나를 고르는 것으로 보이지만, 그 안을 들여다보면 정보처리체계와 성격의 미묘한 차이 같은 것들이 서로 맞물려 있 다고 존슨은 설명한다. 그는 책에서 '의사결정 연구의 혁명'이라 고 직접 이름 붙인 것을 탐구하는 동시에, 선택 설계와 선호 조합 같은 개념을 살펴본다.

컬럼비아대학교에서 마케팅을 가르치는 교수이자 의사결정학 센터 공동센터장인 존슨은 다음과 같이 썼다.

"의사결정은 까다롭다. 우리는 자신이 무엇을 원하는지 안다고 생각하지만, 막상 닥친 상황은 이전에 겪은 것과 전혀 다른 경우가 많다. 선택이란 무엇이 바람직한지 알고 그 바람직한 것을 찾아내는 행위라고 생각할 수 있다. 사실 대부분이 힘들어하는 부분은 자신이 무엇을 원하는지 결정하는 것이다. 이를 위해 우리는 경험을 되짚어 관련된 기억을 소환한다."[9]

### 퀴팅이 필요한 순간

저는 그동안 많은 결정을 내렸는데, 운이 좋았다고 생각합니다. 전 무언가에 쉽게 빠지는 사람입니다. 그러니까 쉽게 빠져나오기도 한다는 뜻이지요. 여러 밴드에서 콘트라베이스를 연주했어요. 그러다가 그만두고 대학원에 갔죠. '음…, 난 프로그래밍을 잘하니까 그 분야에서 일할 수 있지 않을까'라고 늘 생각하긴 했어요. 좋은 사람들을 만난 덕에 대학원까지 갈 수 있었어요.

- 에릭 J. 존슨[10]

해인스가 고등학교를 졸업하고 인생의 갈림길에 서 있던 그해 여름, 공장에 출근하지 않을 때는 이웃 농장에서 일을 했던 그는 옥수수를 수확하느라 수염에 손이 쓸려 긁힌 상처와 굳은살이 생겼다. 해인스는 결정해야 했다. 주변의 사람들처럼 매일 여덟 시간씩 페리페이 공장 품질관리팀에서 나사를 검수할 수도 있었다. 실제로 그가 평생 알고 지낸 사람들 대부분은 농장 아니면 공장에서 일했다. 아니면 그만둘 수도 있었다.

그는 처음의 길을 떠나 다른 길로 가기로 한 덕분에 남들과 다른 방식으로 자기 삶을 바라볼 수 있게 되었다. 그리고 절대 뒤돌아보지 않았다.


## 모두가 반대하는 선택의 이유

권위 있는 인물에 순위를 매긴다면, 수전 워런이 기존의 삶을 포기하고 다른 삶으로 향하도록 영향을 준 존재를 능가하기는 힘들다. 그 존재는 바로 하나님이다.

편집자와 작가로 일하며 성공한 워런은 50세의 나이에 신학대학에 입학하기로 결심했다. 그리고 60세에 켄터키주 렉싱턴 외곽에 있는 교회의 첫 여성 목사가 되었다. 그녀는 이렇게 말했다.

"'내가 할 일은 바로 이거야'에 도달하기까지 시간이 꽤 걸렸습니다. 장로교 집안에서 자랐지만 교회에 의구심이 있었어요. 그러다가 죽음에 대해 점점 진지하게 고민하게 되었고 '죽음에 대해 알아봐야겠는걸'이라는 생각에 이르렀어요. 사회복지사가 되면 어떨까 하는 생각도 했죠. 그러다 하나님이 궁금해졌어요. 그리고 공부를 하면 할수록 아무도 모른다는 것을 더 확실히 깨닫게 되었어요. 이론은 수없이 많지만 아무도 모르더군요. 물론 그건 괜찮았어요."[11]

남편과 두 딸은 워런의 결정을 응원했지만 친구들과 다른 가족들은 회의적인 반응이었다.

"친한 친구가 그러더라고요. '대체 무슨 생각이야?' 오랫동안 알고 지낸 사람들도 그런 반응이었어요. '수전, 뭘 한다고?'"

워런은 새로운 일을 하며 가장 뿌듯하고 만족스러웠던 순간은 교회 최초로 열린 동성 결혼식 주례를 맡은 날이었다고 했다. 예전의 삶을 그만두고 지금 모습으로 사는 게 옳은 일인가 하는 생각이 드는 불행하고 힘든 날도 당연히 있었다.

### 퀴팅이 필요한 순간

그건 제가 생각지도 못한 일이었어요. 목사님과 이야기를 나누며 신학교를 알아보고 있었어요. 목사님은 질문을 아주 많이 했고요. 그 만남이 끝나고 차를 몰고 집으로 갔죠. 날씨가 아주 좋은 봄날이었어요.

집에 자동차 열쇠를 던져놓고 산책하러 나갔어요. '와, 너무 좋다'라는 생각뿐이었죠. 그때 이게 제가 가야 할 길이라는 걸 깨달았어요. 모든 것이 생기 넘치고 선명하고 아름다워 보였어요. 꽃도 하늘도 나무도 전부 다요. '내가 하고 싶은 건 이런 거야'라는 생각이 들었죠. 문득 정신을 차리고 보니 제가 하고 싶었던 것이 바로 눈앞에 있었던 거예요.

- 수전 워런

"처음에는 힘들었어요. 교회에서 절 좋아하지 않았죠. 신자가 줄었어요."

상황은 서서히 달라졌다. 시간이 지날수록 신자 수가 다시 늘기 시작했고, 처음에는 어렵게만 느껴지던 목회 상담은 놀랍게도 워런이 가장 좋아하는 목사 업무가 되었다. 그녀는 삶과 신앙생활을 잘하는 법에 대해 커다란 의문을 품은 사람들과 대화하는 것이 즐거워지기 시작했다. 워런의 말에 따르면 신자들에게 가장 큰 화두는 퀴팅인 경우가 많았다. 이에 대해 그녀는 언제나 솔직하게 이야기한다.

"특히 결혼에 대해 상담할 때는 언제나 퀴팅이라는 주제가 나왔어요. 관계에서 학대당하는 여성에게는 '당장 떠나세요!'라는 말이 본능적으로 튀어나오더군요."

## 퀴팅과 그릿 사이의 적절한 균형

마지 갤러웨이는 호락호락한 사람이 아니다. 듣자 하니 그녀는 텍사스주와 오하이오주 그리고 일본의 중학교에서 교사로 일한 32년 동안 학생들에게 높은 기준을 제시하고 우수한 학생이 되도록 지도하는 훌륭한 영어 교사로 평판이 자자했다.

그래서 그녀가 그만두고 싶어 하는 학생에게 그냥 "알겠어"라고 답하는 경우가 많다는 이야기를 듣고 놀랐다.

"알겠어"라니?

"장난해? 당장 자리로 돌아가서 과제나 마저 끝내!"도 아니고 "뭐? 그만둬? 이 교실에서는 금지된 말이야. 못 들은 걸로 하마"도 아니고 말이다. 갤러웨이는 이런 나의 말에 고개를 저었다.

"전 학생이 힘겹게 과제를 하는 동안 그냥 가만히 앉아서 지켜보기만 하면 안 된다고 생각합니다. '어떻게 하면 이 문제를 풀 수 있는지 같이 알아보자'라고 말하는 편이 나아요."[12]

그렇다고 갤러웨이가 힘든 일에 부딪혀 도전하는 것을 반대하진 않는다.

"부모님들은 이렇게 말하겠죠. '선생님도 알다시피 이러는 건 아이의 자존감에 좋지 않습니다'라고요. 그런 말을 질리도록 들었어요. 그럼 저는 이렇게 답합니다. '부모님께서는 어려운 일을 하면서 자존감을 형성하셨나 봐요.'"

그렇다면 그만두라는 권유와 끈기 있게 버티라는 압박 사이의 적절한 균형은 어디일까? 어떻게 하면 인간적으로 상대를 이해하면서도 과잉보호하지 않을 수 있을까?

갤러웨이의 말에 따르면 바로 그 지점에서 교육이, 양육과 코칭과 멘토링을 포함한 모든 교육이 과학보다 예술에 더 가까워진다고 한다.

"학생이 힘들어할 때 부모에게 '아이가 그만두게 놔두지 마세요'라고 절대 말하지 않습니다. 그렇게 뻔한 반응을 보이면 안 되죠. 상황은 모두 다르고 학생도 모두 다르니까요."

갤러웨이는 능력치를 넘어서는 독서 과제에 최선을 다하던 어린 남학생을 떠올렸다.

"어느 날 밤에 학생의 어머니가 제게 전화해서 '내가 우리 애를 아는데 숙제하느라 밤을 새울 것 같네요. 이런 숙제는 좋지 않아요'라고 하더군요. 그래서 전 이렇게 답했습니다. '10시까지만 읽으라고 해주세요. 그 후에는 그만하라고요.'"

---

### 퀴팅이 필요한 순간

저녁 식탁에 긴장이 흘렀어요. 전 서른두 살이었고, 평화봉사단에 주로 지원하는 자원봉사자들보다 나이가 많았죠. 그런데도 약간 불안했어요. 그때 가족 중 한 사람이 말했지요.
"지금이 결혼해서 아이 낳기 딱 좋은 나이인데, 아프리카로 도망간다고?"
그리고 말싸움이 크게 벌어졌지요. 전 세상 밖으로 나가고 싶었거든요.

- 라라 웨버[13]

---

갤러웨이는 권위 있는 인물을 고려 요인에 포함하면 퀴팅은 생

각보다 더 미묘한 문제가 된다고 본다. 의욕이 강한 학생들은 선생님에게 실망을 안길까 봐 그만둬야 할 때 그만두지 않을 수 있다. 반면 게으르고 반항심 있는 학생들은 그만두고 싶은 마음을 단념하도록 설득해야 할 수 있다.

"우리 반에 재능 있고 똑똑한 남학생이 있었는데 정작 본인은 잘하지 못한다고 생각했어요. 그 학생은 정말 학교를 그만두고 싶어 했지만 전 원치 않았죠. 그러던 어느 날 학생 어머니가 찾아와서 이런 말을 했어요. '애가 책상 앞에서 공부만 해요. 아들을 잃은 기분이에요'라고요. 그 말을 듣고 전 어머니에게 아이가 학교를 그만두게 하라고 했어요. 학교 공부가 두 사람의 그런 상황을 감내할 정도로 가치 있지는 않으니까요."

갤러웨이의 친구 게일 헤츨러는 미시간주에 있는 교실이 하나뿐인 학교에서 교사 생활을 시작했다. 학생 48명은 유치원생부터 8학년에 이르기까지 다양했다.

"아이들은 개울이 얼지 않았을 때는 들어가서 목욕을 하곤 했지요."[14]

헤츨러의 말에 나는 그곳이 비싼 사립학교가 아니라는 것을 알았다. 그 후 그녀는 오하이오주 콜럼버스의 어느 학교에서 6학년을 가르쳤고, 은퇴 직전에는 오하이오주 애슐랜드에 있는 애슐랜드대학교에서 교생들을 지도했다. 헤츨러의 말에 따르면 그녀와 고인이 된 남편 사이에는 자녀가 셋 있는데 저마다 학습 방식이 달랐다. 두 딸 중 하나는 현재 초등학교 교장이다.

헤즐러는 퀴팅의 딜레마에 자주 빠졌다. 학생들은 과제 하나를 포기하고 싶어 할 때도 있었지만, 고등학생의 경우 학교 자체를 포기하고 싶어 할 때도 있었다. 그녀는 모두에게 적용되는 답은 없다고 믿었다. 퀴팅은 나쁜 것이라고 딱 잘라서 말하는 사람은 아이들이 가득한 교실을 마주해본 적이 없는 사람일 것이다. 모두 성격과 관심사와 재능이 다르다.

"지금까지 만나본 가장 똑똑한 학생은 토드라는 이름의 남자 아이였습니다. 토드는 학교를 싫어했어요. 교실에 앉아 있는 매 순간을 싫어했죠. 결국 고등학교를 졸업하지 못했고 몇 가지 심각한 문제를 겪었어요. 하지만 전 그 애가 괜찮으리라는 걸 알아요. 토드의 부모님은 두 분 다 선생님이었는데, 부모님이 제게 와서 토드가 학교를 그만두고 싶어 한다면서 몹시 속상해했어요. 전 그들에게 토드가 삶에서 자기 자리를 찾으면 괜찮아질 거라고 했고요. 그리고 정말 그렇게 됐어요. 토드는 웹사이트를 디자인하며 돈도 많이 벌고 아주 행복하게 지낸답니다."

헤즐러가 학교를 그만두는 모든 사람을 옹호하는 것은 아니다. 그녀는 교육을 굳게 믿었다. 하지만 우리 모두 저마다 다르다는 것을, 어떤 사람에게는 포기가 가야 할 곳에 다다르는 또 다른 방법일 수 있다는 것을 배웠다.

"토드의 부모에게는 그 애가 틀에 맞춰 사는 게 중요했어요. 하지만 토드에게 그건 중요하지 않았죠."

전략적
그만두기의
조언

여러분은 다른 사람이 자신을 어떻게 생각하는지에 신경쓴다. 물론 어느 정도까지는 그래야 한다. 하지만 퀴팅을 비롯해 여러분이 내린 결정 중 그 어떤 것도 모든 사람이 찬성하지는 않을 것이다. 여러분을 사랑하는 사람들은 여러분에게 가장 좋은 것을 바라겠지만, '가장 좋은 것'이 무엇을 의미하는지 결정할 수 있는 사람은 자신뿐이다. 그만두기는 자신의 마음을 따르는 것이다. 그 과정에서 다른 사람의 마음을 아프게 할지라도 말이다. 그러니 각오를 다지고, 그만두자.

## chapter 10

# 모든 게 공개된 사회에서의 퀴팅

요즘은 사람들 눈에 띄는 걸 성공과 동일시하는 것 같습니다. 눈에 띄지 않는 것, 우리 곁을 잠시 떠나는 것을 두려워하지 마세요. 그리고 고요 속에서 무엇이 다가오는지 살펴보세요.[1]

– 2021년 에미상 시상식에서 미케일라 코얼, 〈아이 메이 디스트로이 유〉 각본가이자 배우

'여성들이여, 타임라인을 지워라Girl, Wash Your Timeline'[2]라는 헤드라인에는 약간 비꼬는 의미가 담겨 있지만, 2021년 4월 29일 〈뉴욕 타임스〉에 실린 이 기사에서 쓴 표현이 현대사회에서 퀴팅의 핵심 딜레마를 아주 잘 포착했다는 것은 부정할 수 없다.

여기서 말하는 현대사회란 소셜미디어, 단호하게 심판하는 수많은 댓글, 정신없이 움직이는 이미지 파일, 인상을 찡그린 이모티콘, 옛날부터 쓰던 "재수 없어!You suck!"라는 평범하면서도 기분 나

뻔 말들이 지배하는 사회를 말한다.

이 기사는 레이철 홀리스의 성공과 실패를 따라간다. 자기계발 전문가이자 동기부여 강연가이자 작가인 홀리스가 2018년과 2019년에 각각 출간한 《나를 바꾸는 인생의 마법Girl, Wash Your Face》과 《1인 블로거에서 미디어제국 CEO까지Girl, Stop Apologizing》는 자기계발 분야 베스트셀러에 올라 그녀에게 부와 명예를 안겨주었다. 이제 〈뉴욕 타임스〉에서 저런 기발한 헤드라인을 쓴 이유를 알 수 있을 것이다.

홀리스는 책을 출간하고 블로그에 글을 쓰고 매일 라이브 방송을 하고 팟캐스트에 출연하고 생활용품을 판매하여 자신만의 제국을 세웠다. 그리고 그 과정에서 소셜미디어를 매우 잘 활용했다. 하지만 일이 잘못되기 시작하자 이 괴짜 사업가를 분노와 경멸로 몰아넣은 것도 바로 이 소셜미디어였다.

소셜미디어를 사용하는 사람이라면 누구나 같은 운명이 기다리고 있다. 즉, 여러분을 비롯해 여러분이 아는 모든 사람이 여기에 포함될 확률이 높다. 그만두는 의식은 영원히 달라졌다.

이제 퀴팅은 더 이상 자정이 지나 커튼을 치고 추리닝을 입고 소파에 앉아서 치르는 의식이 아니다. 소파 탁자 위에 반쯤 먹다가 녹은 벤앤제리스 체리 가르시아 아이스크림 통이 놓여 있지도 않고, 전화기에 대고 흐느끼며 반대편에서 친구가 '그 남자 차버릴 때가 됐어. 그런 놈에게 넌 너무 아까워'라고 중얼거리는 말을 듣지도 않는다. 요즘 퀴팅은 공개적인 경우가 많다. 소셜미디어에서는 언제나 모든 것이 훤히 드러나니까.

홀리스도 바로 이것을 알게 되었다. 〈뉴욕 타임스〉 기사에서 설명했듯이, 2020년 홀리스는 중요한 행사를 연기할 수밖에 없었고 이로 인해 인스타그램 팔로워를 최소한 십만 명 잃었다. 그녀를 추종하던 사람들은 몇몇 경솔한 소셜미디어 게시물 때문에 평범한 여성을 대변한다는 그녀의 진정성에 의문을 품게 되었다. 그후 홀리스는 남편과 이혼한다고 발표했다. 팬들은 이 소식을 받아들이지 못했다. 관계에서 연애 감정을 유지하는 방법에 대한 그녀의 긍정적인 조언을 소중히 여기는 기혼 기독교 여성 팬이 많았기 때문이다.

홀리스가 저지른 실수 중에는 마약 적발, 지저분한 이성 관계, 술에 취한 난잡한 파티, 횡령, 살인 등 과거 유명인들을 곤경에 처하게 한 실수와 비슷한 것조차 없었다. 하지만 그녀가 저지른 것으로 추정되는 행위의 정도는 중요한 것 같지 않았다. 홀리스의 실수는 대중을 상대로 한 공개적인 실수였기에 그녀가 벌을 받아야 할 곳도 대중이 활동하는 공개적인 영역이었다.

홀리스의 팬들은 화가 났다. 그들이 홀리스의 웹사이트에 올린 글에서 그 화를 느낄 수 있었다. 홀리스는 어쩔 수 없이 계획된 행사를 취소해야 했다. 소셜미디어 덕에 흥하고 소셜미디어 때문에 망한 것이다.

우리 중에 수백만 달러 가치의 웰니스wellness 제국을 경영하는 사람은 거의 없을 것이다. 하지만 우리는 과거에 정치인이나 유명인에게만 적용되던 '공개적인 삶'이, 와이파이가 연결되고 온라인에 쓸 이야기가 있는 모든 사람에게까지 확대 적용되는 시대에 살고 있다. 소셜미디어 계정 덕분에 일, 결혼 생활, 좋아하는 밴드, 지지 정당 등 무언가를 그만두겠다는 결정이, 예전에는 가까운 친구와 가족 몇 명만 알았을 법한 결정이 클릭 한 번만 하면 전 세계로 퍼져나갈 수 있게 되었다. 그리고 결과적으로 이것 때문에 우리는 낯선 사람의 비난에도 친구에게 비난받은 것만큼 취약해진다. 기분이 나빠진 사람에게 아주 순식간에 팔로우를 취소당하거나 삭제당하거나 불쾌한 댓글을 받을 수 있다.

어쨌든 페이스북이나 인스타그램에 공유하는 것이 의무는 아니기 때문에 이런 일들은 상당 부분 자초하는 것이 맞지만, 소셜미디어가 세상에 영향을 미친다는 사실을 무시할 수 없는 것 또한 사실이다.

소셜미디어는 잠들지 않는다. 모든 것이 샅샅이 조사당한다. 현재 상태에 대해, 그러니까 관계가 끝나거나 시작되었을 때, 새집이나 아파트로 이사 갔을 때, 개를 새로 입양했을 때나 키우던 개를 잃어버렸을 때 설명을 직접 바꾸어놓지 않더라도 다른 누군가가 바뀐 상황을 알려줄지도 모른다.

레이철 홀리스가 아니더라도 《시녀 이야기》의 작가 마거릿 애트우드나 킴 카다시안, 가수 핑크가 아니더라도 누구나 변화에 영향을 받을 수 있다. 누구나 공평하게 공개적으로 그만둘 수 있기 때문이다. 유명한 사람은 물론이고 알려지지 않은 사람들에게까지 인터넷은 공개적인 삶을 사는 새로운 수단이 되었다. 더 나아가면 이는 곧 공개적으로 그만두는 새로운 수단이 생겼다는 뜻이기도 하다.

그 결과 부정적인 면도 있고 긍정적인 면도 있다. 많은 사람이 여러분의 선택에 대해 이러쿵저러쿵하면 불안할 수 있으며 당황스럽기까지 할 수 있다. 캐시 오닐이 《셰임 머신》에서 언급했듯, 소셜미디어는 평가받는 경험을 강화한다.

"오늘날에는 한 번만 실수해도 수치심 네트워크가 과도하게 작동해 전 세계적인 사건으로 바뀔 수 있다. 알고리즘의 부추김에 따라 수많은 사람이 이 드라마에 동참하며 거대 기술 기업에 무료 노동력을 제공한다."[3]

반면 퀴팅이 주목받아서 생기는 장점 중 하나는 그 덕분에 노동자의 권한 강화라는 새로운 하위 장르가 생겼다는 것이다.

2021년 중반에는 놀랍게도 틱톡을 통해 공식적으로 직장을 그만두는 일이 실제로 있었다. 그 수가 너무 많아져서 '퀏톡QuitTok'[4]이라는 별명이 생길 정도였다. '퇴사하고파Wanting to quit a job'를 비롯해 이와 유사한 문구가 트렌드에 오르기도 했다. 사람들은 때로는 장난스럽게, 때로는 화를 내며 그만두는 자기 모습을 짧은 영상으로 찍었는데 그만두는 바로 그 순간, 즉 회사 문을 나서는 순간을 찍은 영상이 많았다. 대부분의 직장에 상명하복식 위계질서가 있고 언제나 상사에게 최종 결정권이 있던 때와는 무척 달라진 모습이다.

소셜미디어를 이용해 공개적으로 그만두는 것은 시간제 근로자들만이 아니다. 2010년 2월 4일 썬 마이크로시스템즈 최고경영자 조너선 슈워츠는 X를 통해 사직했다.

"오늘은 썬에서 근무하는 마지막 날입니다. 이곳이 그리울 겁니다. #하이쿠로 마무리하는 게 어울릴 것 같군요."

슈워츠는 X에 이렇게 쓴 다음, 아래 구절을 이어 썼다.

"금융 위기

무더기 고객 이탈

CEO는 이제 그만."

## 소셜미디어 속 정체성

우리 삶을 공개적으로 이야기하는 방식을 통제할 수 있다는 데에는 좋은 점도 많다. 대학 운동선수들의 경우, 학교를 옮길 때 이적에 불만을 품었을지도 모를 전 코치를 통해 발표할 필요가 없다. 2022년 메릴랜드대학교 농구선수 애슐리 오우수는 인스타그램 계정에 글을 써서 버지니아공대로 이적한다는 소식을 알렸다.

"저는 일단 시작하면 끝을 보는 사람이라서 이곳에서 마무리할 계획이었습니다. 하지만 안타깝게도 올해 경기장 안팎에서 일어난 일들 때문에 공부와 농구를 다른 곳에서 계속해야겠다는, 힘들지만 꼭 필요한 결정을 내렸습니다."[5]

오우수는 말하고 싶은 내용과 방식과 시기를 다른 사람이 정하게 하지 않고 직접 선택했다.

그런데 영국 심리치료사이자 2014년에 《소셜네트워킹의 심리역학The Psychodynamics of Social Networking》을 출간한 에런 밸릭 박사는 소셜미디어가 지배하는 이 새로운 현실에는 함정이 도사리고 있다고 말한다.

"소셜미디어는 정체성을 더 공고하게 만드는 역할을 할 수 있습니다. 소셜미디어에 공개한 정체성 때문에 끈기 있게 버틸지 그만둘지 의사결정을 하는 과정에서 타협할 수도 있습니다. 그동안 그 정체성을 위해 쏟아부은 것들이 있기 때문입니다."[6]

밸릭은 소셜미디어에 게시물을 자주 올려서 자신에 대한 특정 관점을 강화했다면, 그렇게 만들어진 정체성을 바꾸기 더 어려울 수 있다고 언급한다. 사랑한다고 했던 직장을 그만두거나 완벽하다는 듯 보여준 관계를 끝내는 것을 예로 들 수 있는데, 소셜미디어는 "개인이 어느 한 가지 해결책을 선택하도록 압력을 행사할 수 있다." 그래서 다음 행보를 결정할 때 마음이나 상식을 따라가지 않고 소셜미디어 게시물에서 받게 될 예상 반응을 따라갈 수도 있다. 이렇게 되면 정작 결정하는 사람은 자신이 아니라 다른 사람이 되어버린다. 비공식 온라인 설문조사 결과를 따라가는 것이 정말 삶을 꾸려가는 제일 나은 방법일까?

밸릭은 우리가 온라인에서 확인하는 존재감을 통해 정체성은 물론이고 삶에 관한 서사를 지속해서 이어간다고 말한다. 그만두는 행위는 우리에게 그 서사를 바꿀지 말지 결정하라고 요구한다.

밸릭은 이렇게 덧붙인다.

"거의 모든 경우에 끈기 있게 버티는 것이 기본값이고, 그만두려면 다른 행동을 취해야 합니다. 퀴팅 자체는 단순히 결정을 내리는 것입니다. 그만두거나 그대로 있는 것만으로는 가치가 없습니다. 본질적 가치는 나 또는 다른 사람들이 어떤 서사를 통해 그 결정에 이르렀느냐는 데에 있습니다."


## 공개된 장소에서 도망치기

정치인이 생방송 인터뷰 도중에 갑자기 뛰쳐나가던 시절도 있었다. 어떤 유명인은 기자회견을 소집해 영화 프로젝트에서 곧 하차하겠다고 발표하기도 했다. 대중의 시선을 받는 사람들은 이런 식으로 그만두었다.

이렇게 공개적으로 그만두는 옛날 방식 중에는 일부의 흔적이 아직 남아 있다. 그걸 볼 때마다 세상이 얼마나 달라졌는지를 새삼 깨닫는다. 2022년 1월 12일 아침, NPR 앵커 스티브 인스킵은 15분 동안 도널드 트럼프와의를 전화 인터뷰가 예정되어 있었다. 시작은 좋았다. 하지만 트럼프가 2020년 선거를 도둑맞았다는 주장을 계속하는 바람에 둘 사이에는 공방이 오갔고, 이렇게 9분이 지나자 트럼프는 충분하다고 생각한 것 같았다. 그는 불쑥 "그래요, 스티브. 정말 고맙습니다. 감사합니다"라고 말하고는 일방적으로 전화를 끊어버렸다. 다음 질문을 시작한 인스킵은 몇 초가 지나고 나서야 혼잣말하고 있다는 사실을 깨달았다. 인스킵은 이렇게 말했다.

"아, 전화가 끊어졌군요. 알겠습니다."

그의 말투에서는 '어떻게 나한테 이런 짓을 할 수 있지'라는 짜증 섞인 분노보다 당혹스러움과 유감이 느껴졌다.

트럼프가 인터뷰 중간에 이탈한 것은 그때가 처음이 아니다. 2020년 10월 20일 그는 〈60분〉 앵커 레슬리 슈탈의 질문에 눈에 띄게 짜증을 내더니 결국 휙 사라져버렸다. 이렇게 자신에게 유리하지 않다고 판단한 상황에서 공개적으로 빠져나간 사람은 트럼프뿐만이 아니다. 이런 방식은 정치인들이 특히 좋아하는 것 같다.

공직자들이 옷깃에 단 마이크를 거칠게 떼어내고 꽂고 있던 작은 이어폰을 잡아 빼 내던진 다음 "그런 쓰레기 같은 질문에 대답해서 정상적인 질문처럼 보이게 할 순 없지!"라고 중얼거리거나, 그와 비슷하게 침을 튀기며 불쾌감을 표출한 다음 씩씩대면서 회견장을 빠져나가는 일은 전통이 유구하다. 연예인, 운동선수, 유명 사업가들도 조명이 환하고 마이크가 여기저기 켜져 있는 불편한 장소에서 이런 식으로 벗어난다.

공개적으로 그만두는 또 다른 방법은, 내부고발자가 되어 눈을 제대로 뜨지 못할 정도로 노려보며 철저히 감시하는 언론을 모아놓고 나가는 것이다. 2021년 10월 페이스북 전 직원 프랜시스 하우건은 회사가 알고리즘이 초래하는 괴로움에 무관심하다며 미 상원 위원회에서 그 내용을 나흘 동안 증언했다. 그녀는 2년가량

페이스북에서 일한 뒤에 그만두면서, 자기 생각을 증명하기 위해 데이터를 가지고 나왔다. 하우건은 의원들에게 이렇게 말했다.

"제가 오늘 이 자리에 나온 이유는 페이스북의 상품이 아이들에게 해롭고 분열을 부추기며 민주주의를 약화한다고 생각하기 때문입니다. 회사 임원진은 페이스북과 인스타그램을 더 안전하게 만드는 방법을 알고 있지만 그에 필요한 변화를 시행하지 않았습니다. 자신들의 천문학적 이익을 더 우선시했기 때문입니다."[7]

그러니까 하우건은 이전 고용주들이 진실하지 못하다고 매우 공개적으로 폭로하며 그만둔 것이다.

모든 내부고발자가 공개적인 방식을 택하는 건 아니다. 패트릭 래든 키프는 2022년 〈뉴요커〉에 회사의 범죄 가능성에 대해 보고하는 사람을 위한 연방정부의 금전적 보상 정책에 관해 썼다. 세상에 대고 외치는 게 매섭게 비판할 수 있는 필요조건은 아니다. 키프는 "공개적인 방식을 택하지 않는 사람도 있다"라고 했다.[8]

하지만 하우건처럼 회사를 그만두고 의회 청문회에서 파급력 있는 주장을 하면, 떠나는 것이 매우 현실적인 위협인 보복을 무릅쓴 용기 있는 행동으로 바뀐다. 그녀는 수집한 정보를 공개적으로 폭로함으로써 자신의 퀴팅을 중요하게 만들었다.

## 소셜미디어에 공개하는 이유

공개적으로 그만둔다고 해서 반드시 나쁜 상사에게 화를 내며 큰 소리로 욕을 퍼붓거나, 위법 요소가 있을지 모를 사업 관행을 폭로해야 하는 것은 아니다. 꼭 불쾌한 무언가를 부각할 필요는 없다.

페이스북이나 인스타그램에 은퇴 기념 파티에서 찍은 동영상이나 버킷리스트에 적어둔 여행을 떠난 뒤 찍은 사진을 올리는 사람들도 있다. 공개적인 방식으로 삶의 방향을 변경하되 복수하지 않고 공유할 수도 있다.

멀리사 앨리슨은 재혼하기로 결심했을 때 기쁨과 희망이 가득했고 약간의 두려움도 느꼈다. 그녀는 전남편을 여전히 인간적으로 사랑하고 존중했다. 결혼 생활을 끝내기 전까지 둘 사이에 겉으로 드러나는 갈등은 없었다. 주기적으로 연락하지 않는 친구들은 대부분 무슨 일이 있었는지 몰랐다. 앨리슨에게는 문자 메시지를 여러 통 보낼 시간과 에너지가 없었다. 그렇다고 단체 이메일을 보내자니 너무 차갑고 마구잡이로 뿌리는 느낌이었다.

어쨌든 이혼 소식은 소문 내기 같은 인간 행동의 자연스러운 과정을 통해 친구들에게 전해지겠지만, 앨리슨은 그 방식도 탐탁지 않았다. 그녀는 과거의 삶을 그만두었다는 이야기를 많은 사람에게 한꺼번에 직접 하고 싶었다. 그래서 어떻게 했을까?

앨리슨은 페이스북을 이용했다.

다른 점에서 힘들기도 했다. 새로운 배우자 데버라와의 바닷가 결혼식 사진과 글을 올린 뒤에 반응을 기다리는 일이었다.

"페이스북에 게시물을 올리는 건 무서웠어요. 사람들에게 말하는 연습은 좀 했어요. 친한 친구들에게는 만나서 이야기하고 가까운 가족들에게는 전화로, 친척들에게는 이메일로 알렸죠. 페이스북은 더 많은 사람을 대상으로 하고 비판적일 수 있으므로 반응이 잔인할지도 모른다는 건 알았어요. 하지만 다른 방식과 비슷하게 접근했죠. 다행히 페이스북으로 연락하는 사람들의 반응이 비판적이지 않아서 안심했어요. 이 소식을 드디어 완전히 공개하게 되어 안도감이 들었고 더 이상 어색한 질문도 쏟아지지 않았어요."[9]

시애틀의 부동산 회사에서 일하는 앨리슨은 오랜 결혼 생활을 하던 중 종교 수련회에서 데버라를 만났다. 전남편과의 관계에 대해 앨리슨은 이렇게 말했다.

"나쁘진 않았어요. 절 생기 넘치게 하는 정도는 아니었지만요. '뭔가 더 있어야 하는 거 아닌가'라는 생각은 했어요."

데버라와 결혼하기 위해 이혼하는 것은 고통스러운 결정이었다.

"죄책감을 많이 느꼈어요. 하지만 결혼 생활이 뭔가 아닌 것 같다고 느낀 지는 꽤 되었어요. 그걸 깨닫자마자 전 깨어났어요. 삶이 제게 어떤 의미인지 알아가기 시작했고요."

결혼 생활에 불만을 느낀 지 얼마 안 되었을 때 앨리슨은 직장을 그만두면 안정을 찾지 않을까 생각했다. 하지만 얼마 후 문제가 더 심각해졌다는 것을 깨달았다.

일이 아니라 사람이 문제였다.

전 제 고양이들을 사랑해요. 시애틀도 좋고요. 그런데 '난 왜 자꾸 뭔가를 찾으려는 걸까?'라는 생각이 들었어요. 그리고 그 순간, 저를 발견했어요. 진짜 저를 받아들였죠. 그러자 저를 위해 해야 할 일을 하지 않는 게 점점 더 고통스럽게 느껴졌죠. 얼마 지나지 않아 전 달라졌어요.

-멀리사 앨리슨

결혼식이 끝나고 (결혼식 사진은 지금도 그녀의 페이스북을 장식하고 있다) 앨리슨과 데버라는 하와이에 집을 샀고 앨리슨은 그곳에서 재택근무를 하고 있다. 일이 끝나면 두 사람은 주로 스노클링을 하거나 고양이 두 마리, 개 한 마리와 시간을 보내거나 파인애플, 파파야, 바나나, 아보카도, 오렌지를 기르는 정원을 가꾼다.

앨리슨은 결혼 생활을 끝내고 공개적으로 다른 사람을 사귀는 일에는 위험 부담이 따른다고 인정했다.

"전 '이혼한 사람'이에요. 제가 이 꼬리표를 달 줄은 꿈에도 몰랐어요. 하지만 사람들이 이런 꼬리표를 붙이는 건 문화가 가르쳐 준 헛소리를 흉내 내는 것뿐이에요. 그리고 그런 건 현실에 아무런 영향을 주지 못하죠."

## 공개적으로 그만둘 때를 구분하라

평범한 사람들도 점점 공개적인 그만두기에 빠져드는 상황에서, 유명인들 역시 그러한 관행을 포기하지 않았다. 생방송 인터뷰 도중에 과하게 화를 내며 나가버리는 전통은 여전했고 그 어느 때보다 불쾌해졌다.

"나는 암살당했고 생매장당했어요! 하지만 여전히 살아 있다고요!"

2019년 3월 6일 〈CBS 뉴스〉에서 게일 킹과 인터뷰하던 중 알 켈리가 한 말이다. 알 켈리는 2021년에 공갈, 뇌물 수수, 성 착취 등의 범죄로 유죄판결을 받아 명성에 먹칠을 한 가수다. 인터뷰에서 그는 계속 감정을 분출했다.

"난 이런 일을 하지 않았어요. 이건 내가 아니예요. 빌어먹을, 난 내 인생을 위해 싸우고 있어요. 다들 날 죽이려고 하잖아요!"

화가 난 그는 인터뷰를 중단하고 씩씩대며 촬영장 밖으로 나가버렸다.

텔레비전이나 라디오의 생방송 인터뷰에는 출연자가 공개적으로 그만둘 수 있다는 가능성이 잠재되어 있는데, 이는 생방송의 큰 묘미다. 우리는 극적이고 어쩌면 위험할 수도 있지만 내일 친구나 동료들과 이야깃거리가 될 게 틀림없는 일이 벌어지리라는 것을 알고 있기에 방송을 유심히 보고 듣는다.

하지만 순수하게 구경하는 재미를 넘어 우리가 이런 방송에 그렇게 끌리는 이유는 무엇일까? 알 켈리가 자신의 범죄 혐의에 관한 질문을 받고도 킹과 함께 계속 인터뷰를 진행할 거라고, 트럼프가 NPR 진행자와 더 오래 이야기를 나눌 거라고 기대한 사람이 누가 있겠는가? 출연자가 직설적인 질문에 대답하지 않을 게 뻔한데도 불구하고, 포기에는 본질적으로 삐딱함이 있으며 그 포기가 내 눈앞에서 펼쳐질 때 그 삐딱함이 배가 되기 때문인지도 모른다. 한 가지가 아닌 두 가지 문화적 방어막, 즉 그만두면 안 된다는 생각과 그만두더라도 조용히 그만두어야 한다는 생각이 뚫리는 셈이다.

그래서 우리는 남들이 그만두는 것을 지켜보든 내가 직접 그만두든, 공개적으로 끈을 잘라내는 생동감 넘치는 결말에 자꾸 끌린다.

그런데 온라인으로 그만두는 데에도 비공식적인 규칙이 있을까? 인터넷은 응당 매우 자유롭고 제한이 없는 곳, 규칙이 없는 것이 유일한 규칙인 곳, 사회에서 일반적으로 갖추는 예의를 지키지 않아도 되는 곳, 그런 예의를 뒤엎는 곳으로 인식된다. 이런 무질서는 인터넷의 큰 매력이다. 앞으로 무슨 일이 벌어질지 알 수 없으므로 흥분이 지속된다.

하지만 상사가 썩을 놈이라거나 배우자나 연인이 바람둥이라는 사실을 세상에 알리고 싶다면, 그런 다음 문을 박차고 나가고 싶다면 공개적인 그만두기에 적용될 만한 몇 가지 원칙을 고려하는 것이 좋을 수 있다.

첫째, 리처드 말고 에드워드처럼 하라.

둘째, 공개적으로 그만둘 때를 구분하라.

## 닉슨의 마지막 기자회견

21세기의 군주가 신하들에게 그만둔다고 말해야 한다면 SNS의 도움을 받을 수 있다. 1936년에는 SNS가 없었기에 영국 왕 에드워드 8세는 중대한 순간을 앞두고 윈저성의 책상에 앉아서 큰 마이크를 가까이 끌어당겼다. 그리고 영국 전역의 라디오 청취자에게 그의 말을 방송하는 마이크에 대고, 엄숙하고 결의가 느껴지는 목소리로 천천히 말했다.

"몇 시간 전까지 나는 왕이자 황제로서 마지막 임무를 다했습니다."

그는 '인생에서 가장 중대한 결정'이라고 부른 것을 전하며 월리스 심프슨과 결혼하기 위해 왕좌를 포기하겠다고 선언했다. 미국 여성에 이혼 경력이 있는 심프슨은 절대 왕비가 될 수 없었다.

에드워드의 감동적인 화술과 인터넷이 보급되기 전에 공개적으로 그만둔 또 다른 이야기를 비교해 보자. 그것은 바로 리처드 닉슨이 텔레비전을 통해 표명한 두 번의 사임 의사 중 첫 번째다.

캘리포니아 주지사 선거에서 패배한 뒤인 1962년 11월 7일, 그는 기자회견 중에 자기 연민에 휩싸여 분노를 표출했다. 훗날 미국 대통령이 되는 닉슨이 전달한 메시지에서 숨은 의미는, 오늘날 회사에서 해고당한 사람이 틱톡에 올리는 영상과 별로 다르지 않다.

"내가 못 할 것 같아? 잘 보라고. 전부 다 터트려버릴 거야."

그날 누가 봐도 짜증 나 죽을 지경인 닉슨은 베벌리 힐튼 호텔에 모인 기자들을 향해 이렇게 선언했다.

"여러분, 이제 더 이상 나를 막 대할 기회는 없을 겁니다. 이게 내 마지막 기자회견이니까요. 고맙습니다. 좋은 하루 보내세요."

이렇게 부루퉁하게 인사한 닉슨은 어떻게 공직 생활로 복귀할 수 있었을까? 대통령 사학자이자 노트르담대학교 미국학 명예교수 로버트 슈뮬은 타이밍 덕이라고 한다.

"닉슨이 1962년 캘리포니아 주지사 선거에서 낙선하고 소위 '마지막 기자회견'이라고 칭한 사건 이후에 정말 많은 일들이 있었습니다. 그래서 1968년쯤 되자 과거의 패배한 선거와 그가 한 말들은 그다지 중요하지 않은 듯 보였습니다. 그동안 미국은 존 F. 케네디 대통령 암살 사건과 베트남전쟁 때문에 극도로 혼란스러웠고, 린든 존슨 현직 대통령의 재선 불출마, 마틴 루서 킹과 로버트 케네디 상원의원의 암살, 몇몇 도시에서 일어난 폭동을 비롯해 다양한 사건을 견뎠습니다."[10]

슈뮬은 닉슨이 공개적으로 그만뒀지만 이미지를 해치지 않은 또 다른 요인으로, 생방송으로든 무엇으로든 그 장면을 본 사람이 많지 않다는 점을 덧붙였다.

"당시에는 30분 연속으로 뉴스를 보도하는 프로그램이 없었다는 것도 반드시 기억해야 합니다. 그런 프로그램은 1년 뒤에야 나왔죠. 게다가 그때는 1980년대 이후처럼 텔레비전 뉴스와 영상 이미지가 넘쳐나지 않았습니다. 닉슨의 발언을 담은 필름이 있지만 지금처럼 반복해서 보여주지는 않았고요. 그때는 활자 매체가 더 중요했지요. 전직 부통령의 성명을 글로 읽는 것은 직접 보면서 귀로 듣는 것과 같을 수 없습니다."

공개적인 그만두기가 연출하는 인상적인 장면 때문에, 즉 성인이 침착함을 잃는 눈을 뗄 수 없는 모습 때문에 그 순간이 더욱 흥미진진해지는 것이다. 인쇄된 글과 생방송은 비교가 안 된다. 닉슨이 패배를 인정하지 못하고 성질을 부렸던 시기는 다행히 SNS가 나오기 전이었다. 안 그랬으면 그는 엄청난 수의 리트윗에 가루가 되었을 것이다.

닉슨이 공개적으로 그만둔 두 번째는 1974년 8월 8일 워터게이트 사건으로 대통령직을 사임한 순간이다. 그때는 언론 지형이 완전히 달라졌다. 수많은 사람이 그의 사임 소식을 전하는 방송국 뉴스 보도를 지켜보았다.

하지만 이렇게 중대한 역사적 순간에도, 많은 사람이 지켜보고 국가와 세계가 매우 위태로운 순간에도 닉슨은 오직 한 가지, 그가 버틸 수 있을 만큼 강인한 사람이 아니라는 의미를 담은 보도에 극도로 민감했다. 그를 거짓말쟁이, 사기꾼, 조작을 일삼는 파렴치한 등 무엇으로든 마음대로 불러도 신경쓰지 않았다. 다만 우리가 짐작하는 그 별명으로 불리기는 원치 않았다. 그에게 이보다 더 심한 모욕은 없었다. 닉슨은 차디찬 목소리로 힘주어 말했다.

"저는 '그만둔 사람'이 아닙니다."

## 선택권은 나에게 있다

두 번째 조언은 타이밍이다. 물론 삶의 변화를 공유하고 많은 팔로워와 관계를 유지하고 싶은 충동을 참기는 힘들다. 케이틀린 플래너건은 어느 날 갑자기 28일간 SNS를 중단하는 시도를 했고, 이 재미있는 경험을 바탕으로 에세이를 썼다.

"X는 깜박이는 빨간 불빛 같다. 기생충처럼 뇌 깊숙이 파고들어 '좋아요'와 '리트윗'이라는, 끊임없는 사회의 피드백에 반응하도록 당신을 조련한다."[11]

이별과 퇴사는 물론이고 햄스트링이 늘어나 한 달 동안 크로스핏을 할 수 없게 되었다는 사소한 소식까지, 모든 사람에게 삶의 결정을 알리고 싶은 유혹은 강하다. 모야 로디언매클레인은 '나는 삶을 지나치게 공유했다'라는 제목의 에세이에 이렇게 썼다.

"공유는 제 삶을 현실로 만드는 수단이었습니다."

최근에서야 그녀는 온라인에서 모든 것을 공유하지 않는 것에 대한 짜릿함을 알게 되었다. 그것은 "내가 내어준 줄도 몰랐던 권력의 회복"을 의미한다. 인생의 모든 세부 사항을 공개적으로 공유하면서 자신의 본질을 얼마나 많이 포기했는지 깨닫는다면, 여러분은 한발 물러나고 싶을지도 모른다. 그리고 게시물을 줄이고 좀 더 신중해질 것이다.

로디언매클레인이 언급했듯이 "과도한 공유에 대한 반발이 거세지고 있고, 테일러 스위프트와 영국 청소년 일부가 동참하고 있다."[12] 여러분이 하는 일부터 그만두기로 정한 일까지 모든 것을 공개해 다른 사람의 의견을 듣겠다는 발상에 대해 다시 생각해 볼 때가 되었는지도 모른다. 물론 순식간에 해결되지는 않을 것이다. 우리는 퀴팅에 대한 좋지 않은 사회적 편견 때문에 가끔이 아니라 더 자주, 지나치게 많은 사람에게 퀴팅을 알리고 싶어 할 수도 있다. 권위에 도전하는 것이 인간의 기본적인 욕구이기 때문이다.

우리는 성공적인 삶이란 무엇인지에 대해 다른 사람들이 정의하는 것을 좋아하지 않는다. 그에 관한 결정, 언제까지 머물다 언제 떠나야 하는지에 대한 결정을 스스로 내리고 싶어 한다. 그래서 온라인 세계에서 느끼는 자유에 다소 과할 정도로 반응하는지도 모른다. 팬데믹으로 인한 봉쇄에서 마침내 해방되어 더 큰 세계의 일부라는 개념에 아직 적응 중인 우리는 지나치게 경계하기보다 너무 개방하고, 지나치게 신중하기보다 너무 솔직하기 쉽다.

가수 아델은 스스로 생각하는 자기 모습이나 친밀한 사람들과의 관계 때문에 힘든 일이 있을 때 언제든 팬들에게 솔직하게 털어놓았고, 이혼 이야기도 다양한 플랫폼에서 여러 차례 했다. 아델은 소셜미디어의 '상태 메시지'를 긍정적인 쪽으로 쓰는데, 이런 습관이 같은 영국 사람인 프레야 인디아의 신경을 긁었나 보다. 인디아는 〈스펙테이터Spectator〉 에세이에서 불만을 토로했다.

"요즘에는 이혼이 자신에게 힘을 불어넣는 또 다른 형태로 비쳐진다. 이혼을 비극으로 여기면 안 되는 듯하다. 이혼은 축하할 만한 일이고 새출발을 위해 충분히 가치 있는 일인 모양이다."[13]

인디아는 아델이 소셜미디어와 인터뷰를 통해 말한 내용의 요점인 그녀가 자녀와 함께 잘 지내고 있다는 부분을 놓치고 있다. 아델이 10년 된 관계를 그만두겠다고 공개하며 긍정적인 태도를 보여준 이유는, 과거에 세상 사람들은 이혼한 여성이 인생이 끝나기라도 한 듯 혼자 슬퍼하고 애도하고 몸을 웅크리고 어디론가 가서 숨기를 기대했기 때문이다.

아델은 그렇게 하지 않고 결별 이후의 기쁨을 자주, 공개적으로 쏟아냈다. 아델의 공개적인 그만두기는 성차별적 기준에 대한 반박이자 자기만의 방식으로 세상에 이렇게 말하는 것이다.

"난 괜찮아요. 고마워요. 누구와 어떻게 살아갈지, 무엇이 날 행복하게 하는지는 당신들이 아니라 내가 결정할 문제예요."

공개적으로 그만두는 것이 모든 상황에서 가장 나은 선택은 아닐 수 있다. 중요한 건 선택권이 우리에게 있다는 것이다.

> **전략적 그만두기의 조언**
>
> 우리는 삶에서 벌어지는 일들을 즐겨 공유한다. 여기에는 직장, 학교, 관계에 대해 중요한 결정을 내린 소식이 포함될 수 있다. 그런데 소셜미디어 때문에 퀴팅이 더 위험해질 수 있다. 소셜미디어에 현혹되어 미처 준비되기 전에는 세상에 알리지 말자.

chapter 11

# 소속감 버리고
# 홀로서기

희망을 버리자 기뻐할 능력이 돌아왔다.[1]

- 키스 칸해리스, 사회학자

에이미 디킨슨은 사람들을 좋아한다. 다행스러운 일이다. 정기적으로 신문에 조언 칼럼을 쓰기 때문이다. 그녀는 사소한 짜증부터 주체할 수 없는 슬픔은 물론이고 그사이에 느끼는 소소한 실망과 성가심에 이르기까지 우리의 불평에 귀 기울이고 우리 모두 같은 처지의 인간이라는 점을 일깨워 준다. 그리고 바깥세상은 우리모두에게 꽤 험난한 곳일 수 있다고 알려준다.

앞서 언급했듯이 디킨슨은 인간이라는 종에 대한 애정 때문에 자신보다 더 큰 무언가에 속하기를, 더 큰 전체 중 일부가 되기를 간절히 바랐다. 그래서 미 혁명여성회에서 가입을 요청하자 감사한 마음으로 빠르게 긍정적인 답변을 해주었다. 그런데 이랬던 그녀가 왜 마음을 바꾸어 혁명여성회에서 탈퇴했을까?

"솔직히 2020년 6월 9일 전까지는 제가 뭔가를 그만둘 수 있는 사람이라고 생각하지 않았어요. 경찰의 과잉 진압으로 사망한 흑인 조지 플로이드의 장례식이 열린 바로 그날 혁명여성회 회원직을 내려놓기로 결심했죠. 몇 달 전에 엄청난 환호를 받으며 백만 번째 회원으로 가입했는데 말이에요."[2]

디킨슨은 그녀가 혁명여성회를 빛낼 새로운 회원이 되었다고 홍보하기 위한 '전국적인 언론 공세'가 계획되어 있었다고 덧붙였다. 왜 혁명여성회에서 디킨슨을 가입시키려 했는지 이해가 간다. 디킨슨은 전국에 배포되는 정기간행물에 칼럼을 기고하는 베스트셀러 작가이고, NPR에 고정 출연한다. 게다가 사람들을 사로잡는 강렬한 연설을 펼쳐 열혈 추종자들이 많다.

하지만 가입을 '승낙'하고 홍보 활동을 하기 직전에, 그녀는 플로이드 살해 사건으로 마음 아파하고 분노했으며 사건의 원인이 된 인종차별에 신물이 났다. 그래서 신입회원 자격으로 혁명여성회의 역사 기록을 검토해 인종차별 문제를 공개적으로 논의하고자 했다. 그 기록에는 1939년 부활절 사건도 포함된다.[3]

당시 혁명여성회는 예술가와 맺는 계약서에 '백인만 허용한다'라는 조항이 있다는 이유로 흑인 알토 메리언 앤더슨이 자신들이 소유인 DAR 콘스티튜션 홀에서 공연하는 것을 허락하지 않았다.

그래서 앤더슨은 링컨 기념관에서 국가나 다름없는 〈나의 조국, 그분의 땅〉을 첫 곡으로 불렀고, 그녀의 노래를 들으러 모인 수많은 사람이 전율했다. 미국의 오랜 인종차별 투쟁 역사에서 손꼽히는 감격스러운 순간이다. 디킨슨은 이렇게 말했다.

"저는 여성회에서 이런 시각으로 역사를 계속 되짚어 보아야 한다고 생각했습니다. 역사에 무척 집착하는 단체니까요. 하지만 회장은 제 생각을 마음에 들어 하지 않았어요."

디킨슨은 여성회와 얼마간 의견 교환을 했지만, 전국을 휩쓸고 있던 인종차별 문제 해결에 대한 그들의 반응이 영 만족스럽지 않았다.

"저는 역사 때문에 나설 수밖에 없었고, 역사 때문에 여성회 탈퇴 결단이 무척 쉬웠습니다. 애당초 가입하는 게 아니었어요. 그 무엇도 그만두지 못하는 다른 사람들처럼 저도 거절할 자신이 없어서 의무적으로 임하는 경향이 있습니다. 전 여성회를 그만둠으로써 퀴팅에서 비롯된 해방감을 맛보았지요."

디킨슨의 퀴팅 퍼레이드는 계속되었다. 6개월 동안이나 떠나려고 애써온 온라인 독서 모임을 그만둔 것이다.

"원격 모임에 참여할 시간이 정말 없었어요. 하지만 더 큰 이유는 즐겁지 않았다는 겁니다. 그만두고 싶은 이유에 대해 여러 핑계를 대거나 거짓말을 할까, 싶기도 했습니다. 그래도 회원들에게 더 이상 하고 싶지 않다고 솔직하게 말했어요."

## 어딘가에 속하지 않는다는 공포

디킨슨이 그만두는 것이 옳은 행보인 줄 알면서도 미룬 것은 단순히 껄끄러운 일을 피하고 싶어서가 아니었다. 퀴팅을 고려할 때 작용하는 또 다른 요인이 있다. 그만두면 공동체를 떠나야 한다는 문제다.

공동체가 존재하기 때문에 우리 삶에 맥락이 생기고 자신을 단순히 우주를 떠도는 개별적인 인류가 아닌 그 이상으로 인식하게 된다. 공동체는 서로를 묶어주는 접착제이자 연결고리, 끈 역할을 하기도 한다. 단일 개체로서 우리는 너무 가볍고 하찮아서 지표면에서 당장 날아가 버릴 것만 같다.

그래서 그만두겠다고 결심함으로써 자신에게 자유를 줄 수 있지만, 다른 사람들이 안정감을 느끼기 위해 꼭 필요한 무언가를 빼앗을 수도 있다. 그 안정감은 때로 발목을 잡기도 하고 때로는 편안함을 주기도 한다. '어딘가에 속하지 않는 것' 역시 장단점이 있다.

"그만둠으로써 어떤 집단에서 자신을 빼내게 됩니다. 더 이상 그 집단에 속하지 않게 되고, 그에 따라 부당한 대우를 당할 위험도 생깁니다."[4]

라이디 클로츠가 말한다. 그는 버지니아대학교 교수이자 《빼기의 기술》의 저자다.

'결정하다decide'라는 단어에는 단절이라는 폭력이 숨어 있다. 이 단어의 두 번째 음절 '-cide'의 라틴어 어원은 다른 선택 사항을 없앤다는 의미다. 'regicide'는 '왕을 죽이다', 'homicide'는 '사람을 죽이다', 'pesticide'는 '벌레를 죽이다', 'suicide'는 '자신을 죽이다(자살하다)'라는 의미다.

디킨슨처럼 그만두기로 함으로써 안도감과 만족감을 느낄 수 있다. 하지만 때로는 후회하고 괜히 그만뒀나 하는 생각이 들기도 한다. 그만둔 직후일 수도 있고, 앞으로 살펴보겠지만 몇 년이 지난 뒤일 수도 있다.

여러분은 이제 바깥에 나앉은 셈이다. 더 이상 무리 소속이 아니다. 직장, 가까운 동료, 가정, 팀, 관계, 종교적 신념, 사업 아이디어를 비롯해 무언가를 그만둘 때는 단순히 활동, 사람, 희망, 식탁의 자리를 포기하는 것이 아니다. 다른 사람들과의 유대 역시 잃게 된다. 바로 이런 이유로 사람들은 집에서 잠옷을 입고 털이 폭신한 슬리퍼를 신은 채 텔레비전으로 편안하게 미식축구 경기를 볼 수 있는데도 굳이 얼어붙을 듯이 추운 날 밤에 경기장에 나가 누군가가 흘린 맥주에 신발을 적신다.

혼자 이룰 수 있는 무언가보다 더 큰 (그리고 더 시끄럽고 소란스러운) 무언가가 안에 자리 잡으면 기분이 좋다. 퀴팅은 그 안락함을 놓아버린다는 뜻이다. 퀴팅을 통해 짐을 내려놓은 기분이 들기도 하지만 외롭다고 느낄 수도 있다. 더 이상 회원 명단에 등록되어 있지 않고, 회사 웹사이트에 얼굴 사진과 함께 짧은 약력 소개가 올라와 있지도 않다.

어쩌면 이런 이유로 우리에게 도움이 되지 않는 일, 사실은 해를 입히는 게 분명한 일을 그만두지 못하고 망설이는지도 모른다. 무엇이 됐든 그만두겠다는 결정은 익숙하고 예측할 수 있는 곳에서 벗어나 새롭고 낯설고 아주 위험할 수도 있는 곳으로 향하는 것이다. 그 결과는 아주 좋을 수도 있고, 그렇지 않을 수도 있다.

**퀴팅은 무엇을 포기하느냐에 국한된 문제가 아니다. 그만둔 이후에 처하게 될 황무지 같은 상황에 관한 문제이기도 하다.** 주변 환경이나 관계에서 받는 위로는 더 이상 없다. 그리고 다른 환경에 속하려고 하는 동안에도 처음 얼마간은 방황할 수 있다. 심지어 붕 뜬 느낌 때문에 불안할 수도 있다. 더 이상 어디에도 속하지 않기 때문이다.

그만두면 사람들과의 관계가 끊어진다. 하지만 새로운 관계를 맺을 수 있으니 너무 걱정은 말자. 베셀 반 데어 콜크는 《몸은 기억한다》에서 다음과 같이 일깨워 준다.

"문화는 개인의 특별함에 초점을 맞추라고 가르치지만 더 깊게 들어가 보면 우리가 개별적인 유기체로 존재하는 경우는 거의 없다. 우리 뇌는 집단의 일원으로 기능하는 것을 돕도록 설계되어 있다."[5]

그렇기에 퀴팅은 정서적·영적 도전인 동시에 현실적이고 조직과 연관된 도전이라고 코니 슐츠는 말한다. 처음에는 클리블랜드 지역 신문 〈플레인 딜러〉에서, 지금은 〈USA 투데이〉에서 칼럼니스트로 활동하며 퓰리처상을 수상한 슐츠는 많은 사람을 만나 그들의 삶에 대해 인터뷰했다. 그녀는 사람들과 대화하며 퀴팅에 다양한 종류가 있고 저마다의 다른 용기가 필요함을 이해했다.

직장은 그만둘 수 있다. 직장은 삶의 한 부분일 뿐이다. 다른 형태의 퀴팅은 현재의 나를 두고 떠나는 것이다. 내가 꿈꾸던 내 모습이 현재의 나와 다르기 때문이다.

## 퀴팅이 필요한 순간

제 몸이 떠날 때쯤 감정적으로는 이미 떠난 지 오래였어요. 일은 곧잘 했지만 고립된 느낌이었죠. (…) 〈플레인 딜러〉를 떠나고 내면이 달라졌어요. 떠나기 전의 나로 돌아가고 싶지 않았어요. 그때는 두려움이 더 컸어요. 지금처럼 더 큰 시야로 세상을 보지 못했거든요. 퀴팅은 제가 사람들에게 더 나은 친구가 되도록 도와주었어요. 학생들에게는 더 나은 스승이 될 수 있었죠. 어떤 일을 겪으면 그 일을 통해 배우고, 그렇게 배운 것을 전하게 돼요.

- 코니 슐츠[6]

"직업을 바꾸고 싶다면 바꾸면 됩니다. 하지만 개인의 근본을 바꿔야 한다면 그건 더 어렵습니다. 새로운 사람을 만나고 새로운 경험을 하려면 이를 위한 공간을 만들어야 합니다. 자신을 방어적으로 만들거나 열등감을 느끼게 하는 사람이 그 공간을 차지하고 있다면 변화의 여지가 없습니다."

슐츠는 변화와 가능성, 한 사람이 세상에서 채울 수 있는 다양한 공간에 대해 많이 알고 있다. 미국 상원의원 셰러드 브라운의 아내이자 어머니이고 할머니이며 저널리스트인 동시에 베스트셀러 소설가일 뿐만 아니라 대학교수로서 다양한 경험을 했기 때문이다. 슐츠는 이렇게 말했다.

"제대로 굴러가지 않는 삶의 영역에서 벗어나야 비로소 새로운 무언가를 찾아낼 에너지가 생깁니다. 우리는 벗어난 뒤에야 매일 많은 에너지를 얻을 수 있습니다. 개인의 근본을 바꾸기 위한 퀴팅은 훨씬 더 조용하고 부드럽습니다. 더 큰 꿈을 꿀 수 있게 만드는 능력이기도 하지요."

## 영혼을 갉아먹는 작은 문제

패티 빌스는 꿈에 대해 잘 알고, 꿈에서 영감을 얻어 삶에 큰 변화를 줄 수 있다는 것도 알고 있다. 8년 전, 그녀는 예술가를 직업으로 삼으려고 연방정부 공무원을 그만두었다. 월급과 각종 혜택과 보장이 괜찮은 직장이었다. 빌스는 당시를 떠올리며 그저 작은 문제가 하나 있었을 뿐이라고 했다.

"그게 내 영혼을 갉아먹고 있었죠."[7]

그녀와 남편 토머스는 12년 전에 와이오밍주 동부로 이사했다. 그들은 그곳이 좋았고 바위가 험준한 풍경과 매번 달라지는 멋진 일출을 볼 수 있다는 사실도 마음에 들었다. 하지만 미 산림청에서 차량 관리를 담당하는 행정 직원으로 일하는 것은 그다지 마음에 들지 않았다.

빌스는 도예 수업을 듣고 도자기 만들기에 홀딱 빠졌다. 머그잔, 컵, 접시, 쟁반, 꽃병 같은 것을 디자인하고 그 위에 야생동물을 독창적으로 그려 넣은 뒤 유약을 발라 구워내는 일이 정말 좋았다. 빌스의 작품에서는 무스, 송어, 날아오르는 새, 호기심 어린 곰을 볼 수 있다.

2015년 거품이 이는 물에서 뛰어오르는 순간을 포착해 머그잔에 수없이 그려 넣은 송어처럼 그녀도 크게 도약했다.

"일에 대한 스트레스가 점점 심해지고 일 자체가 갈수록 싫어져서 그만뒀습니다. 도예가가 직업이 된 거죠. 그냥 이제 더는 못 하겠다고 마음먹었어요."

혹시 퇴사를 알리기 전에 불안한 마음이 들지는 않았을까?

"2주마다 받는 급여에 익숙해져 있었지요. 저희는 주택담보대출도 있었고, 열세 살 난 딸도 있었죠. 맞아요. 두려웠어요. 하지만 제 도자기 작품이 팔리고 있었죠. 그래서 '이걸로 사업을 하면 되겠다. 정말 그렇게 할 수 있어'라고 생각했어요."

## 퀴팅이 필요한 순간

이제 더는 못 하겠다고 마음먹고 부모님에게 그만두겠다고 말씀드렸어요. "더 이상 못 하겠어요. 스트레스가 너무 심해요"라고 했죠. 그랬더니 부모님은 "이런, 얘야. 정말 충분히 생각해야 할 문제란다"라고 하셨어요. 저는 "생각 많이 했어요"라고 답했죠. 2주 뒤에 직장을 그만두고 나자 딸이 그러더군요. "엄마가 돌아왔어."

- 패티 빌스

빌스는 퇴사하기 전에 자기 작품을 서부 이곳저곳의 미술관과 선물 가게에 보내기 시작했다. 그녀의 작품은 처음부터 잘 팔렸다. 그렇다. 그녀는 위험을 감수했지만 계획이 있었다. 사업체 운영법을 배우는 강의에도 등록했다. 그러면서 예술 작품으로 먹고살려면 단순히 재능만으로는 안 된다는 것을 이해했다. 예술가인 동시에 사업가가 되어야 했다.

빌스는 팬데믹 때문에 힘들었다고 말한다.

"정말 우울했죠. 전시회도 예술가 초청 거주 프로그램도 다 사라졌어요. 미술관이나 가게는 문을 닫았고요."

웹사이트와 페이스북을 통해 작품을 계속 판매할 수는 있었지만 힘든 시간이었다. 그 후 세상이 다시 문을 열기 시작했고, 빌스는 웃으며 이렇게 말했다.

"지금은 미술관 주문 물량과 전시회 준비 때문에 필사적으로 해야 할 정도예요. 전 이 일이 좋아요. 진흙을, 땅의 일부를 다루는 거잖아요. 때로는 공무원 시절에 절 못 견디게 한 일에 정말 고맙다는 생각이 들어요."

그녀는 무엇을 배웠을까?

"머릿속으로 생각만 하는 데서 벗어나야 해요. 종이에 숫자를 적으며 계획만 짜는 것도요. 그렇게 뛰어들지 않았더라면 전 이 자리에 없었을 겁니다. 높이 뛰어오르는 건 무서운 일이에요. 겁도 분명 납니다. 하지만 그 안에서 얻는 기쁨은 정말 크답니다."


## 50야드 킥의 사나이

일리노이주 에번스턴에서 자랐고 〈시카고 트리뷴〉에서 특집 기사 편집자로 일한 경력이 있는 팀 배넌은 훌륭한 운동선수였다. 그는 키가 크고 날렵했으며 하체 힘이 강해 고등학교에서는 축구와 럭비를 했다. 그래서 오하이오주 옥스퍼드에 있는 마이애미대학교 1학년 때, 운동 장학금을 받지 못하는데도 불구하고 키커로 미식축구팀에 들어가기로 마음먹었다. 그는 수석 코치 딕 크럼에게 50야드(경기장의 전체 크기는 120야드) 거리에서 킥을 차 골대 안에 넣을 수 있다고 편지를 썼다.

배넌은 그때를 떠올리며 말했다.

"한 시간이 못 돼서 기숙사 전화벨이 울렸습니다. 와서 직접 보여달라더군요. 운동장에 가니 코치진 전체가 나와 있었어요. 저는 오른쪽에서도 날리고, 왼쪽에서도 날려서 모든 킥을 성공시켰지요. 수석 코치가 그러더군요. '아주 좋아. 팀에 합류해.' 그 후로는 모든 일이 정신없이 빠르게 진행됐어요. 팀 전체가 함께 한 첫 연습에서 수석코치가 신참 키커인 제게 외쳤어요. '배넌! 투입!' 7야드(6미터) 앞에 수비진 열한 명이 서 있던 건 그때가 처음이었어요. 첫 킥을 찼죠. 공은 우리 팀 센터 등으로 날아갔고요."[8]

그다음 킥도 당황스럽기는 마찬가지였다. 배넌은 몸만 쓸 줄 알았지, 미식축구에 익숙하지 않았다.

"킥에는 뭔가 특별한 점이 있습니다. 모든 것이 키커에게 달려 있어요. 혼자 해야 하죠. 주목에 대응하는 법을 배워야 합니다."

배넌은 몇 주 동안 "벤치 신세를 진 뒤에" 팀을 그만두었다. 1975~1976년 시즌은 마이애미 미식축구팀에 있어 기억에 남을 시즌이었다. 배넌이 뛰었던 팀은 전체 134팀 안에서 12위를 기록하며 전국 Top 20 안에 들었다. 그는 팀의 일원으로 기쁨을 함께 누릴 수도 있었다.

"후회하는 일 중 하나예요. 제가 얼마나 놀라운 기회를 움켜쥐었는지 몰랐죠. 코치에게 편지를 써서 전국에서 손꼽는 팀에 들어갔잖아요. 인생이 전혀 다른 방향으로 흘러갔겠죠. 물론 지금의 방향도 만족하지만 많이 달랐을 겁니다. 좀 더 노력해 보고 포기할 걸 하는 아쉬움이 남아요."

어쩌면 우리는 필요한 만큼 자주 그만두지 않는지도 모른다. 어쩌면 퀴팅은 부당한 오명을 쓰고 있는지도 모른다. 하지만 포기하기로 정한 뒤 그 결정이 뇌리를 떠나지 않고 괴롭힐 수 있다는 것 또한 사실이다. 우리는 늘 의문을 품을 것이다.

'만약 그만두지 않았다면?'

배넌은 그만둔 순간의 기억을 몇 년 뒤 육아에 아주 잘 활용했다고 말했다. 그와 아내는 세 아이를 낳아 길렀다. 그리고 아이들이 스포츠 팀이든 악기든 취미든 무언가를 그만두고 싶어 할 때 그는 아이들과 대화를 나누었다.

"그때 팀을 그만두기로 한 결정이 떠올라서 아이들이 그냥 포기하도록 놔두고 싶지 않았어요. 아이들과 함께 차근차근 문제를 해결해 나가려고 했지요. '왜 그런 생각을 했는지 이야기해 보자'라고 하면서 세심하게 살폈죠."

배넌은 계속했기를 바랐을지 모르지만 떠나기를 바랐던 사람도 있다. 다시 말해 그만두지 않은 것 역시 그만둔 것만큼이나 뇌리에 박혀 여러분을 괴롭힐 수 있다. 줄리언 반스는 소설《연애의 기억》에서 이 달콤하면서 쌉싸름한 시나리오를 지켜보는 사람의 시각으로 제시했다. 그러면서 '불편하다'라는 이유로 그만둬야 하는 일을 그만두지 않으면 어떤 일이 벌어지는지 보여준다.

"지금껏 살면서 결혼 생활을 그만두는 데 실패하고, 외도를 지속하는 데 실패하고, 가끔은 결혼 생활이나 외도를 시작하는 것조차 실패한 친구들을 보아왔는데, 그들이 이유로 대는 말은 하나같이 똑같았다. '그냥 현실적이지 않아서.' 그들은 피곤하다는 듯이 이렇게 말했다. 거리가 너무 멀어서, 기차 시간표가 도와주지 않아서, 일하는 시간이 맞지 않아서 같은 말들이 나온 다음에는 대출, 아이들, 개, 공동 소유한 물건 이야기까지 나왔다. '수집한 음반을 분류할 엄두가 안 나.' 남편을 떠나지 못하는 어느 아내에게서 이런 말을 들은 적도 있다."[9]

중요한 건 함께 수집한 음반이 아니다. 삶의 종점을 향해 가는 동안 어디에 속할지 결정하고 옳은 선택을 내렸을지 다시 생각하는 것이 중요하다.

## 퀴팅 다음을 생각하라

구라바 아가왈 박사의 조언을 한마디로 요약하면 퀴팅 다음을 생각하라는 것이다. 의사들이 박사의 사무실에 와서 번아웃 때문에 그만두고 싶다고 말하면 그의 첫 번째 반응은 세 단어다.

"그만두고 뭐 하려고요?"[10]

아가왈은 이 말이 의미하는 바를 다음과 같이 말한다.

"그만두면 상황이 더 나아질 것이라는 생각으로 그만둘 수는 있지요. 하지만 어디로 가야 더 나아질까요? 강아지가 뛰놀고 무지개가 떠 있는, 그런 그림 같은 곳은 존재하지 않습니다. 그래서 사무실에 오는 사람들에게 '그만두고 뭐 하려고요?'라고 물어보는 겁니다."

아가왈은 노스웨스턴 메디컬그룹에서 의료진 복지 부문을 담당하는 책임자이자, 노스웨스턴대학교 파인버그의과대학의 의대생 정신의학 교육센터 센터장이다. 의사들이 스트레스받고 기진맥진할 정도로 지쳐서 지긋지긋하다고 느낄 때, 쓰레기통에 청진기를 집어 던지고 뛰쳐나가고 싶은 생각이 들 때 찾아가는 사람이 아가왈이다. 그는 의료계 종사자들을 대상으로 한 리더십 코치 자격증이 있는 신경정신과 의사다.

"전 그들에게 물어봅니다. 그만두지 않고 이곳에서 계속 경력을 쌓을 방법이 없느냐고요."

이런 질문을 하는 이유는 퀴팅이 오랫동안 고민한 문제를 해결하는 빠르고 쉬운 해결책으로 보일 수 있기 때문이다. 하지만 순식간에 발생한 문제가 아니라면 그에 대한 답 역시 순식간에 찾아서는 안 된다.

"최근에 일어난 일 때문에 그만두고 싶어질 수도 있습니다. 하지만 항상 그렇지는 않습니다. 대개 그동안 서서히 쌓인 일들 때문이지요."

다루기 힘들어 보이는 문제도 하나씩 의논하며 자세히 뜯어본다면 그렇게까지 어렵지 않을 수 있다.

"결혼 생활이나 직장 생활에 문제가 있는 사람들이 제게 와서 '더 이상 못 하겠다'라고 말합니다. 그러면 같이 문제를 살펴보면서 이성적이고 체계적으로 파헤칩니다. 그러다 보면 너무 성급하게 결론을 내렸다고 생각을 바꾸는 사람들도 있습니다."

만약 의사가 찾아와서 그만두라고 다그치는 마음의 소리를 들었다고 한다면? 아가왈은 주의를 준다.

"제 직감에 따르면 그 목소리는 그다지 믿을 만하지 않습니다. 그리고 그것 말고 다른 목소리도 들릴 겁니다. 그 목소리에도 귀 기울여야겠지요."

팬데믹이 최고조에 달했을 때 많은 전문 의료인이 지쳐서 직장을 떠나고 있다는 뉴스 보도가 연일 쏟아졌다.

아가왈은 팬데믹이든 아니든 이 분야는 늘 스트레스가 심하고 힘들다고 지적한다.

"사람들은 이 일이 단순한 직업이 아니라 소명이라고 여깁니다. 우리는 '회복력'이라는 말을 종종 듣는데, 의료계 사람들은 회복력이 강한 게 아니라 버티는 힘이 강한 겁니다. 이런 사람들이 어느 날 무너졌다면 마지막 한 방 때문이 아니에요. 그전에 일어난 일들이 쌓인 탓이지요."

그는 의료진의 탈출 행렬이 팬데믹이 최고조에 달했을 때만큼 높아지지는 않으리라 생각했다.

퀴팅이 완벽한 해결책처럼 보일 수 있다. 미래라는 요인, 정서적이고 실용적인 자양분을 제공하는 동료들이 없는 공동체에서 살아가는 미래를 고려하기 전까지는 말이다.

그래서 아가왈은 트레이드마크가 된 '그만두고 뭐 하려고요?'라고 묻는 것이다.

아가왈의 말에 따르면, 그의 책상 맞은편에 앉은 힘들어하는 의사가 대답을 머뭇거린다면 정말 그만두고 싶은 게 아니다. 하지만 그만두는 것이 최선의 해답 같다고 한다면 아가왈은 반대하지 않는다. 고된 하루를 보내고 폭주하는 불만 속에서 충동적으로 그만두겠다고 말하는 것은 아닌지, 깊이 생각해서 신중하게 내린 결정인지 확인하고 싶은 것뿐이다.

그는 퀴팅 자체를 반대하는 것이 아니다. 그저 퀴팅이 전략의 일부여야 한다고 생각하는 것이다.

## 더 빨리 더 솔직하게 그만두었다면

3년 6개월 전 새해 전날, 그의 표현에 따르면 글렌 워디는 가족과 함께 "작은 도시로 굴러 들어갔다." 그들은 캘리포니아주 팰로 앨토에서 22년 동안 살았고, 워디는 그곳의 스탠퍼드대학교에서 디지털 도서관 사서로 일했다. 그들이 굴러 들어간 작은 도시는 바로 일리노이주 샘페인으로, 긴 겨울내 얼음장 같은 바람이 뺨을 때리고 눈이 그치지 않는 곳이었다. 다시 말해 야자나무 같은 것은 보이지 않는 곳이었다.

"저는 스탠퍼드에서 일하며 정체된 느낌이 들었고, 변화를 맞이할 준비가 되어 있었습니다. 새로운 모험을 떠날 준비요. 그런데 이곳 사람들에게 스탠퍼드에서 일하다 왔다고 말하면 한결같이 이렇게 반응하지요. '미쳤어요?' 이곳에 사는 대학원 친구는 계절마다 펼쳐지는 드라마를 좋아한다고 했어요. 전 그 친구가 비유적으로 말한 줄 알았는데 아니었습니다. 지금은 저도 그 드라마가 정말 좋아요."[11]

워디의 삶에 펼쳐진 드라마는 날씨에만 국한되지 않았다. 그는 일리노이대학교 연구지원센터에서 부센터장으로 새로운 일을 시작한 직후에 아내와 헤어졌다.

"결혼 생활을 그만두기까지 많이 망설였습니다. 완벽과는 거리가 먼 결혼 생활을 그냥 감수하며 살았는데 결국 그게 독이 되었어요. 제게는 언제나 초인적인 그릿이 있다고 생각했죠."

그래서 그는 관계를 끝내기로 결심하기까지 시간이 걸렸다고 말했다. 이렇게 서서히 무언가와 분리되는 과정을 젊은 시절에도 겪었다. 워디는 모르몬교 가정에서 자랐다.

"모르몬교에 깊이 빠졌어요. 전 '금사빠'였지요."

그는 브리검영대학교에서 학사학위를 받았다. 그리고 러시아에서 연구 장학금 대학원 생활을 마치고 돌아온 뒤로 뭔가가 달라졌음을 느꼈다.

"의심이 몰려왔습니다. 제가 하나님을 진심으로 믿지 않는다는 걸 깨달았어요. 하지만 무신론자라고 인정하기까지는 오랜 시간이 걸렸습니다."

신앙을 포기한다는 것은 믿음의 체계뿐만 아니라 모르몬교 교회에서의 사회생활도 떠나야 함을 뜻한다. 워디는 교회에서 만난 사람들을 넓은 의미의 가족이라고 생각했고, 그들은 오랜 세월 동안 그에게 위안과 동질감을 느끼게 해주었다. 그는 이 모든 것을 뒤로하고 떠났다. 친구들과 사랑하는 사람들은 그의 결정을 이해해 주었다. 하지만 그는 삶의 여러 친숙한 모습을, 관습과 의식과 이전의 다양한 삶의 방식을 잃게 되리라는 것을 알았다.

교리를 더 이상 믿지 않는 교회를 떠난 일을 후회하지는 않는다. 하지만 가끔은 더 빨리 더 솔직하게 그만두었다면, 고민하느라 몇 년을 보내지 않고 깔끔하게 관계를 잘라버렸다면 더 좋았겠다고 생각한다. 워디는 자신이 원래 이렇게 망설이는 사람이라고 말한다. 그는 경로를 바꿀 수 있을 때도 언제나 시간을 두고 생각하다가 바꾸었다.

"학부 시절에 물리학, 영어, 러시아어 이렇게 세 과목을 전공했습니다. 그 어느 것도 그만둘 수 없었거든요."

## 도망쳐도 괜찮다

우리 모두 때로는 그만둔 사람들 모임의 회원이 된다. 나와 같은 것을 포기하고서 살아남은, 심지어 더 잘된 사람들에 대해 아는 것만으로도 큰 힘이 된다. 개인적인 위기가 닥쳐 같은 처지가되기 전까지는 존재하는지도 몰랐던 집단의 일원이 됨으로써 위안을 얻을 수도 있다.

마거릿 렌클의 이야기를 우연히 접하고 나는 그 이야기가 내경험과 너무 닮아서 깜짝 놀랐다. 아버지가 힘이 되어주는 부분까지 묘하게 비슷했다.

렌클의 서정적인 에세이 모음집 《뒤늦은 이주Late Migrations》를 읽던 중 렌클이 대학원에 가려고 집을 떠난 시기를 잠시 회상하는 대목이 나온다. 그녀는 집을 떠나는 게 정말 싫었고 몹시 우울했다. 그러다가 어느 날 밤 집에 전화를 걸었고 아버지가 전화를 받아서…

뒷이야기는 짐작할 수 있을 것이다. 서문에서 말한 내 이야기와 비슷하기 때문이다. 렌클은 스물두 살에, 나는 열아홉 살에 깨달음을 얻었다는 것과 그녀가 스트레스로 힘들어한 곳은 필라델피아였고 나는 모건타운이었다는 점만 다르다. 둘 다 새로운 도시에서 대학원에 다니며 마음에 들지 않는 환경에 처해 공부를 제대로 할 수 없었고, 심란하고 혼란스러웠다.

그만두지 않으면 죽을 것 같았다. 적어도 그때 기분은 그랬다.

문학은 의미 없다는 냉소적인 교수의 말이 낮 동안 렌클을 괴롭혔고, 해가 지고 나면 다른 원인이 그녀의 신경을 긁었다. 렌클은 그때 살았던 우중충한 아파트에 대해 이렇게 썼다.

"모퉁이에서 신호에 걸린 배달 트럭의 소음이 밤새도록 들렸고, 네 층 아래에서는 낯선 사람들이 어둠을 향해 중얼중얼 욕을 했다."[12]

렌클은 남쪽 고향 집에서 볼 수 있는 풍광과 새소리, 붉은 흙이 그리웠다. 나 역시 고향의 시시콜콜한 것들이 그리웠던 것 같다. 비록 슬픔 때문에 얼이 빠져서 렌클처럼 아름답게 표현할 수 없었겠지만.

렌클도 나처럼 끝까지 매달리지 않았다. 그녀도 집에 전화를 걸었고, 아버지가 한 말은 사실상 '고향으로 내려오라'라는 것이었다. 렌클의 글에 따르면 그때의 포기가 묘수가 되었고 결과적으로는 그 후의 삶을 열어준 문이 되었다.

"좋은 남자를 만나서 가정을 꾸리고 푹 빠질 수 있는 일을 하며 사는 것을 비롯해 내 삶의 행복은 대부분 상실을 겪은 어느 계절에 아버지의 말을 따른 덕분이라고 생각한다. 내가 집으로 돌아갔기 때문이라고."[13]

물론 그녀가 포기한 뒤에 행복한 결말이 보장된 것은 아니었다. 일이 잘 풀리지 않았을 수도 있다. 그녀가 좋아하는 남부의 다른 대학원에 입학 허가를 받지 못했을 수도 있고, 남편을 만나지 못했을 수도 있으며, 멋진 가정을 꾸리는 복을 누리지 못했을 수도, 작가이자 〈뉴욕 타임스〉 칼럼니스트가 되지 못했을 수도 있다.

렌클은 필라델피아의 대학원이라는 공동체 하나를 버리고, 원래 속한 공동체인 가족에게 돌아갔다. 그러자 모든 일이 잘 풀렸다. 그녀는 잘 풀리지 않을 수도 있다는 위험을 감수해야 했다. 실패를 거듭하면서 기회를 잡아야 했다.

렌클이 야밤에 비행기를 타고 대학원에서 고향으로 향했다는 것을 알게 되자 나는 모건타운에서 무너져 내린 지 여러 해가 지났는데도 안도감이 들었다. 아직도 내 안에 나를 비난하는 작은 마음의 조각이, 작지만 짜증스러운 불안이 남아 있다는 것을 그제야 깨달았다.

그만둬도 정말 괜찮았을까?

어쨌든 그냥 버텨야 하지 않았을까?

그러다가 렌클의 글을 읽고 정말 기뻤다.

"다른 사람도 이런 일을 겪었다. 낯선 도시의 작은 아파트에서 겁에 질린 채 웅크리고 앉아서 고통과 혼란이 영원히 지속되는 것은 아닐지 걱정했다. 하지만 그녀 역시 떠났다. 도망쳤다. 그만둬도 괜찮다. 퀴팅은 감정이 보내는 SOS에 합당한 반응이다."

## 삶의 전략으로서의 퀴팅

퀴팅은 마지막 수단이자 최후의 노력이다. 영화, TV 쇼, 소설 속의 유명한 그만두는 장면은 극을 풍성하게 만들려는 아이디어를 바탕으로 예측된 것들이다. 그 안에서는 잇따른 좌절과 모욕이 꾸준히 쌓이다가, 결국 얻어맞고 갈라지고 폭발하고 참지 못하고 미쳐버리고 무너지기 직전까지 상태가 안 좋아진다. 자제력이 사라지기 때문에 결과 같은 건 생각할 수 없다.

하지만 꼭 그렇게 심각하고 극단적이어야 할까? 데릭 톰프슨은 팬데믹의 영향으로 기록적인 수의 사람들이 퇴사한 2021년에 대한 에세이에서 (그는 이 시기를 '그만두기의 여름'이라고 불렀다) 포기에는 긍정적인 면이 있다고 지적했다. 그러면서 모든 것은 누가 규정하느냐에 따라 달라진다고 했다.

"퀴팅은 비관주의, 게으름, 자신감 부족과 연결되므로 삶에서 나쁜 평가를 받는다. 하지만 노동경제학에서 퀴팅은 정반대의 의미다. 이 학문에서 퀴팅은 노동자들이 미래를 낙관한다는 뜻이고 새로운 무언가를 갈망한다는 뜻이다."[14]

그리고 과학에서 퀴팅은 매우 중요하다. 과거의 잘못된 개념에 집착하면 옳은 개념을 찾을 수 없다. 캘리포니아대학교 버클리

캠퍼스의 물리학과 명예교수 리처드 A. 멀러는 사람들이 '과학자는 좀처럼 생각을 바꾸지 않는다'라는 잘못된 믿음 때문에 과학을 '확실성으로 무장한 난공불락의 요새'로 바라본다고 불만을 토로했다. 그는 기자에게 이렇게 말했다.

"과학자들이 아이디어를 내고 그 아이디어를 버리는 데 얼마나 많은 시간을 들이는지 사람들은 모릅니다."[15]

정확한 이론을 찾아내기 위해서 그리고 전반적인 과학의 발전을 위해서는 그전에 틀렸다고 증명된 이론을 포기하는 과정을 반드시 거쳐야 한다.

나는 퀴팅이 삶의 전략이 될 수 있다고, 장기적으로는 인내보다 더 나은 전략이 될 수 있다고 주장해 왔다. 그만두기 위해서는 무엇보다 다른 사람이 처한 곤경에 공감하는 능력이 필요하기 때문이다. 또한 우리 뇌가 특별히 잘하도록 설계된 생존 능력도 필요하다.

임상심리학자이자 컬럼비아대학교 사범대학의 조지 A. 보나노 교수는 슬픔과 치유에 관한 연구를 통해 획기적인 결과를 발표했다. 최근 쓴 《트라우마의 종말The End of Trauma》에서 그는 사람들이 심각한 정서적 트라우마에 어떻게 대처하는지 연구했는데, 그의 책에서 유독 눈에 들어오는 부분이 있었다. 보나노는 퀴팅을 자산으로 본다는 것이었다.

퀴팅은 보나노가 '유연성 배열'이라고 부르는 기법의 마지막 단계로, 정서적으로 불안정한 상황을 적극적으로 관리하는 데 매우 중요한 역할을 한다. 특정 상황을 평가하고 그 문제에 대처하기 위해 현재 사용하는 방법이 효과가 있는지 없는지 판단한 다음, 효과가 없으면 적절한 변화를 모색하는 것이다.

상황 때문에 해를 입어서도 안 되지만 그에 대처하는 메커니즘 때문에 피해를 보아서도 안 된다. 현재의 조치가 효과 없는 것으로 입증되면 그것을 바꿔야 한다. 그만두거나 다른 것을 시도해야 한다. 보나노는 이렇게 썼다.

"유연성은 수동적인 대처 방식이 아니다. 트라우마를 겪는 과정에서 우리는 어려움이 닥치는 순간마다 최선의 해결책을 찾아내야 하고, 그렇게 해나가면서 해결책을 다시 조정해야 한다. 다시 말해 유연하게 대처해야 한다. 우리는 자신에게 무슨 일이 일어나고 있는지, 그 일을 해결하기 위해 무엇을 할 수 있는지 파악한다. 또한 수정 단계라는 중요한 과정을 거치며 선택한 전략이 효과가 있는지, 아니면 다른 전략으로 바꾸어야 하는지 판단한다."[16]

운이 좋으면 우리 대부분은 전쟁이나 정서적·신체적·성적 학대, 지워지지 않는 흉터나 장애를 남기는 사고 등 보나노가 일하는 분야에서 완화 수단을 제공하려고 애쓰는 끔찍한 트라우마를 겪을 일이 없을 것이다. 그렇지만 나는 보나노의 통찰력을 심각성이 덜한 여러 어려움에도 적용할 수 있다고 생각한다.

퀴팅은 효율적으로 사용해야 할 자원이다. 패배가 아니라 결정이고 전환점이다. 그리고 우리는 이제 막 제대로 인식하기 시작한 방식으로 퀴팅을 활용할 수 있다. 보나노는 다음과 같이 썼다.

"사람들에게는 회복력이 있다. 그들은 유연함을 발휘해 주어진 상황과 시기에 적합한 행동이 무엇이지 판단해야 한다. 그런 다음 그 행동을 통해 적응하고 앞으로 나아가야 한다."[17]

적합한 행동에는 기꺼이 멈추고 다른 길로 가는 것도 포함된다. 보나노의 다면적이고 미묘한 기법을 지나치게 단순화할 위험을 감수하고 요약하자면 이렇다.

나를 힘들게 하는 기억 때문에 부정적인 반응이 발생하면 자신에게 다음 네 가지를 질문한다.

무슨 일이 일어나고 있는가?

나는 무엇을 해야 하는가?

나는 무엇을 할 수 있는가?

내가 무언가를 하기 시작하면 효과가 있겠는가?

보나노는 이렇게 썼다.

"전략이 효과가 없으면 우리 몸 또는 주변 세계에서 보내는 피드백을 통해 전략을 수정하거나 다른 방법을 시도해야 한다. 중요한 점은 이런 능력이 그리 드물지 않다는 것이다. 인간의 머릿속에는 이미 이러한 능력이 있지만 제대로 인정받지 못한다. 이 능력은 육성하고 발전시킬 수도 있다."[18]

이와 마찬가지로 누구에게나 있으며 필요할 때 그만두도록 우리를 밀어붙이는 '생존 본능'이 심신을 좀먹는 '과거의 사건'을 뒤로 하고 앞으로 나아가는 데 도움을 줄 수도 있다.

이미 일어난 일을 바꿀 수는 없다. 하지만 힘든 기억과 어려운 상황에 대응하는 법을 개발하여 자신을 치유하고 앞으로 나아갈 수는 있다. 우리는 자기 행동의 효능을 평가하며 주기적으로 확인해야 한다.

앞으로 나아가고 있는가?

애당초 옳은 길에 접어들었는가?


## 퀴팅이 만능은 아니다

퀴팅은 활용도가 매우 낮은 자원이다. 우리가 합당한 선택이라고 전혀 인식하지 못하고 타협이나 실패라고만 인식하는 전략이다. 우리는 연쇄 살인, 약물 남용, 탄수화물 과잉섭취 이외의 포기는 본질적으로 나쁘다는 잘못된 인식 때문에 퀴팅을 피하지만, 퀴팅은 아직 개발되지 않은 에너지와 영감의 원천이다. 생명을 유지하고자 꾸준히 그만둘 수밖에 없는 다른 동물들의 삶은 퀴팅이 얼마나 가치 있는지, 퀴팅으로 인해 얼마나 큰 변화가 생길 수 있는지 증명한다.

물론 그렇다고 해서 퀴팅이 항상 바람직한 것은 아니다. 모든 상황에서 모든 사람에게 적용되는 단 하나의 행동강령 같은 것은 없다.

하지만 퀴팅이 즉각 거부당하는 경우가 너무 많다. 그리고 끈기의 힘을 비판하지 않고 받아들이면 장기적인 관점에서 우리는 세상의 부당함에 점점 무감각해질 것이다.

우리가 모든 것을 바로잡을 수 있는 것은 아니다. 그렇지만 바로잡을 수 있는 것은 바로잡아야 한다.

## 그만둔다는 건 삶 자체를 선택하는 것

그렇다면 그만둘 것인가, 그만두지 않을 것인가?

웬디 카미너는 이렇게 말했다.

"버텨야 할 때와 경로를 바꾸어야 할 때를 알 수 있는 공식 같은 건 없습니다. 계속 밀고 나가야 할 때가 있고 멈추어야 할 때가 있는 법이지요."[19]

하지만 퀴팅을 몹시 어렵게 만드는 상황 때문에 판단이 쉽지 않다. 불공평하게도 그만두지 않는다는 선택, 즉 옳지 않다고 느끼면서도 계속하겠다는 선택은 포기하고 다른 쪽을 시도하겠다는 선택에 비해 장점이 있다.

그릿은 매력적인 포장을 뒤집어쓰고 우리 모두를 속인다. 하늘에 로켓을 쏘고 바다에 배를 띄우고 백신을 맞히는 등 문명이 발전하는 와중에도 그릿은 계속 미덕으로 표현된다. 반면 퀴팅은 무력하고 신중하지 못한 실패와 동일시된다.

그릿의 화려한 겉모습, 미덕이라는 포장지를 벗겨내고 찬찬히 살펴보면 다음에 어떻게 움직이는 것이 최선인지 더 명확하게 결정할 수 있다. 다른 동물들은 생존을 위해 늘 해오던 일이다.

계속 가야 할지 그만두어야 할지, 방향을 바꾸어야 할지 기존 방향을 고수해야 할지 고민되는 순간이 찾아왔을 때 다음 몇 가지를 자신에게 묻길 바란다.

내게 도움이 된다고 생각해서 선택했는가?

아니면 포기했을 때 남들이 공공연히 그만둔 사람이라고 부르는 게 두려워서 선택했는가?

내가 진정 원하는 것을 선택했는가?

아니면 다른 사람이 내게 최선이라고 말한 것을 선택했는가?

그만둔 사람으로 불리게 된다면, 그게 어떤 해를 입힐까?

우리가 퀴팅을 다른 관점에서 바라보고 무의식적으로 그만두기를 실패와 동일시하지 않는다면, 퀴팅의 잠재력 즉, 삶의 전략으로서의 그만두기의 가능성이 드러날지도 모른다. 심지어 퀴팅이 칭찬으로 여겨질 수도 있다.

《웨이워드》의 저자 스피오타는 다음과 같이 말한다.

"그만둔다는 건 삶 자체를 선택하는 겁니다. 살아 있는 것의 목적은 도약하는 것입니다. 그리고 다른 삶을 상상할 수 없다면 살아 있어야 할 의무를 그만두는 것이나 다름없습니다."[20]


## 퀴팅을 삶의 일부로

2020년에 사망한 배우 클라크 미들턴은 직장을 그만두듯 태도 역시 확실하게 버릴 수 있음과 퀴팅은 자유를 얻을 수 있는 행동임을 증명했다. 여기에서 말하는 태도란, 그가 인터뷰에서 종종 언급했듯이 신체적 제약이 있는 사람에게 나타나는 자기 연민의 유혹이다.

미들턴은 소아 류머티즘 관절염 때문에 움직임이 심각하게 불편했고 키가 매우 작았다. 하지만 이런 조건은 그가 〈킬빌2〉를 비롯한 영화와 〈트윈픽스〉 〈블랙리스트〉 등의 TV시리즈에 출연해 배우로 성공하는 데 방해가 되지 않았다. 미들턴은 관절염 관련 단체를 대상으로 자신의 장애에 대해 이렇게 말했다.

"장애와 싸운다고 생각하면 장애의 희생자가 되어 장애가 여러분에게 영향력을 행사하게 됩니다. 그래서 저는 장애를 다시 규정하자고, 장애와 친구가 되는 것에 대해 생각해 보자고, 장애와 함께 춤추는 법을 배우자고 제안합니다."[21]

그의 이 유쾌한 아이디어는 퀴팅과 이어진다.

여러분은 다른 사람들이 부정적으로 볼 수도 있는 것을 끔찍한 운명이라며 수긍할 수 있고, 그들의 의견에 동조하여 그것을 적대시하며 거부하고 끊어내고 물리치고 억눌러야 하는 대상으로 대할 수 있다.

아니면 그것과 화해하고 그것을 위한 자리를 마련해 주고 삶의 일부로 마주할 수도 있다.

여러분은 퀴팅을 받아들일 수 있다.

퀴팅과 함께 춤을 출 수 있다.

전략적
그만두기의
조언

여러분은 그동안 그만두고 싶은 충동을 적으로, 반드시 물리쳐야 할 무언가로 여겨왔다. 하지만 그만두기를 친구이자 동맹으로, 창의적이고 역동적인 인생 장기 전략의 일부로, 빛나는 가능성이 가득한 인생의 일부라고 생각해 보자. 그러면 필요한 만큼, 그래야 한다고 느낄 때마다 그만둘 수 있다.

마음과 양심의 소리에 귀를 기울이자. 그리고 보다 더 잘 살아보자.

# 퀴팅은 새로운 이야기의 시작이다

위대한 진리의 반대는 또 다른 위대한 진리다.[1]

— 닐스 보어, 노벨 물리학상 수상자

'그만두기'는, 더 구체적으로 표현하면 '그만둘 수 없었음'은 내 아버지의 인생을 규정했다.

제임스 켈러는 열다섯 살부터 담배를 피웠다. 그는 웨스트버지니아주에서 가난하게 자랐다. 사춘기 아이들이 하는 무게 잡는 방법 중 애팔래치아 소년이 따라 할 만한 몇 안 되는 것 중 하나가 흡연이었던 것 같다. 아버지는 어른이 되어 결혼하고 자식이 셋 생겼을 때 흡연이 그의 삶에 벌어진 가장 큰 비극이라는 결론에 이르렀다. 하지만 너무 늦었다. 담배를 끊을 수가 없었다.

아버지 스스로 담배 피우는 습관을 얼마나 싫어했는지 굳이 짐작할 필요는 없다. 싫어하는 마음을 숨기지 않았으니까. 언니 캐시가 열여섯 살 때 차고에 숨어서 말보로를 몇 모금 피워보려다가 아버지에게 들킨 적이 있었는데, 그때 아버지는 화를 내기보다 슬픔에 잠겨 이렇게 말했다.

"네 손에 담배가 들려 있는 걸 보느니 차라리 네 손이 잘린 걸 보는 게 더 낫겠구나."

물론 진짜로 그렇다는 말은 아니었다. 아버지는 언니에게 충격을 주고 싶었다. 수학자이자 논리적이고 엄격하셨던 아버지는 평소에는 그런 과장된 말을 쓰지 않았지만, 흡연 때문에 겪은 일로 속상해했다. 그래서 딸이 자신과 같은 길을 가는 걸 원치 않았다.

이렇게 나는 어린 시절의 상당 부분을 그만두기의 그늘에서 보냈다. 여러분도 아마 나와 비슷한 그늘 속에서 살았을 것이다. 많은 사람이 그러기 때문이다. 어쩌면 여러분에게도 건강하지 않은 습관을 그만두려고 노력한 부모나 다른 가족이 있을지도 모른다. 여러분 가족도 흡연이 문제였을 수 있고 아니면 술이나 불법 약물, 분노가 문제였을 수도 있다.

## 나의 아버지

나는 아버지가 수십 년에 걸쳐 매번 더 좌절하면서도 담배를 끊으려는 모습을 지켜보았다. 그러면서 패턴을 파악했다.

먼저 창의력이라고는 찾아볼 수 없이 '담뱃서랍'이라고 부르는 주방 서랍에 쟁여둔 담배를 모조리 내다 버리는 의식을 치른다. 그런 다음 아버지는 며칠, 가끔은 몇 시간이 지난 뒤에 체념한 듯 얼굴을 찡그리며 만일의 사태에 대비해 챙겨둔 담배에 불을 붙인다. 그리고 모든 것이 예전으로 돌아간다. 담뱃서랍은 소리 소문 없이 다시 채워진다.

아버지는 담배를 다시 피우는 것을 숨긴 적이 없었다. 언제나 대놓고 다시 피웠다. 아버지는 분명 창피해했고 스스로도 지독한 약점이자 성격적 결함이라고 생각하는 것 때문에 기가 꺾였다. 그러면서도 매번 결점을 인정했다. 그런 적이 아주 아주 많았다. 몇 번인지 세다가 잊어버릴 정도로 많았다. 그만두었다가 다시 시작하고 또 그만두었다가 다시 시작하고…. 돌고 돌았다.

흡연이 아버지를 망칠 것이라는 생각은 틀리지 않았다. 결국 아버지는 쉰한 살의 나이에 오하이오주립대학병원에서 폐암으로 돌아가셨다. 암을 선고받은 지 9개월 정도 지난 때였다. 나는 마지막 숨을 거두는 아버지를 지켜보았다. 화학요법과 방사선치료 때문에 쉰한 살이 아니라 여든한 살 같아 보였다.

아버지의 삶에는 담배를 끊지 못한 것 이상의 무언가가 있었다. 담배를 영원히 떼어내려고 했던 불운한 시도 이상의, 실패 이상의 무언가가 있었다.

아버지가 자신을 위해서뿐만 아니라 나를 위해서 금연에 성공했더라면 좋았을 텐데 하고 얼마나 바랐던지…. 돌아가신 지 몇 년이나 지났지만 아버지가 정말 그립다.

하지만 나는 아버지가 포기하지 못한 고약한 일로, 아버지를 붙잡고 놓아주지 않아 생명을 앗아간 습관으로 그의 삶을 판단하지 않기를 바란다. 아버지에게는 니코틴에 의존한 것 말고 다른 무언가가 있었다. 제임스 켈러를 니코틴 중독자로만 바라보는 것은, 최종적으로 그를 중독자로 낙인찍어 묘비명에 새기는 행위이자 그가 경멸했던 대상에게 가장 중요한 자리를 내어주는 행위다.

나는 아버지가 그만두려고 시도하는 사이사이에 살았던 삶을 떠올리는 편이 더 낫다고 생각한다. 우리 집 차고 진입로에 설치해 둔 농구 골대를 향해 나와 함께 농구공을 던지던 일,《세일즈맨의 죽음》에 나오는 윌리 로먼처럼 "시멘트 한 봉지만 있으면 행복한 남자"[2]였던 아버지가 집 뒤편에 마루를 만들던 일, 우리 자매들과 사촌들의 수학 숙제를 도와주던 일…. 나는 이런 것들을 기억하고 싶다.

아직 중독 문제로 어려움을 겪는 다른 가족들이 있다. 나는 그들에게도, 중독이라는 악마와 싸우는 모든 가족의 모든 사람에게도 아버지와 같은 것을 바란다. 나는 사람들이 나쁜 습관이 아니라 선량한 마음씨로 알려지기를 원한다. 그들이 고통스러워 하는 단점이 아니라 재능으로 알려지기를 원한다. 나는 몹시 괴로워하는 모든 사람이 자신에게 해를 끼치는 물질에 대한 탐욕을 딛고 일어서기를 바란다.

하지만 그건 내가 어떻게 할 수 있는 일이 아니다. 우리가 아무리 사랑하는 사람일지라도, 또한 우리가 아무리 사랑받을지라도 가장 중요한 전투에서는 혼자 싸워야 한다.

결국 내 아버지, 나, 여러분, 우리가 사랑하는 사람들 그 누구의 인생도 정복하지 못한 무언가로, 극복하지 못한 역경으로, 끝내 해결하지 못한 과제로 단순하게 언급되어서는 안 된다. 우리는 모두 더 나은 대접을 받을 자격이 있다. 우리 대부분은 할 수 있는 최선을 다하기 때문이다. 비틀거리고 부족하지만 노력하기 때문이다. 나는 아버지도 그랬다는 것을 알고 있다.

## 모순이 아닌 두 주장

나는 이 책에서 퀴팅이 좋다고 주장했다. 그런데 어떻게 퀴팅이 나쁘다고, 아버지가 삶의 초점을 그만두기에 맞추지 않았으면 좋았을 것이라고 주장할 수 있단 말인가? 아버지가 퀴팅을 그만두었더라면 좋았을 것이라고, 우리 모두 퀴팅을 그만두면 좋겠다고! 이건 모순 아닌가?

그렇다.

하지만 그건 큰 문제가 아니다. 신경과학자 데이비드 J. 린든은 말기 암을 진단받고 쓴 아름다운 에세이에서 우리의 정신은 배타적인 개념 사이에서 완벽하게 균형을 맞출 수 있다고 했다.

"모순되어 보이는 두 정신상태가 동시에 뇌를 점유하는 것은 당연히 가능하며 쉽기까지 하다. 이는 신경계의 전반적인 조절 기능에 근거해 한 번에 한 가지 정신 상태만 뇌를 점유할 수 있다는, 다시 말해 궁금하거나 무섭거나 둘 중 하나만 가능하고 '투쟁하거나 도피하거나' 둘 중 하나만 가능하다는 신경과학계의 오래된 개념에 어긋난다. 하지만 우리 인간의 뇌는 그보다 더 미묘하게 작동한다. 그래서 우리가 다양하고 복잡하고 모순되기까지 한 인지적·감정적 상태에 쉽게 적응할 수 있는 것이다."[3]

우리는 퀴팅이 세상에서 긍정적인 힘으로 작용한다고, 담배나 폭음이나 건강하지 않은 음식을 포기하는 것이 모범적이라고 생각할 수 있다. 그와 동시에 퀴팅은 부정적인 힘이라고, 퀴팅에 사로잡히면 안 되고 아무리 열심히 노력해도 극복할 수 없는 일 때문에 자책해서는 안 된다고 생각할 수도 있다.

그래서 나는 언젠가 퀴팅의 오명을 양쪽 모두에서 없앨 수 있기를 바란다. 그만둬야 할 행동을 그만둘 수 없다고 해서 형편없는 사람은 아니다. 그리고 잘 풀리지 않는 일이나 틀어진 관계를 그만둘 수 있다고 해서 영웅도 아니다.

그만두고 싶은 무언가, 그만두면 더 행복해지거나 더 건강해지거나 또는 둘 다일 거라고 생각하는 무언가를 그만두는 것은 좋은 일일 수 있다. 하지만 좋은 일, 그뿐이다. 여러 좋은 일 중 하나일 뿐이다.

우리는 살면서 그런 시도를 여러 번 반복할 것이다.

## 아버지와 담배

나는 아버지가 담배를 끊지 못했다고 자책하지 않았기를 바란다. 퀴팅이라는 문제가 그를 그렇게까지 사로잡지 않았기를 바란다. 아버지는 여러 가지 면을 지닌 사람이었기 때문이다. 물론 전부 다 긍정적이지는 않다. 아버지는 화를 잘 냈지만, 화를 다스리려고 애썼다. 짜증 나면 날카로워지고 비꼬는 말을 했지만, 이것역시 고치고 싶어 했다. 많은 것에 열정이 있었는데, 그중에서도 그린베이 패커스 미식축구 팀, 컨트리음악, 통에서 막 꺼낸 견과류를 먹고 다이어트 콜라로 씻어내리는 것, 미적분학의 복잡하면서도 묘하게 매력적인 아름다움을 특히 좋아했다.

이런 것들이야말로 진짜 아버지를 규정한다. 퀴팅이 아니라. 아버지가 몇 번이나 퀴팅을 포기했고 그것 때문에 스스로 실패자로 여겼다는 사실이 아니라.

아버지는 담배를 끊지 못했다. 선생님으로서 훌륭한 재능을 자주 외면당했고 보수가 형편없이 낮았음에도 대학교의 수학 교수직을 그만두지도 않았다. 떠나고 싶어 했지만 때를 못 만났다.

그런 다음에는 더 이상 시간이 없었다.

아버지가 담배와 직장을 모두 그만둘 수 있었다면, 담배를 끊었다면, 지금의 대학교를 그만두고 다른 대학교에서 가르치며 존경을 받았다면….

## 진짜 이야기의 시작

때로 우리는 중독의 멍에를, 혹은 뭐가 됐든 스스로 풀려나고 싶어 하는 행동의 멍에를 벗어던질 수 있다. 때로는 벗어던지지 못하기도 한다. 그렇다고 해서 우리가 악하거나 이기적이거나 멍청한 것은 아니다. 인간다운 것이다. 그리고 인간다움의 본질은 아무도 통제할 수 없는 일이 얼마나 많은지, 물려받은 유전자와 우연으로 결정되는 일이 얼마나 많은지, 움직이라고 시시때때로 알려주는 스마트워치와 긍정적 사고의 도움을 받더라도 영원히 이룰 수 없는 일이 얼마나 많은지 인식하는 능력에 있다.

우리가 통제할 수 있는 한 가지는 용서다. 매번 상황을 바로잡지는 않았던, 실패하기도 했던 자신과 다른 사람을 용서하는 것이다. 우리는 또 실패할 테니까. 실패하고 계속 무언가를 그만둘 테니까.

베셀 반 데어 콜크의 보고서에 따르면, 약물과 알코올 재활 프로그램에 등록하는 사람 중 4분의 3이 중도 포기한다. 이처럼 우리는 큰일을 그만두기도 하고 작은 일을 그만두기도 할 것이다. 노력하더라도 우리가 되고자 하는 친구, 배우자나 애인, 부모, 이웃, 시민이 되지 못할 수 있다. 그래서 포기할 수 있다.

이것은 이야기의 끝이 아니다. 이야기의 시작이자 진짜 이야기다. 공감과 이해에 관한 이야기다.

그리고 맹렬하지만 대개는 헛된 노력의 끝을 언젠가는 맞이할 것이다. 무엇이 바람직하고 멋진지에 대한 추상적인 개념에 따라 자신을 개조하려는 노력도 끝에 다다를 것이다. 그때가 오면 우리는 그 모든 것을 포기할 것이다. 그리고 모순이 주는 선물에, 삶이 우리에게 유연성을 발휘해 이루어지지 않을 것 같은 일을 놓아버리고 타협이라는 비뚤어진 아름다움을 받아들이라고 할 때가 있음에 감사할 것이다.

애니 케이트 굿윈은 그렇게 하는 법을 배워야 했다. 이 책을 나의 조카 애니 케이트 굿윈에게 바친다. 미국 중서부에서 나고 자란 그녀의 꿈은 캘리포니아주에 사는 것이었다. 애니 케이트는 로스쿨을 졸업한 뒤에 샌프란시스코에서 일자리를 제안받았다. 그래서 남편과 함께 서부로 향했다. 그리고 3개월 뒤에 백혈병을 진단받고 치료를 위해 오하이오주로 돌아왔다. 그녀는 2019년 9월 12일에 사망했다. 서른세 살이었다.

애니 케이트는 병을 진단받고 기대치를 근본적으로 조정해야 했다. 인생 전체를 두고 세운 삶의 장기 계획을 포기해야 했고 그때그때에 맞게 다른 계획을 세워야 했다. 하지만 달라진 꿈이 꼭 전보다 못하리라는 법은 없다. 그리고 짧은 인생이라고 해서 기쁨과 의미가 없으라는 법도 없다. 삶은 길이와 상관없이 온전하고 아름다울 수 있다. 나는 2020년, 서른한 살 나이에 부신피질암으로 사망한 영국 남성 엘리엇 댈런이 세상을 떠나기 몇 달 전에 〈가디언〉에 기고한 에세이의 한 구절을 좋아한다.

"잘 살았다면 그 인생은 충분히 길다."[4]

마지막을 향할수록 애니 케이트는 하고 싶었던 모든 일을 잔인하리만치 짧은 간격으로 욱여넣어야 했다. 사랑하는 사람들에게 전화를 걸어 그들이 자신에게 얼마나 큰 의미가 있는지 말하고 도스토옙스키부터 레이디 가가에 이르기까지 그녀를 사로잡았던 예술가들의 작품을 즐겼다. 그리고 얼마 후, 그녀의 특별한 삶은 끝났다. 그 삶은 미완의 과제, 가보지 못한 길, 33세까지 살든 103세까지 살든 우리 모두의 삶에 동일하게 적용되는 단순한 척도로 판단되어서는 안 된다.

삶은 우리가 새로운 하루를 맞이하고 새로운 경험에 뛰어들며 낡은 것을 버리고 낯선 것을 짜릿하게 받아들일 때마다 품었던 열정의 강도로 판단되어야 한다.

## 감사의 말

이 책의 구상이 내 머릿속에서만 흐릿하게 빛날 때 함께 브레인스토밍하며 도움을 준 친구들에게 고마움이라는 훈훈한 빚을 졌다. 조지프 핼리넌, 패트릭 리어던, 수전 필립스, 프랭크 도너휴, 수잰 하이어스, 마이크 콩클린, 마르자 밀스, 돈 피어슨, 리사 켈러, 로버트 슈뮬, 클레란 페로노, 엘리자베스 버그, 캐시 도허티, 캐럴린 포크트, 리사 녹스가 그들이다.

자기 삶에 관한 이야기를 아낌없이 해준 수많은 사람, 나의 끝없는 질문을 기꺼이 견뎌준 과학자들과 학자들에게도 신세를 졌다. 팬데믹 때문에 인터뷰 대부분을 대면이 아닌 이메일, 전화, 줌으로 해야 했던 점은 아쉽다. 이 바쁜 분들이 내 요청에 긴 시간 응해준 데 감사하게 생각한다. 책 내용에 오류가 있다면 모두 이들 잘못이 아닌 내 잘못이다.

담당 편집자 해나 로빈슨은 처음부터 이 책을 이해해 주었다. 그리고 책을 만드는 동안 재치, 에너지, 감수성, 타의 추종을 불허하는 대중문화 지식을 보여주었고, 고집 센 저자를 인내심 있게 대해주었다.

# 주석

1. 로힌턴 미스트리, 손석주 옮김,《적절한 균형》, 아시아, 2020.
2. Elizabeth Miki Brina, *Speak, Okinawa: A Memoir*, New York: Knopf, 2021, p.1.

## 머리말

1. John le Carre, *The Russia House*, New York: Knopf, 1989, p.121.
2. 팀 버케드, 노승영 옮김,《새의 감각: 새가 된다는 것은 어떤 느낌일까?》, 에이도스, 2015.
3. 2021년 10월 9일, 애덤 그랜트 박사와 저자의 이메일 대화.
4. Charlie Tyson, "The New Neurasthenia: How Burnout Became the Buzzword of the Moment," The Baffler, March 15, 2022, https://thebaffler.com/latest/the-new-neurasthenia-tyson.
5. Rana Mitter, "Baby Bust: China's Looming Demographic Disaster," *Spectator*, August 6, 2022, https://spectator.co.uk/article/baby following-bust-chinas-looming-demographic-disaster.
6. Cassady Rosenblum, "Work Is a False Idol," *New York Times*, August 22, 2021, https://www.nytimes.com/2021/08/22/opinion/lying-flat-work-rest.html.
7. Daniel T. Willingham, "Ask the Cognitive Scientist: 'Grit' Is Trendy, but Can It Be Taught?," *American Educator*, Summer 2016, p.28.
8. Patricia Kelly Yeo, "'An Unbelievable Sense of Freedom': Why Americans Are Quitting in Record Numbers," *Guardian*, November 3, 2021, https://www.theguardian.com/us-news/2021/nov/03/an-unbelievable-sense-of-freedom-why-americans-are-quitting-in-record-numbers.
9. Emma Kemp, "Ash Barty Announces Shock Retirement from Tennis at 25," *Guardian*, March 22, 2022, https://www.theguardian.com/sport/2022/mar/23/ash-barty-announces-shock-retirement-from-tennis-at-25.
10. Jane Leavy, *Sandy Koufax: A Lefty's Legacy*, New York: HarperCollins, 2002, p.xvii.
11. Lindsay Crouse, "Don't Be Afraid to Quit. It Could Help You Win," *New York Times*, August 11, 2021, https://www.nytimes.com/2021/08/11/opinion/molly-

seidel-simone-biles- olympics.html.

12. Tyson, "The New Neurasthenia."

13. 2021년 11월 5일, 에이미 디킨슨과 저자의 이메일 대화.

14. Matt Krupnick, "More College Students Are Dropping Out during Covid. It Could Get Worse," *Guardian*, February 10, 2022, https://www.theguardian.com/us-news/2022/feb/10/college-students-dropout-covid-pandemic.

## PART 1

1. Benjamin Wood, *The Ecliptic*, London: Scribner, 2015, p.182.

### chapter 1

1. 2022년 3월 11일, 존 A. 리스트와 저자의 전화 통화.

2. 2021년 8월 22일, 제리 코인과 저자의 전화 통화.

3. 조너선 와이너, 양병찬 옮김, 《핀치의 부리》, 동아시아, 2017.

4. 조너선 와이너, 앞의 책.

5. 멀린 셸드레이크, 김은영 옮김, 《작은 것들이 만든 거대한 세계: 균이 만드는 지구 생태계의 경이로움》, 아날로그(글담), 2021.

6. 제리 코인, 김명남 옮김, 《지울 수 없는 흔적: 진화는 왜 사실인가》, 을유문화사, 2011.

7. 제니퍼 애커먼, 김소정 옮김, 《새들의 천재성》, 까치, 2017.

8. 멀린 셸드레이크, 위의 책.

9. Katie Heaney, "The Clock-Out Cure: For Those Who Can Afford It, Quitting Has Become the Ultimate Form of Self-Care," *New York*, May 11, 2021, https://www.thecut.com/2021/05/quitting-your-job-as-self-care.html#_ga=2.207319898.893941653.1660245953-525243665.1660245953.

10. 제니퍼 애커먼, 위의 책.

11. 제니퍼 애커먼, 위의 책.

12. 제니퍼 애커먼, 위의 책.

13. 제리 코인, 위의 책.

14. Camonghne Felix, "Simone Biles Chose Herself," *New York*, September 27, 2021, https://www.thecut.com/article/simone-biles-olympics-2021.html.

15. 2021년 8월 23일, 저스틴 O. 슈미트와 저자의 전화 통화.

16. J. O. Schmidt, "Decision Making in Honeybees: A Time to Live, a Time to Die?," *Insectes Sociaux*, April 6, 2020. Published by International Union for the Study of Social Insects by Birkhauser Verlag.

17. 슈미트와 저자의 전화 통화.

18. Erin Cox, "University of the Cumberlands Sued for Wrestler's Death," *Times-Tribune*, August 26, 2021, https://thetimestribune.com/news/local_news/university-of-the-cumberlands-sued-for-wrestlers-death/article_6945c063-1bcb-5061-b5ba-85376189577a.html.

19. Lynne Cox, *Swimming to Antarctica: Tales of a Long-Distance Swimmer*, New York: Harcourt, 2004, p.119.

20. 로버트 새폴스키, 이재담 옮김, 《스트레스: 당신을 병들게 하는 스트레스의 모든 것》, 사이언스북스, 2008.

21. 베셀 반 데어 콜크, 제효영 옮김, 《몸은 기억한다: 트라우마가 남긴 흔적들》, 을유문화사, 2020.

22. 2021년 11월 11일, 조디 얼린과 저자의 전화 통화.

23. 2021년 8월 11일, 크리스틴 스니드와 저자의 전화 통화.

24. 에밀리 나고스키·어밀리아 나고스키, 박아람 옮김, 《제가 된 여자들: 이제는 쉬고 싶은 여자들을 위한 회복 가이드》, 책읽는수요일, 2023.

25. 에밀리 나고스키·어밀리아 나고스키, 앞의 책.

## chapter 2

1. Jordana Cepelewicz in "He Dropped Out to Become a Poet. Now He's Won a Fields Medal," *Quanta Magazine*, July 5, 2022, https://www.quantamagazine.org/June-huh-high-school-dropout-wins-the-fields-medal-20220705/.

2. 2021년 8월 24일, 토드 파커와 저자의 전화 통화.

3. 2021년 10월 25일, 미샤 아렌스와 저자의 전화 통화. 별도의 언급이 없는 경우 모든 인용의 출처는 이 전화 인터뷰다.

4. Ariel Sabar in "How a Transparent Fish May Help Decode the Brain," *Smithsonian Magazine*, July 2015, https://www.smithsonianmag.com/science-nature/How-transparent-fish-may-help-decode-brain-180955734/.

5. 베셀 반 데어 콜크, 위의 책.

6. 2021년 9월 2일, 마이클 브루카스와 저자의 전화 통화. 별도의 언급이 없는 경우 모든 인용의 출처는 이 전화 인터뷰다.

7. Sabar, "How a Transparent Fish May Help Decode the Brain."

8. Sabar.

9. Elena Renken, "Glial Brain Cells, Long in Neurons' Shadow, Reveal Hidden Powers," *Quanta Magazine*, January 27, 2020, https://www.quantamagazine.org/glial-brain-cells-long-in-neurons-shadow-reveal-hidden-powers-20200127/.

10. Yu Mu et al., "Glia Accumulate Evidence That Actions Are Futile and Suppress Unsuccessful Behavior," *Cell* 178, no. 1 (June 27, 2019).

11. Jeremy Bernstein, "Childe Bernstein to Relativity Came," in *My Einstein*, ed. John Brockman, New York: Pantheon, 2006, p.156-57.

12. "Researchers Discover the Science behind Giving Up," UW Medicine Newsroom, July 25, 2019, https://newsroom.uw.edu/news/researchers-discover-science-behind-giving.

13. 2021년 9월 2일, 틸로 보멜스도르프와 저자의 전화 통화. 별도의 언급이 없는 경우 모든 인용의 출처는 이 전화 인터뷰다.

14. "Neuroscientists at Vanderbilt Identify the Brain Cells That Help Humans Adapt to Change," Vanderbilt University Research News, July 15, 2020, https://news.vanderbilt.edu/2020/07/15/neuroscientists-at-vanderbilt-identify-the-brain-cells-that-help-humans-adapt-to-change/.

15. 로버트 M. 새폴스키, 김명남 옮김, 《행동: 인간의 최선의 행동과 최악의 행동에 관한 모든 것》, 문학동네, 2023.

16. 베셀 반 데어 콜크, 위의 책.

17. 베른트 하인리히, 김명남 옮김, 《생명에서 생명으로》, 궁리출판, 2015.

## chapter 3

1. 노라 에프런의 1996년 웰즐리대학 학위수여식 연설, https://www.wellesley.edu/events/commencement/archives/1996commencement.

2. Matthew Specktor, *Always Crashing in the Same Car: On Art, Crisis, & Los Angeles, California*, Portland, OR: Tin House, 2021, p.207.

3. Specktor, p.213-14.

4. 2022년 2월 16일, 에밀리 젬러와 저자의 이메일 대화.

5. 2022년 5월 25일, 데번 프라이스와 저자의 이메일 대화.

6. 1986년 10월 24일, 바버라 스탠윅이 와이오밍대학교 영화과 학생들에게 보낸 편지. 학교 내 기록 보관소인 아메리칸 헤리티지 센터(American Heritage Center)의 허가를 받고 사용했다.

7. Dana Spiotta, *Wayward*, New York: Knopf, 2021, p.13.

8. 2022년 1월 7일, 데이나 스피오타와 저자의 전화 통화.

9. Adam Phillips, "On Giving Up," *London Review of Books* 44, no. 1 (January 6, 2022), https://www.lrb.co.uk/the-paper/v44/n01/adam-phillips/on-giving-up.

10. 허먼 멜빌, 이종인 옮김, 『모비 딕』, 현대지성, 2022.

11. 2022년 1월 16일, 로저 파인스와 저자의 이메일 대화.

12. 2022년 4월 22일, 다이앤 케이시와 저자의 전화 통화.

13. Herman Melville, *Four Short Novels*, New York: Bantam Books, 1959, p.25.

14. John Updike, "A&P," *The Early Stories: 1953 – 1975*, New York: Random House, 2004, p.601.

15. 베른트 하인리히, 위의 책.

16. 데번 프라이스, 이현 옮김, 《게으르다는 착각: 우리는 왜 게으름을 두려워할 필요가 없는가》, 웨일북, 2022.

17. 데번 프라이스, 앞의 책.


## PART 2

1. 2021년 10월 9일, 애덤 그랜트와 저자의 이메일 대화.


## chapter 4

1. Stephen J. Dubner, *Freakonomics Radio* podcast, "The Upside of Quitting," September 30, 2011.

2. 2021년 11월 21일, 헤더 스톤과 저자의 전화 통화.

3. 2021년 9월 24일, 피터 신네마 박사와 저자의 전화 통화.

4. 월터 아이작슨, 윤미나 옮김, 《벤저민 프랭클린: 인생의 발견》, 21세기북스, 2006.

5. Rachel Monroe, "I'm a Life Coach, You're a Life Coach: The Rise of an Unregulated Industry," *Guardian*, October 6, 2021, https://www.theguardian.com/lifeandstyle/2021/oct/06/life-coaching-brooke-castillo-unregulated-industry.

6. 줄리아 새뮤얼, 김세은 옮김, 《사랑하는 사람의 죽음이 내게 알려준 것들》, 더퀘스트, 2020.

7. Sharon O'Brien, introduction to My Antonia, by Willa Cather, New York: Penguin, 1994, p.viii-ix.

8. 브래드 스털버그, 김정아 옮김, 《나는 단단하게 살기로 했다》, 부키, 2022.

9. 아리아나 허핑턴, 강주헌 옮김, 《제3의 성공: 더 가치있게 더 충실하게 더 행복하게 살기》, 김영사, 2014.

10. 2021년 11월 10일, 브래드 스털버그와 저자의 이메일 대화.

11. Matthew Specktor, "Enter the Dream Factory: Christine Sneed in Conversation with Matthew Specktor," interview by Christine Sneed, *The Millions*, June 8, 2021, https://themillions.com/2021/07/enter-the-dream-factory-christine-sneed-in-conversation-with-matthew-specktor.html.

12. 새뮤얼 스마일스, 장만기 옮김, 《자조론》, 동서문화사, 2017.

13. 새뮤얼 스마일스, 앞의 책.

14. Anna Katharina Schaffner, "Top 10 Books about Self-Improvement," *Guardian*, December 29, 2021, https://www.theguardian.com/books/2021/dec/29/top-10-books-about-self-improvement-anna-katharina-schaffner-the-art-of-self-improvement-new-year-resolutions.

15. 2021년 11월 30일, 웬디 카미너와 저자의 전화 통화.

16. 나폴리언 힐, 이한이 옮김, 《생각하라 그리고 부자가 되어라》, 반니, 2021.

17. 나폴리언 힐, 앞의 책.

18. 나폴리언 힐, 위의 책.

19. 나폴리언 힐, 위의 책.

20. 나폴리언 힐, 위의 책.

21. 나폴리언 힐, 위의 책.

22. 노먼 빈센트 필, 이갑만 옮김, 《긍정적 사고방식》, 세종서적, 2020.

23. 2021년 11월 30일, 폴 피터슨과 저자의 전화 통화.

24. 2021년 11월 3일, 론 로덴과 저자의 대화.

25. Tracy Wilk, quoted in "LinkedIn Asked People to Give Advice to Their 20-Year-

Old Selves" by Jessica Stillman, *Inc.*, July 22, 2021, https://www.inc.com/jessica-stillman/linkedin-career-advice-jeff-bezos.html.

26. 2021년 9월 8일, 릭 맥베이와 저자의 전화 통화.


**chapter 5**

1. Anton Zeilinger, "Einstein and Absolute Reality," in *My Einstein*, ed. John Brockman, New York: Pantheon, 2006, p.127.

2. 2021년 9월 14일, 샤론 하비와 저자의 전화 통화.

3. 토머스 울프, 황동근 옮김, 『천사여, 고향을 보라』, 연극과인간, 2014.

4. 대니얼 카너먼, 이창신 옮김, 《생각에 관한 생각》, 김영사, 2018.

5. Dan Cnossen, quoted by Dave Sheinin in "A Wounded Warrior's Grueling Path to Paralympic Gold," *Washington Post*, March 4, 2022, https://www.washingtonpost.com/sports/olympics/2022/03/11/dan-cnossen-navy-seal-paralympics-biathlon/.

6. 2021년 9월 7일, 미셸 웰든과 저자의 전화 통화.

7. 2021년 11월 5일, 에이미 디킨슨과 저자의 전화 통화.

8. 2021년 7월 28일, 크리스틴 브로케와 저자의 전화 통화.

9. 2022년 1월 16일, 하워드 베르케스와 저자의 이메일 대화.

10. Emily Langer, "Justus Rosenberg, Holocaust rescuer, dies at 100," *Washington Post*, November 19, 2021, https://www.washingtonpost.com/obituaries/2021/11/19/justus-rosenberg-dead/.

11. George F. Will, "The Goodness of Bob Dole," *Washington Post*, December 5, 2021, https://www.washingtonpost.com/opinions/2021/12/05/goodness-of-bob-dole-george-will/.


**chapter 6**

1. 바버라 에런라이크, 전미영 옮김, 《긍정의 배신: 긍정적 사고는 어떻게 우리의 발등을 찍는가》, 부키, 2011.

2. Ross Barkan, "Why Is New York City's Mayor Blaming Tenants for the Deadliest Fire in a Century?" *Guardian*, January 13, 2022, https://www.theguardian.com/commentisfree/2022/jan/13/why-is-new-york-citys-mayor-blaming-tenants-for-

the-deadliest-fire-in-decades.

3. 2021년 12월 19일, 미키 맥기와 저자의 전화 통화.

4. 미키 맥기, 김상화 옮김, 《자기계발의 덫》, 모요사, 2011.

5. Eli Saslow, "The Moral Calculations of a Billionaire," *Washington Post*, January 30, 2022, https://www.washingtonpost.com/nation/2022/01/30/moral-calculations-billionaire/.

6. 2022년 5월 26일, 필립 마틴과 저자의 이메일 대화.

7. 2021년 9월 3일, 조 로드리게스와 저자의 이메일 대화.

8. 2021년 9월 17일, 웬디 사이먼즈와 저자의 전화 통화.

9. Jennifer Haigh, *Mercy Street*, New York: Ecco, 2022, p.7.

10. Louis Menand, *The Free World: Art and Thought in the Cold War*, New York: Farrar, Straus and Giroux, 2021, p.xiii.

11. Sarah Kendzior, *The View from Flyover Country: Dispatches from the Forgotten America*, New York: Macmillan, 2018, p.xi.

## PART 3

### chapter 7

1. Kyle Porter, "2022 Masters: A Legend Who Only Defined Success as Victory, Tiger Woods Inspires by Refusing to Stop Competing," *CBS Sports*, April 10, 2022, https://www.cbssports.com/golf/news/2022-masters-a-legend-who-only-defined-success-as-victory-tiger-woods-inspires-by-refusing-to-stop-competing/.

2. Stephen Daisley, "Why Everyone Should Be 'Quiet Quitting,'" *Spectator*, August 13, 2022, https://www.spectator.co.uk/article/why-everyone-should-be-quiet-quitting-/.

3. Paula Cocozza, "A New Start after 60: 'I Became a Psychotherapist at 69 and Found My Calling,'" *Guardian*, March 7, 2022, https://www.theguardian.com/lifeandstyle/2022/mar/07/a-new-start-after-60-i-became-a-psychotherapist-at-69-and-foun-my-calling.

4. 2021년 12월 8일, 라이디 클로츠와 저자의 전화 통화.

5. 2021년 6월 30일, 로리 레이더데이와 저자의 전화 통화.

6. 2021년 10월 20일, 데이브 앨런과 저자의 전화 통화.

7. David W. Chen, "A Champion Swimmer Found a New Life on the Rocks," *New York Times*, August 18, 2021, https://www.nytimes.com/2021/08/18/sports/swimming-champion-rock-climbing-freedom.html.

8. 프랭클린 포어, 안명희 옮김, 《축구는 어떻게 세계를 지배했는가》, 말글빛냄, 2005.

9. 데이비드 엡스타인, 이한음 옮김, 《늦깎이 천재들의 비밀: 전문화된 세상에서 늦깎이 제너럴리스트가 성공하는 이유》, 열린책들, 2020.

10. 데이비드 엡스타인, 앞의 책.

11. Derek Thompson, "Hot Streaks in Your Career Don't Happen by Accident," *Atlantic*, November 1, 2021, https://www.theatlantic.com/ideas/archive/2021/11/hot-streaks-in-your-career-dont-happen-by-accident/620514/.

12. Arianne Cohen, "Why You Should Quit Your Job after 10 Years," *Bloomberg Businessweek*, June 24, 2022, https://www.bloomberg.com/news/articles/2022-06-24/make-a-career-change-every-10-or-so-years-experts-say.

13. 2021년 10월 21일, 에드워드 그레이와 저자의 전화 통화.

14. Katharine Q. Seelye, "Greg Steltenpohl, Pioneer in Plant-Based Drinks, Dies at 66," *New York Times*, March 19, 2021, https://www.nytimes.com/2021/03/19/business/greg-steltenpohl-dead.html.

15. Leon Edel, *Henry James*, New York: Harper & Row, 1985, p.420.

16. 재닛 브라운, 이경아 옮김, 《찰스 다윈 평전: 나는 멸종하지 않을 것이다》, 김영사, 2010.

17. 재닛 브라운, 앞의 책.

18. 재닛 브라운, 위의 책.

19. 재닛 브라운, 위의 책.

**chapter 8**

1. Seth Godin, *CBS Sunday Morning*, May 5, 2019.

2. Rachel Maddow, "Rachel Maddow on Her Critics: 'Your Hatred Makes Me Stronger. Come on! Give Me More!,'" interview by David Smith, *Guardian*, February 2, 2020, https://www.theguardian.com/media/2020/feb/02/rachel-maddow-on-her-critics-your-hatred-makes-me-stronger-come-on-give-me-more.

3. Betsey Stevenson, transcript, *The Ezra Klein Show* podcast, "Welcome to the 'Take This Job and Shove It' Economy," June 18, 2021, p.3.

4. 2021년 12월 22일, 루신다 한과 저자의 전화 통화.

5. Described at length in Edmund Morris, *Edison*, New York: Random House, 2019, p.53-82.

6. Morris, p.53.

7. 2022년 4월 8일, 캐시 밸린저와 저자의 전화 통화.

8. 2022년 2월 2일, 가이 도브와 저자의 전화 통화.

9. 2022년 3월 11일, 존 A. 리스트와 저자의 전화 통화.

10. 존 A. 리스트, 이경식 옮김, 《스케일의 법칙: 작은 아이디어를 빅 비즈니스로 만드는 5 가지 절대 법칙》, 리더스북, 2022.

11. 리스트, 앞의 책.

12. Eliot Brown and Maureen Farrell, *The Cult of We: WeWork, Adam Neumann, and the Great Startup Delusion*, New York: Crown, 2021, p.337-38.

13. 2021년 10월 9일, 그랜트와 저자의 이메일 대화.

14. 2021년 8월 13일, 루스 스턴버그와 저자의 전화 통화.

15. 리스트, 위의 책.

16. 2021년 8월 30일, 잭 짐머만과 저자의 전화 통화.

17. 2021년 12월 16일, 칩 콘리와 저자의 이메일 대화.

18. 2021년 11월 7일, 마이크와 레슬리 모츠 부부와 저자의 대화.

19. Morris, *Edison*, p.272.

20. Morris, p.166-67.


## chapter 9

1. F. 스콧 피츠제럴드가 쓴 글로 잘못 알고 있는 경우가 많은데, 그의 작품에는 이 구절이 등장하지 않는다. 2008년에 피츠제럴드의 《벤자민 버튼의 시간은 거꾸로 간다》를 각색한 시나리오작가 에릭 로스가 쓴 문장이라는 데 사람들은 동의한다. 2011년 매사추세츠주 팰머스에 있는 팰머스 공공도서관에서 이러한 오해에 대한 글(https://www.falmouthpubliclibrary.org/blog/the-curious-case-of-misquotation/)을 블로그에 올렸고, '잘못된 인용의 시간은 거꾸로 간다'라는 제목 아래에 관련 글을 계속 업데이트하고 있다. 사이트에 방문하면 수년 동안 쌓인 글을 재미있게 읽을 수 있다.

2. 2021년 11월 23일, 스테퍼니 로즈 스폴딩과 저자의 전화 통화.

3. 2021년 11월 10일, 크리스틴 디펜바흐와 저자의 전화 통화.

4. 2021년 9월 28일, 로빈 요컴과 저자의 대화.

5. 2021년 8월 10일, 보니 밀러 루빈과 저자의 전화 통화.

6. 2021년 11월 20일, 하이디 스티븐스와 저자의 전화 통화.

7. 2021년 12월 27일, 준 스티븐스와 저자의 전화 통화.

8. 2021년 11월 28일, 루이스 해인스와 저자의 전화 통화.

9. Eric J. Johnson, *The Elements of Choice: Why the Way We Decide Matters*, New York: Riverhead, 2021, p.291.

10. 2021년 12월 16일, 에릭 J. 존슨과 저자의 전화 통화.

11. 2021년 12월 30일, 수전 워런과 저자의 전화 통화.

12. 2021년 9월 25일, 마지 갤러웨이와 저자의 대화.

13. 2021년 8월 19일, 라라 웨버와 저자의 전화 통화.

14. 2021년 10월 12일, 게일 헤슬러와 저자의 전화 통화.

## chapter 10

1. Michaela Coel, quoted in Shirley Li's "The Quietest Emmys Speech Was the Loudest," *Atlantic*, September 20, 2021, https://www.theatlantic.com/culture/archive/2021/09/michaela-coel-emmys-2021/620130/.

2. Katherine Rosman, "Girl, Wash Your Timeline", *New York Times*, April 29, 2021, https://www.nytimes.com/2021/04/29/style/rachel-hollis-tiktok-video.html.

3. 캐시 오닐, 김선영 옮김, 《셰임 머신: 수치심이 탄생시킨 혐오 시대, 그 이면의 거대 산업 생태계》, 흐름출판, 2023.

4. Sean Sanders and Jessica Mendoza, "'Quit-Tok': 'The Great Resignation' Hits Social Media," *Good Morning America*, December 9, 2021, https://www.goodmorningamerica.com/living/story/tiktok-publicly-resign-jobs-81645086.

5. Ashley Owusu, quoted in "Brenda Frese Downplays High- Profile Transfers, Restocks Maryland's Roster" by Kareem Copeland, *Washington Post*, May 13, 2022, https://www.washingtonpost.com/sports/2022/05/13/maryland-womens-basketball-transfers-brenda-frese/.

6. 2022년 2월 28일, 에린 밸릭과 저자의 이메일 대화.

7. Dan Milmo, "Frances Haugen Takes on Facebook: The Making of a Modern US Hero," *Guardian*, October 10, 2021, https://www.theguardian.com/

technology/2021/oct/10/frances-haugen-takes-on-facebook-the-making-of-a-modern-us-hero.

8. Patrick Radden Keefe, "The Bounty Hunter," *New Yorker*, January 24, 2022, p.34.

9. 2021년 8월 10일, 멜리사 앨리슨과 저자의 전화 통화.

10. 2022년 1월 12일, 로버트 슈뮬과 저자의 전화 통화.

11. Caitlin Flanagan, "You Really Need to Quit Twitter," *Atlantic*, July 5, 2021, https://www.theatlantic.com/ideas/archive/2021/07/twitter-addict-realizes-she-needs-rehab/619343/.

12. Moya Lothian-McLean, "I Built a Life on Oversharing—Until I Saw Its Costs, and Learned the Quiet Thrill of Privacy," *Guardian*, May 2, 2022, https://www.theguardian.com/commentisfree/2022/may/02/life-oversharing-costs-thrill-privacy-social-media-journalism.

13. Freya India, "Adele and the Strange Glamorisation of Divorce," *Spectator*, May 10, 2022, https://www.spectator.co.uk/article/no-adele-divorce-isn-t-glamorous.

## chapter 11

1. Keith Kahn-Harris, "I Gave Up Hope of a Cure for My Chronic Condition," *Guardian*, July 28, 2022, https://theguardian.com/commentisfree/2022/jul/28/hope-cure-chronic-condition-identity-disability.

2. 2021년 11월 5일, 디킨슨과 저자의 이메일 대화.

3. Susan Stamberg, "Denied a Stage, She Sang for a Nation," NPR, April 9, 2014, https://www.npr.org/2014/04/09/298760473/denied-a-stage-she-sang-for-a-nation.

4. 2021년 12월 8일, 클로츠와 저자의 전화 통화.

5. 베셀 반 데어 콜크, 앞의 책.

6. 2021년 8월 23일, 코니 슐츠와 저자의 전화 통화.

7. 2021년 10월 28일, 패티 빌스와 저자의 전화 통화.

8. 2021년 8월 24일, 팀 배넌과 저자의 전화 통화.

9. 줄리언 반스, 정영목 옮김, 《연애의 기억》, 다산책방, 2018.

10. 2022년 1월 4일, 구라바 아가왈 박사와 저자의 전화 통화.

11. 2021년 9월 5일, 글렌 워디와 저자의 전화 통화.

12. Margaret Renkl, *Late Migrations: A Natural History of Love and Loss*, Minneapolis: Milkweed, 2019, p.113.

13. Renkl, p.119.

14. Derek Thompson, "What Quitters Understand about the Job Market," *Atlantic*, June 21, 2021, https://www.theatlantic.com/ideas/archive/2021/06/quitting-your-job-economic-optimism/619242/.

15. Rich Muller, quoted in "Notes from a Parallel Universe," by Jennifer Kahn, *The Best American Science Writing 2003*, New York: HarperCollins, 2003, p.118.

16. George A. Bonanno, *The End of Trauma: How the New Science of Resilience Is Changing How We Think about PTSD*, New York: Basic Books, 2021, p.16.

17. Bonanno, p.18.

18. Bonanno, p.215.

19. 2021년 11월 30일, 카미너와 저자의 전화 통화.

20. 2022년 1월 7일, 스피오타와 저자의 전화 통화.

21. 클라크 미들턴의 이 말은 그가 관절염 재단을 대상으로 찍은 영상에서 가져왔다. https://blog.arthritis.org/living-with-arthritis/life-legacy-clark-middleton/.

## 맺음말

1. Niels Bohr, quoted in *Coming of Age in the Milky Way* by Timothy Ferris, New York: William Morrow, 1988, p.381.

2. Arthur Miller, *Death of a Salesman,* in *The Portable Arthur Miller*, New York: Viking, 1971, p.132.

3. David J. Linden, "A Neuroscientist Prepares for Death," *Atlantic*, December 30, 2021, https://www.theatlantic.com/ideas/archive/2021/12/terminal-cancer-neuroscientist-prepares-death/621114/.

4. Elliot Dallen, "At 31, I Have Just Weeks to Live. Here's What I Want to Pass On," *Guardian*, September 7, 2020, https://www.theguardian.com/commentisfree/2020/sep/07/terminal-cancer-live-cancer life-death.

**박지선, 영어 전문 번역가**

동국대학교에서 영어영문학을 전공하고 성균관대학교 번역대학원에서 번역학과 석사 과정을 마쳤다. 대형 교육기업에서 영어교재 개발, 편집 및 영어교육 연구직으로 근무한 뒤에 출판번역에 뛰어들어 소설, 인문, 자기계발, 심리 등 다양한 분야의 책을 번역했다. 현재는 출판번역 에이전시 글로하나와 함께 영미서 검토와 번역에 매진하고 있다.《내가 빠진 로맨스》《핵가족》《몸으로 읽는 세계사》《메이킹 라이트 워크》《우리가 끝이야》등을 비롯해 30여 권의 책을 번역했다.

# 퀴팅
## 더 나은 인생을 위한 그만두기의 기술

**초판 1쇄 발행** 2024년 1월 17일
**초판 2쇄 발행** 2024년 2월 28일

**지은이** 줄리아 켈러
**옮긴이** 박지선
**펴낸이** 김선식

**부사장** 김은영
**콘텐츠사업2본부장** 박현미
**책임편집** 김현아 **디자인** 마가림 **책임마케터** 문서희
**콘텐츠사업5팀장** 김현아 **콘텐츠사업5팀** 마가림, 남궁은, 최현지, 여소연
**마케팅본부장** 권장규 **마케팅1팀** 최혜령, 오서영, 문서희 **채널1팀** 박태준
**미디어홍보본부장** 정명찬 **브랜드관리팀** 오수미, 김은지, 이소영
**뉴미디어팀** 김민정, 이지은, 홍수경, 서가을, 문윤정, 이예주
**크리에이티브팀** 임유나, 박지수, 변승주, 김화정, 장세진, 박장미, 박주현
**지식교양팀** 이수인, 염아라, 석찬미, 김혜원, 백지은 **브랜드제휴팀** 안지혜
**편집관리팀** 조세현, 백설희 **저작권팀** 한승빈, 이슬, 윤제희
**재무관리팀** 하미선, 윤이경, 김재경, 이보람, 임혜정
**인사총무팀** 강미숙, 지석배, 김혜진, 황종원
**제작관리팀** 이소현, 김소영, 김진경, 최완규, 이지우, 박예찬
**물류관리팀** 김형기, 김선민, 주정훈, 김선진, 한유현, 전태연, 양문현, 이민운
**외부스태프** 주재명

**펴낸곳** 다산북스 **출판등록** 2005년 12월 23일 제313-2005-00277호
**주소** 경기도 파주시 회동길 490 다산북스 파주사옥
**전화** 02-704-1724 **팩스** 02-703-2219 **이메일** dasanbooks@dasanbooks.com
**홈페이지** www.dasan.group **블로그** blog.naver.com/dasan_books
**종이** 아이피피 **인쇄** 민언프린텍 **코팅·후가공** 제이오엘엔피 **제본** 다온바인텍

ISBN 979-11-306-4924-5 (03190)